커뮤니티 워크와 사회적 자본의 순환관계

서울시 **삼덕마을** 사례를 중심으로

커뮤니티 워크와
사회적 자본의 순환관계

서울시 **삼덕마을** 사례를 중심으로

이소영 지음

| 머리말 |

　현대사회는 다변화하고, 다양한 삶의 조건이 공존한다. 삶의 터전인 지역을 둘러싼 환경 또한 많은 변화를 겪어왔다. 사회복지의 실천현장인 '지역사회' 역시 변화 속에 있다. 그러나 한국의 지역사회복지는 지역사회의 복합적 특성을 반영하지 못하고 있다는 평가를 받는다. 지역사회복지 실천이 주로 경제적 취약계층을 대상으로 하는 소득보장과 보호와 지원이 필요한 사회적 약자를 위한 대인복지서비스 제공이 법적인 틀 안에서 이루어지기 때문이다. 따라서 종래의 지역사회복지는 지역사회복지의 역할을 협소하게 규정하여, 행위자로서의 사회복지사와 지역주민들이 실제로 실천하고 있는 노력을 모두 설명하지 못한 채 제한된 성과 속에 갇혀 있었다. 지역사회복지의 외연이 지역사회복지의 다층적이고 다면적인 활동을 담아내지 못하고 있었다. 이는 지역사회복지의 이론과 실제 간의 갈등이 더욱 커지는 딜레마 같은 현상을 초래하였다.

　필자는 '커뮤니티 워크'라는 개념에 주목하여 종래의 지역사회복지의 의미를 확장하고 그 한계에 도전하고자 하였다. '커뮤니티 워크'는 커뮤니티 워커가, 지역사회를 단위로 하여 전문적인 개입을 하는 것으로 주민들이 지역사회 문제를 자발적이고 협동적으로 해결하도록 돕고, 이를 위해 지리적 영역과 기능적 분야에서 사회복지 자원과 사회복지 욕구와의 격차를 점진적으로 조정하고 유지하는 과정을 뜻한다. 개인, 조직, 기관, 그리고 지역사회 등과 같은 행위자들은 지역을 기반으로 의미 있는 삶을 만들어 가고자 하는 과정에서 서로 간의 관계를 형성한다. 그리고 그러한 관계로부터 배태된 자본이 바로 '사회적 자본'이다. 관계를 통해 형성되고 축적된 사회적 자본은 호혜성과 신뢰를 바탕으로 지역 구성원들의 사회적 참여를 더욱 증진시키고, 협력체계를 구축하는 데 도움을 준다.

이 책은 서울시 성북구에 위치한 정릉종합사회복지관과 삼덕마을 지역공동체(마을운영위원회)의 활동을 사례로 하여 지역사회개발 사업과 지역사회조직화 사업의 초기 상태를 살펴보고 커뮤니티 워크와 지역사회 사회적 자본이 어떠한 과정을 거치면서 순환적인 관계를 가지는지 그 역동성을 분석한 내용을 담았다. 커뮤니티 워커인 사회복지사와 당사자인 주민이 주체가 되어 상호 협력하는 경험을 이해하고 그 내용을 인과지도로 분석함으로써 시작 및 초기 단계의 커뮤니티 워크와 지역사회 사회적 자본의 상호작용을 설명하고 이를 통해 지역공동체 활동의 지속가능성을 탐색하였다.

삼덕마을 사례가 주는 의의는 마을 단위 지역공동체 활동이 시작 단계에서부터 주민조직과 복지관 조직의 협업체계를 작동 원리로 하면서 도시 마을의 의미를 변하게 한다는 점이다. 마을 단위 지역공동체 활동은 마을의 위상을 지리적 수준에서 사회적 수준으로 격상시키고, 마을 애착과 상호 호혜성, 신뢰가 마을 규범으로 작동하게 하여 마을이 사회문제 해결을 위한 협력의 장(場)으로 발현하는 결과를 가져왔다.

마지막으로 이 책이 지역 주민들과 함께 지역사회복지 실천을 고민하는 이들에게 흥미로운 이야기가 되기를 바란다. 사례에 대한 심층 분석을 통해 마을이라는 현장에서 일어나는 일들의 의미와 실천 주체들의 변화와 성찰에 천착한 필자의 의도를 조금이나마 이해해 주시길 바란다. 1년 6개월 동안 실천현장에 머물 수 있도록 자리를 마련해 준 정릉종합사회복지관의 오정희 관장님, 박혜영 선생님, 김승희 선생님을 비롯하여 실천현장을 오롯이 지키고 있는 사회복지사들과 나눔과미래의 남철관 국장님과 김현정 선생님 등 실천가들께 고마움을 전한다. 무엇보다 지역공동체 활동 경험을 나누기 위해 자신들의 속내를 보이는 불편함을 마다하지 않고 기꺼이 곁을 내어주신 삼덕마을 주민 여러분께 깊은 감사의 인사를 드린다. 또한 지역연구자의 길을 열어주신 정재훈 교수님과 전재은 국장님, 그리고 현재 내 삶의 이유가 되는 조경식의 사랑과 배려를 늘 기억한다.

2017년 9월
이소영

| 목차 |

제1장

서론

01
연구의 필요성

　사회복지가 "사회구조의 변화로 인한 사회적 문제에 대응하는 강력한 수단(김인숙·정재훈, 2008: 17)"이 되기 위해서 종래 사회복지에 대한 도전과 변혁은 당면과제가 되었다. 지난 십여 년 간 한국의 사회복지는 복지패러다임의 변화를 촉구하면서 공급자 중심에서 수요자 중심으로, 사회적 취약계층을 보호하는 지원 서비스 중심의 선별적 복지 프로그램에서 시민권을 강조하는 보편적 복지 프로그램으로 바뀌고 있다. 이러한 사회복지 변화 기조는 지역사회복지 영역도 예외가 아니다. 지역사회 중심 복지 서비스 지원방안 모색, 서비스 공급을 위한 거버넌스 체계와 주민의 자발적인 참여 강조, 당사자주의에 입각한 포괄적 지역사회 변화운동을 표방하는 사회복지기관 신설, 사회복지관의 '마을단위' 개입전략을 내세운 마을공동체 구축사업 등 지역사회복지 변화가 시작되었다(김영종, 2012; 김진석·유동철, 2013; 남찬섭, 2013; 서종녀·이봉주, 2013; 이소영, 2014; 이태수, 2014; 홍현미라, 2013; 2014).

　또한 2005년 지방자치제도 도입 이후 로컬 거버넌스 방식이 대두되었다. 변화 주체로 부상한 시민이 행정 및 민간복지기관과 같은 전문가 조직과 협력적 파트너 관계를 맺으면서 지역사회 문제를 자발적으로 해결해나가는 방식이 주목받는다. 이는 저출산·고령화 사회에서 배태된 돌봄 공백 문제라든지, 신자유주의의 지속적인 팽창에 따른 사회양극화 문제, 희미해진 이념과 다양한 가치 속에서 고립되어 가는 현대인의 정신건강 문제 등 현대사회가 안고 있는 제(諸) 문제들에 대한 중앙정부 차원의 사회적 해결책이 실효성을 거두지 못했기 때문이다. 그리고 기존 사회복지 분야를 뛰어넘는 정치·경제·환경 영역에 대한 전문적인 개입 필요성이 커졌기 때문이다. 이런 맥락에서 지역사회복지는 모든 지역주민의 욕구에 기반한 서비스를 제공하기 위해서 수요자 중심 프로그램 개발뿐만 아니라 지역사회 개발과 지역사회를 둘러싼 정치·경제·사회·문화·환경적 조건 변화에 초점을 맞춘다.

그러나 이러한 변화는 정치·경제·사회제도나 정책 및 관료제와 같은 거대구조를 대상으로 하는 것이므로 기업이나 정부 등 거대사회에서 원자화된 개인의 힘만으로는 역부족이다. 또한 공공기관이나 민간복지기관의 제도화된 조치만으로도 한계가 있다. 왜냐하면 지역사회는 고유한 역사적 맥락 속에서 발전해온 특수성을 가진 실체로서, 내재된 개인과 조직의 다양한 욕구들이 중첩되어 있기 때문이다. 지역사회에서는 단일한 유형의 욕구라 할지라도 여러 상황과 다층적인 이해관계를 바탕으로 접근할 필요가 있다. 이런 까닭에 조직화된 주민과 주민 주도 커뮤니티 운동은 지역사회 물리적 환경과 경제, 생활 전반에 걸쳐 이루어지고 이러한 주민운동은 정책적 도구로 활용된다(이영환, 1998; 이성근 외, 2013).

한편, 종래 지역사회복지는 공공에 의한 소득보장과 민간복지기관에 의한 대행자 방식과 바우처 방식의 서비스 제공을 통해서 지역주민들의 욕구를 충족시키고 있다. 지역사회복지 프로그램과 서비스가 명목상 전체 주민을 대상으로 하고 있으나 실제 수혜자는 주로 경제적 욕구가 있는 지역주민이거나 사회적 취약계층으로 표적화된 욕구를 가진 지역주민[1]이 대부분이다. 이러한 프로그램은 중앙정부 주도 하의 표준화된 서비스 비중이 커서 실제 지역사회복지 서비스가 커버하는 지역주민의 욕구(Need)는 규범적이고 한정적인 경향이 크다. 이러한 지역사회복지 외연은 확장 궤도에 있는 지역주민 욕구와 복잡하고 다양해지는 지역사회 문제를 담지하기에 부족하다. 종래 지역사회복지에서 지역조직화사업은 후원자 발굴, 자원봉사자 관리, 기존 지역조직의 네트워킹 등으로 구성되어 있는데 이를 지역사회 수준의 전문적인 개입으로 보기에 협소하고 미약하다.

종래 지역사회복지 의미를 확장하고 그 한계를 보완하는 차원에서 커뮤니티 워크(Community Work)에 주목할 필요가 있다. 커뮤니티 워크는 커뮤니티 워커가 지역사회를 단위로 하여, 전문적인 개입을 하는 것으로 주민들이 지역사회 문제를 자발적이고 협동적으로 해결하도록 돕고, 이를 위해 지리적 영역과 기능적 분야에서 사회복지 자원과 사회복지 욕구와의 격차를 점진적으로 조정하고 유지하는 과정(Ross, 1955)이다. 커뮤니티 워크의 개념을 구체적으로 살펴보면, 커뮤니티[2]는 지리학적 영역(area)을 경계로 하는 지역공동체와 이익공동

---

1) 지역사회를 기반한 복지기관 가운데 지역주민들의 서비스 접근성 측면에서 대표성을 가지는 기관이 사회복지관이라 할 수 있다. 사회복지관의 경우, 우선 이용자에 대한 법적 규정이 명시되어 있기 때문에 저소득층, 장애인, 노인, 돌봄이 필요한 가족, 직업 및 취업 알선이 필요한 사람, 보호와 교육이 필요한 유아·아동 및 청소년 등(사회복지사업법 제34조의5)에 해당하는 지역주민들을 선별하여 기관에서 제공하는 복지서비스를 공급하는 방식이 주를 이룬다.

2) 본 연구에서는 영어의 커뮤니티를 따로 번역하지 않고 우리말로 커뮤니티라고 소리 나는 대로

체나 자발적인 결사체와 같은 기능적인 공동체를 모두 포괄한다(Ross, 1955; Warren, 1963; Popple, 1995; Gamble and Weil, 2010). 워크는 복지기관이나 비영리조직에서 종사하는 워커의 전문적인 개입 또는 사회복지 실천이라 할 수 있다. 커뮤니티 워커는 지역사회 수준에서 일하는 전문가(Professional Worker)이다. 이들은 먼저 기능적인 커뮤니티를 개발하여, 구성원들이 개별 시민으로서 소속감(sense of belonging)을 가지고 그들의 환경을 통제할 수 있도록 만든다. 다음으로 도시지역에서 커뮤니티 워커는 협의회와 같은 지역조직을 수립하여 이웃이라는 정서(sense of neighborhood)를 개발한다. 커뮤니티 워커는 주민들이 이러한 정서적 유대감을 공유하면서 지역공동체를 수립하도록 돕는다.

지역공동체로서의 커뮤니티는 지역, 개인이나 집단으로서의 주민, 사회적 상호작용, 공동의 유대를 공통요소로 하여(Hillery, 1955; 김찬동·서윤정, 2012) 공동 목적을 달성하기 위해 구성원들 간 협력을 촉구한다. 이때 사회적 협력을 조장하는 데 유용한 자원이 사회적 자본이다. 사회적 자본은 호혜성과 신뢰를 바탕으로 사회적 참여를 구축하고 협력을 도모하는, 행위자들 간의 관계구조에 존재하는 공동체 자본이다. 지역사회 사회적 자본은 지역사회를 구성하는 개인과 지역사회의 상호작용을 통해 형성된다. 이렇게 형성된 지역사회 사회적 자본은 공공재로서 기능하면서 조직 내 및 조직 간 구성원들의 협력을 촉진하고 유대를 강화하여 지식과 정보를 공유하게 하고 화폐자

표기할 것이다. 커뮤니티의 개념이 연구자마다 사용하는 차원과 단위가 각기 상이하여 다양한 정의가 내려지고 있다(박호성, 2009). 본 연구에서는 이 모든 개념을 아우르는 용어로서 커뮤니티를 사용하여 지역사회와 지역공동체나 지역사회를 기반으로 하는 공동체들에 대한 논의를 다루고자 한다. 그러나 지역사회나 지역공동체, 마을공동체 등 특정한 상황에서 공동체라고 해야 하는 경우나 인용문에서 사용한 표현을 그대로 써야 하는 경우에는 상황과 조건에 맞게 지역사회와 공동체로 구별하여 사용할 것이다.

본으로의 전유도 가능하다(Bourdieu, 1986; Coleman, 1988; Putnam, 1993, 2000; Fukuyama, 1995). 공공재로서의 사회적 자본이란 지역사회의 특정 문제를 해결하고 지역사회에 속한 개인과 조직의 삶의 질을 높이며 지역사회의 사회·경제·문화적 조건으로 인해 야기된 불편·부당한 삶의 방식을 변화시키는 데 필요한 대안적인 자원이다. 커뮤니티 개발과정을 살펴보면 커뮤니티 수립은 지역사회 내 사회적 자본으로 연결되고 이는 다시 커뮤니티 개발로 이어지면서 순환적 관계를 가진다(Phillips & Pittman, 2009). 특히, 지역주민들의 자원봉사 활동이나 자발적 결사체 참여는 지역발전을 위한 사회적 자본을 형성하는 데 긍정적인 영향을 준다(Putnam, 1993, 2000). 사회적 자본을 둘러싼 여러 논란 속에서도 대부분의 학자들은 공공재로서의 사회적 자본은 지역사회를 중심으로 연대와 시민의식을 고취시킨다(Adam and Roncevic, 2003; 김욱진, 2008: 40에서 재인용)는 사실에 이의를 제기하지 않는다.

기존 양적 연구물은 커뮤니티 워크와 지역사회 사회적 자본의 정태성을 검증하는 수준에 머물고 있거나, 지역사회 사회적 자본에 관한 연구에서 행위자인 개인 수준과 그 행위자가 속한 조직 수준 간의 상호작용을 검증하는 연구가 양적으로 충분하지 않으며, 지역사회 사회적 자본의 지표가 심층적인 내용을 파악하는 데 어려움이 크다(천현숙, 2004; 유치선·이수기, 2015). 또한 지역공동체 관련 연구들은 실천가나 활동가, 사회복지사, 공무원 등 공공 및 민간 조직의 전문가 집단을 대상으로 시민들과의 협력 경험을 회고하게 하는 방식의 인터뷰 연구가 주류를 이루고 있어서 시민들의 경험을 깊게 이해하는 데 한계가 있다. 그리고 지역 사례 연구에서 상대적으로 긴 기간 동안 지역개발과 지역사회운동의 측면에서 성과를 인정받은 지역을 연구대상으로 함으로써 변화의 시작과 초기 모습이 간과되기 쉽다.

커뮤니티 워크와 지역사회 사회적 자본이 상호의존적인 관계를 가지므로 커뮤니티 워크와 지역사회 사회적 자본은, 두 변수가 각자 다른 변수의 원인변수인 동시에 결과변수로서 서로에게 영향을 주고받는 개념이자 실체이다. 여기에 시간변수를 투입하면 두 변수 간의 관계는 시간의 흐름에 따른 상승나선형의 피드백 구조를 예측가능하게 하므로 동태적인 연구가 필요하다. 또한 사회적 자본의 개념 자체가 다차원적인 특성을 가지므로 각기 다른 측정 수준에서 관찰되는 변수 간의 상호작용을 이해하고 시간의 흐름에 따른 변화 과정을 설명하는 것이 중요하다.

이에 본 연구에서는 지역사회개발사업과 지역사회조직화사업의 초기 상태를 보이는 삼덕마을 지역공동체 활동을 사례로 하여 면접조사와 참여관찰을 실시하고 커뮤니티 워커인 사회복지사와 당사자인 주민이 주체가 되어 상호 협력하는 경험을 이해하고 그 내용을 인과지도로 분석함으로써 시작 및 초기 단계의 커뮤니티 워크와 지역사회 사회적 자본의 순환구조를 설명하였다. 분석결과를 토대로 한 논의를 통해 지역공동체의 지속가능성을 위한 제언이 도출되었다.

인간은 삶의 터전이 있어야 살 수 있다. 삶의 터전이란 바로 '가정을 꾸려 나가고 생계를 유지하며 아이들을 키우고 생활의 대부분의 활동을 해나가는 장소(Poplin, 1979: 26)', 즉 지역과 연결된다. 인간은 지역에서 다양한 관계를 형성하고 사회적 존재로 삶을 영위하면서 지역사회를 만들어간다.[3] 지역사회를 기반으로 하는 사회적 활동은 개인의 삶에 영향을 미치고 개인의 인식과 행위에서 지역사회의 변화가 시작된다. 지역사회복지가 지역사회를 행위자로 접근할 때, 지역사회 개발과 지역사회 계획, 그리고 지역사회 행동, 지역사회를 둘러싼 다양한 조직과의 관계에 대한 전문적인 개입(Ross, 1955)이 중요해진다. 이는 지역사회를 기반으로 하는 사회복지 전문직이 사회복지 서비스 전달체계로서의 기능에서 진일보하여 지역사회 변화를 조력하는 역할로 재정립하는 것이다. 이는 새로운 역할 규명(糾明)이 아니라 지역사회복지가 천명(闡明)했으나 미진했던, 본래 역할 수행을 의미하며 지역사회복지 정체성 논의(최옥채, 2011; 박태영, 2012; 황성철, 1997)와 맞닿아 있다. 그러므로 본 연구는 지역과 지역사회의 변화과정(메커니즘)을 인과구조를 통해 이해할 수 있는 새로운 시도이고 현행 지역사회복지 실천의 한계와 대안을 논의할 수 있는 계기로 사료된다.

---

3) 지역이란 일정한 기준에 의하여 갈라놓은 구체적인 구역을 의미한다. 사전적으로는 일정한 땅의 구역 또는 땅의 경계 안의 땅을 의미한다(대한국토 · 도시계획학회, 2004). 이러한 지역은 우리가 보고 만질 수 있는 실체적인 지표(surface)뿐만 아니라 추상성을 지닌 공간(space)의 의미를 동시에 지니고 있다(이성근 외, 2013: 5). 지역은 정책목표의 달성을 위해 설정된 공간으로서 목표지향적, 의도적, 행정주도적으로 물리적인 측면을 강조하는 데 비해, 지역사회는 혈연적, 지연적 관계로 형성된 자연발생적인 공간으로 참여적 · 사회적 측면을 강조하는 개념이다(대한국토 · 도시계획학회, 2004; 이성근 외, 2013: 6에서 재인용).

02
연구의 목적 및 연구문제

　본 연구의 목적은 커뮤니티 워크와 지역사회 사회적 자본의 순환적 관계를 규명하고 나아가 지역사회가 협력체계로 변화하는 과정의 이해이다.

　이를 위하여 본 연구에서는 일개(一介) 마을을 대상으로 하는 일개(一介) 종합사회복지관의 지역조직화사업이 어떠한 과정을 거쳐서 지역사회의 사회적 자본을 형성하고 있는지, 그런 과정을 거쳐서 형성되고 축적된 사회적 자본이 사회복지관의 마을단위 전문적인 개입에 어떠한 영향을 주고 있는지에 관한 피드백 구조를 발견하였고, 나아가 지역공동체 활동 구조의 의미가 무엇인지 분석하였다.

　이에 본 연구를 관통하는 연구 문제는 다음과 같다.

　　"커뮤니티 워크와 사회적 자본의 상호작용은 어떠한 구조를 보이는가? 그리고 이러한 구조는 어떠한 형태적 특성들로 이루어지는가?"

제2장

이론적 배경

01
사회적 자본

사회적 자본은 호혜성과 신뢰를 바탕으로 사회적 참여와 협력을 도모하는, 행위자들 간의 관계구조에 존재하는 공동체 자본이다. 사회적 자본은 개인적 차원과 조직(집단) 차원으로 구분 가능하고, 기본적으로 행위자들 간 관계구조, 즉 네트워크에 배태되어 있어서 네트워크를 통해 상호작용하는 행위자들 사이에 호혜성과 신뢰가 존재할 때 네트워크를 공고하게 하며 자본화할 수 있다.

지역사회 사회적 자본은 지역사회를 구성하는 개인과 지역사회의 상호관계 속에서 사회적 자본이 형성된다(천현숙, 2004). 지역사회를 기반으로 하는 개인 간, 개인과 조직 간, 조직 간 관계구조를 통해 형성되는 사회적 자본이 공공재로서의 기능을 하는 경우 지역사회 사회적 자본으로 본다. 이때 지역사회 사회적 자본의 담지자는 지역사회이다. 본 연구에서 지역사회 사회적 자본의 개념은 천현숙(2004)의 근린의 사회적 자본 연구에서 설정한 개념틀을 차용하고, 기존 사회적 자본 연구에서 공통적으로 제시하는 하위 차원을 구성개념으로 하여 정의하였다. 본 연구에서 정의한 지역사회 사회적 자본은 지역사회를 구성하는 개인과 지역사회의 상호관계 속에서 호혜성과 신뢰를 바탕으로 사회적 참여를 증진하고, 협력체계를 구축하는, 행위자들 간의 관계구조에 존재하는 공동체 자본이다. 이때 행위자는 개인, 조직, 기관, 지역사회 등의 다차원적인 특성을 가진다.

본 연구에서는 지역사회 사회적 자본이 행위자로서의 주민이라는 개인적 특성과 지역사회라는 사회구성적 특성을 포괄하는 개념임을 전제로 하여, 미시적인 접근과 거시적인 접근의 통합적 시각을 취한다.

1) 사회적 자본의 두 가지 접근

사회적 자본(social capital)은 인적 자본(human capital) 및 문화적 자본(culture capital)과 더불어 고전적인 자본이론에 대한 대안적 자본으로(Lin, 2000), 경제사회학적 논의와 발전사회학적 논의 등에서 중요하게 다뤄진다(최종렬, 2004). 사회적 자본 개념은 고전적인 자본이 아닌 경제 외적인 사회적 관계를 통해 발전현상과 발전과정을 설명하는 기제(소진광, 2004)가 될 수 있다. 따라서 사회적 자본은 '경제적인 것'과 '사회적인 것'을 통합하는 데 유용한 개념(Polanyi, 1944)이다.

사회적 자본을 측정하는 개별 연구들에서 사회적 자본을 개인과 이웃, 조직, 지역사회, 국가, 국제사회 등 상이한 수준에서 집단과 네트워크, 사회참여, 신뢰, 연대와 단결성, 규범, 호혜성 및 관용, 사회적 응집력과 포용력, 집단적 활동과 집단 내 협력, 이타주의, 정보와 의사전달 및 정보공유, 권한 강화 및 정치활동, 제도, 지역사회, 시민사회 등 다양한 차원에서 정의 내린다(Bourdieu, 1986; Coleman, 1988; Putnam, 1993; 2000; Fukuyama, 1995; Newton, 1999; Woolcock, 1998; 2004; Kawachi et al., 1997; Seragedin and Grootaert, 2000; Cote and

Healy, 2001; Grootaert and Bastelaer, 2002; 박희봉・김명환, 2001; 소진광, 2004; 천현숙, 2004; 최영출, 2004; 이규환・남상우, 2008; 최혜지 외 2015). 따라서 사회적 자본의 다차원적인 특성은 사회적 자본의 개념을 이해하는 데 중요하다(Portes, 1988; 김상준, 2004; 김준환, 2004). 또한 사회적 자본 기능과 관련해서 좌파와 우파를 막론하고 학계, 정책 공동체, 지역사회 실천가 등 다양한 주체에게 미치는 긍정적인 영향이 거론되고 정치학, 사회학, 경제학 등에서 실천적 유용성이 부각된다. 이런 점에서 자칫 사회적 자본의 유능성이 과대 포장되어 해석될 소지가 다분하다. 이는 사회적 자본의 존재영역이 앞서 열거한 바와 같이 다차원적이고 다의적이고 다면적이기 때문이다(박희봉, 2002; 김준환, 2004; 김욱진, 2008; 이규환・남상우, 2008).

사회적 자본은 크게 미시적인 접근과 거시적인 접근으로 구분하여 살펴볼 수 있다. 콜만(Coleman)과 부르디외(Bourdieu)는 미시적 접근을 통해 사회적 자본을 개념화한 대표적인 학자들로, 이들의 사회적 자본은 자기이해(Self-interest)라는 단일동기론을 기반으로 한다(김상준, 2004: 71). 사회적 자본은 두 사람 이상 사람들의 관계구조에 내재하고 있으며 서로에 대한 기대(Expectation)와 의무(Obligation)가 규범과 신뢰성을 형성하게 하고, 개인은 특정 목표를 위해 관계에서 지속적으로 이익을 얻고 있는 한 그 관계를 유지한다(Coleman, 1988: 98-106). 사회적 자본은 사회적 네트워크 혹은 집단에 의해서 소유되는 집단재에 접근할 수 있는 자본의 한 유형으로, 집단 구성원들 간의 네트워크를 통해서 형성되고, 집단 구성원들의 신용으로 물적 재화처럼 사용가능하다. 그렇기 때문에 개인은 가족이나 친족, 직장, 이웃, 동호회, 지역 모임 등 결속력이 강한 집단의 구성원으로 편입되는 과정에서 구성원들과의 친밀한 관계를 끊임없이 확인하고 재인식하는 노력, 즉 사회적 행위(Sociability)를 한다(Bourdieu, 1986: 75-83).

한편, Putnam(1993; 2000)과 Fukuyama(1995)는 거시적인 접근을 통해 사회적 자본을 개념화하였다. Putnam(1993)은 지방정부 수준에서 지역사회 사회적 자본을 분석하고 사회적 자본이 공동체의 보다 넓은 범위에 영향을 미칠 수 있는 외부효과가 있음을 밝혔다. Fukuyama (1995)는 사회적 자본과 신뢰를 동일한 개념으로 보고, 국가 비교를 통해 사회적 자본이 발달한 국가들이 그렇지 않은 나라들에 비해서 산업발전과 국가발전이 더 크게 이루어지고 있음을 역설하였다. 사회적 자본은 사유재(private good)인 동시에 공공재(public good)이기 때문에 개인적으로 연계가 형편없는 사람이라도 연계가 잘된 공동체에 살면 그 사회가 누리는 풍부한 혜택을 일정 부분을 얻을 수 있다. 네트워크는 상호 의무를 포함하고 있는 개념으로서, 호혜성이라는 견고한 사회적 규범을 길러준다. 신뢰성은 사회생활의 윤활유 역할을 함으로써 다양한 부류의 사람들 사이의 상호작용을 활발하게 하며, 특정한 보답을 기대하지 않는 일반적인 호혜성을 형성하게 한다. 이러한 사회적 네트워크와 호혜성을 통해서 사회적 자본은 상호이해를 추구하기 위한 협력을 촉진한다(Putnam, 2000: 20-22). 사회적 자본은 네트워크에 속한 참여자들의 지적 자본의 증가에도 기여한다. 이는 곧 지역경쟁력과 국가경쟁력을 강화하고 경제발전에도 영향을 미친다(Landry, 2008; 이성근 외, 2013: 22에서 재인용).

특히, 지역사회를 기반으로 하는 사회단체에 가입하여 활동할 때 사회적 자본이 증가한다(Putnam, 1993; 2000). 이때 지역사회는 내부적으로 구성원들을 민주적 문화 내에서 사회화하게 하고, 신뢰와 협동의 필요성에 대해 교육하며 외부적으로는 시민을 정치체제 및 기관과 연결하고, 이익을 집단화하여 표현하며, 다원화 정책을 구성하는 다양한 경쟁 또는 협력 집단을 제공한다(Newton, 1999: 11; 박희봉, 2002: 12에서 재인용). 이러한 사회적 행동은 사회가 요구하는 일정부분을 책임지는 행동으로, 공공선을 위한 행위로 해석할 수 있으며 시민성(시민의 품성)의 수준을 가늠하게 한다. 시민성은 지역사회의 당면과제에 관심을 가지고 적극적으로 참여하고 지역사회 내에서 벌어지고 있는 사건들에 자발적으로 관여하는 것이다(Putnam, 2000).

시민들의 사회적 행동은 사회적 자본을 기반으로 한 지역사회의 역량을 강화한다. 커뮤니티 역량(Community capacity)이란 지역사회의 안녕을 유지하고 향상하며 집합적인 문제를 해결하는 데 영향을 받는 지역사회 내에 존재하는 인적 자본과 조직 자본, 그리고 사회적 자본의 상호작용이다. 이는 비공식적인 사회 과정과 혹은 개인, 조직, 그리고 결사체의 네트워크들 상호 간, 그리고 커뮤니티의 광범위한 체계들과의 관계에서 조직화된 노력을 통해서 작동할 수 있다(Chaskin, 1997: 4). 근린지역을 단위로 하는 실증연구에서 보면, 사회적 자본은 지역사회의 변화에 영향을 주기도 하고(Tenmkin & Rohe, 1998), 지역사회가 사회적 자본의 차이를 가져오기도 하는 것(Subramanian, Kimberly & Kawachi, 2003)을 알 수 있다(천현숙, 2004). 두 경우 모두 사회적 자본은 공통의 이해를 목적으로 형성하고 활용되므로 공공재적 성격을 갖는다.

지역사회를 단위로 하는 사회적 자본에 대한 분석은 사회구성적 특징과 생태학적 특징을 지니므로(천현숙, 2004: 218), 개인 단위에서 측정 가능한 사회적 자본의 총합과 사회관계적 맥락에서 측정 가능한 총합을 합한 수준으로 확장될 수밖에 없다(천현숙, 2004). 그러나 그렇다고 해서 지역사회 사회적 자본이 개인의 사회적 자본의 총합이라고 단정하기 어렵다. 지역사회 사회적 자본의 경우, 지역주민들 개개인이 소유하고 있는 사회적 자본이 크다 할지라도 지역주민들이 지역사회 내에서 상호작용을 활발하게 하지 않는다면, 서로가 다른 사람들의 사회적 자본에 접근할 기회가 제한되어 있으므로 지역사회 사회적 자본은 개인의 사회적 자본의 총합보다 적을 수도 있으며 심지어 지역사회 사회적 자본의 총량이 증가하지 않을 수도 있기 때문이다. 반대로 지역사회 내에서 주민들의 관계가 비교적 평등하고 원활하여 서로에게 필요를 요청하고 반응하는 경험을 자주 할 수 있다면 지역사회 사회적 자본은 크고 얼마든지 증가할 수 있다. 개인적으로 다른 사람이나 조직과의 연계가 적은 사람은 지역사회의 구성원이 되어 지역사회 사회적 자본에 접근할 수 있는 기회를 많이 가지면 훨씬 풍요로운 삶을 누릴 가능성이 높아질 것이다.

지역사회를 단위로 할 때 사회적 자본을 미시적으로 접근하는 논의와 거시적으로 접근하는 논의가 서로 배타적인 내용이라고 전제하기 어렵다. 오히려 미시적 접근이나 거시적 접근이라는 단일한 접근으로 지역사회 수준에서 일어나는 사건과 상태를 논의할 때 충분히 설명하지 못하거나 왜곡된 해석을 하게 되어 오류 가능성이 우려된다. 이런 측면에서 사회적 자본 연구는 구조와 행위 간 상호작용을 설명해 줌으로써 미시적 수준과 거시적 수준을 연결시키는 핵심이론(Lin, 2000: 200)으로서 의의가 크다. 따라서 본 연구에서 지역사회 사회적 자본의 개념은 미시적인 접근과 거시적인 접근을 모두 반영 하고 있다. 따라서 사회구성적인 특성과 개인적인 특성을 모두 살펴보고

두 차원의 변수를 동시에 포함하며, 지역공동체 활동에 영향을 주는 변수를 도출하고자 한다. 이는 분석단위와 추론단위의 상이함으로 인한 오류를 최소한으로 하고자 하는 목적에 기인한다(천현숙, 2004: 225).

2) 사회적 자본의 하위 차원

대부분의 사회적 자본 연구에서는 사회적 자본의 개념을 네트워크와 사회참여, 신뢰, 사회규범과 같은 하위 차원을 중심으로 조작적 정의를 내려서 설명한다. 특히, 지역이나 국가 차원의 연구에서 공통적으로 제시하는 사회적 자본의 하위 차원에는 네트워크, 사회적 참여, 신뢰, 호혜성, 협력이 있다. 이는 사회적 자본의 특성이 다차원적이고 다의적이고 다면적이라는 점에 기인한다. 사회적 자본의 정의를 내릴 때, 사회적 자본의 본질을 규명하는 방식은 단일 차원의 개념이 내포하는 설명력이 빈약하여 각기 상이한 차원의 개념으로 정의될 위험성이 다분하기 때문이다. 반면에 사회적 자본을 분명하게 설명해주는 몇 가지 요인으로 정의내리는 방식은 그 개념요소들의 타당성만 확보할 수 있다면 보다 설득력 있는 개념화가 될 수 있다(소진광, 2004). 따라서 선행연구들은 사회적 자본의 공통적인 하위 차원의 개념요소를 통해서 사회적 자본을 정의하였다.

사회적 자본의 개념과 내용을 다루는 연구(Newton, 1999; Bourdieu, 1986; Fukuyama, 1995; Coleman, 1988)와 개인 및 지역이나 국가의 사회적 자본을 측정하는 연구(김태준, 2006; 김태준 외, 2003; 2006; 2009; 이영현 외, 2006; 소진광 외, 2006; 천현숙, 2004)에서 시작하여 사회적 자본의 영향 혹은 요인을 탐구하는 연구(이홍직, 2009; 박희봉·김명환, 2010; 이영현 외, 2006; 이희창·박희봉, 2005; Dhesi, 2000; Poortinga, 2006)와 계층·조직·국가 간 사회적 자본을 비교한 연구(박희봉·이희창, 2010; 정순둘 외, 2012) 등 다양한 유형의 연구에서 그러하다.

이를 토대로 본 연구에서는 다음과 같이 사회적 자본과 지역사회 사회적 자본을 정의하였다. 사회적 자본은 호혜성과 신뢰를 바탕으로 사회적 참여와 협력을 도모하는, 행위자들 간의 관계구조에 존재하는 공동체 자본이다. 그리고 지역사회 사회적 자본은 지역사회를 구성하는 개인과 지역사회의 상호관계 속에서 호혜성과 신뢰를 바탕으로 사회적 참여를 증진하고 협력체계를 구축하는, 행위자들 간의 관계구조에 존재하는 공동체 자본이다. 이때 행위자는 개인, 조직, 기관, 지역사회 등의 다차원적인 특성을 가진다.

지역이나 국가 차원의 연구에서 사용한 학자별 사회적 자본의 하위 차원을 표로 제시하면 다음과 같다.

<표 1> 학자별 사회적 자본의 하위 차원

연구자	하위 범주
Putnam(1993)	네트워크, 신뢰, 호혜성의 규범
Fukuyama(1995)	신뢰
Newton(1999)	네트워크, 신뢰, 호혜성의 규범
Woolcock(1998)	네트워크, 정보, 신뢰, 호혜성의 규범
Temkin & Rohe(1998)	사회문화적 요인: 친밀도, 참여도, 공동체 의식 제도적 요인: 자발적 결사체 및 각종 지역사회개발조직의 활동
Kawachi et al.(1999)	사회적 참여
Leyden(2003)	이웃과의 교제 여부(친밀도), 정치적 참여, 신뢰, 사회적 활동
UK ONS(2003)	사회적 참여, 사회적 네트워크 및 사회적 지원, 호혜 및 신뢰, 시민참여, 지역사회에 대한 견해

연구자	하위 범주
World Bank(2004)	집단과 네트워크, 신뢰와 단결성, 집단적 활동과 협력, 정보와 의사전달, 사회적 응집성과 포용력, 권한과 정치활동
박희봉·김명환(2000)	규범, 신뢰, 집단 내 협력, 정보공유
천현숙(2004)	친밀도, 참여도, 공동체 의식, 신뢰도
소진광(2004)	네트워크, 신뢰, 참여, 제도 및 규범, 이타주의, 지역특성
최영출(2004)	네트워크, 신뢰, 집단적 협력, 사회적 포용력, 제도적 규범
홍현미라(2006)	지역사회 관계망, 그 지역사회 내의 신뢰, 상호호혜적 문화
한상미(2007)	네트워크, 호혜성, 신뢰
본 연구	네트워크, 참여, 신뢰, 호혜성, 협력

자료: Putnam, 1993; Fukuyama, 1995; Newton, 1999; Woolcock, 1998; 천현숙, 2004: 227의 〈표 3〉에서 부분 인용; 최종혁 외, 2010: 300의 〈표 1〉과 303의 〈표 2〉에서 부분 인용 후 재구성

사회적 자본을 개별 자원(individual resource)보다 집단 자원(collective resource)이라는 관점에서 설명하고 공공재로 인식하는 학자들은 사회적 네트워크를 강조한다(Granovetter, 1995; Fukuyama, 1999; Putnam, 2000; Lin, 2000). 네트워크는 개인 간, 개인과 조직 간, 조직 간 상호 연계하는 형태로 관계구조라고 한다. 사회적 네트워크에 내재한 관계, 즉 행위자 간 관계구조가 사회적 자본을 창출하기 때문이다. 네트워크는 상호 의무를 포함하고 있는 개념이므로(Putnam, 2000), 네트워크가 형성되면, 신뢰와 호혜성의 규범이 형성된다. 개인이나 조직은 네트워크를 통해서 지식과 정보를 교환하고 조직이나 집단활동에 참여하고 집단 내 협력과 유대를 강화한다(Krackhardt et. al., 1992; Burt, 2001; Adler & Kwon, 2000).

사회적 자본을 거시적으로 접근한 학자인 Putnam(1993)은 '어디에 사느냐'가 중요하지 '누구인가'는 중요하지 않다고 한다. 그는 사회적 자본을 개인적 특성으로 설명하는 것에 동의하지 않는다. 사회적 자본은 지역의 역사와 발전과정, 지역의 특성에 의해서 결정되며 성별,

연령, 도시 및 농어촌 거주 여부, 직업 등 개인적인 특성은 아무런 영향력을 끼치지 못한다는 것이다. 그는 한 지역의 사회적 자본에 강력한 영향요인은 사회단체라고 설명한다. 즉, 사회단체의 수와 종류, 시민들의 사회단체에의 가입과 참여, 사회단체 네트워크의 성격이 수직적인 특성을 가지는가 아니면 수평적인 특성을 가지는가 여부, 사회단체의 배타성 여부, 시민들이 사회단체에서 보내는 시간 등(Veenstra & Lomas, 1999: 4; 박희봉, 2002: 225에서 재인용)으로 측정되는 사회단체 변수가 지역사회 사회적 자본의 강력한 설명변수이다. 그러나 지역마다 사회적 자본을 형성하는 차이를 보인다는 Putnam(1993)의 주장은 우리나라 지역 연구에서 수용하기 어렵다(박희봉, 2002). 일단 우리나라는 지방자치제를 실시한 기간이 길지 않기 때문에 지역의 차별성을 비교연구하기 위한 자료 수집이 용이하지 않다. 또한 우리나라는 시민사회로 발전하기 전에 단일국가로 발전한 역사가 오래된 나라이다. 이러한 역사적 배경을 가진 우리나라에 자발적인 결사체로서의 사회단체가 존재하는지 여부조차 파악하기 어렵다. 한국사회의 시민단체가 Putnam(1993)이 주목한 사회단체와 기능적 등가물이라고 판단내리기 어려운 측면이 있다. 한국사회의 정치·경제·사회적 맥락 안에서 한국사회의 시민단체가 생성되고 성장해온 역사를 살펴보면, 시민단체의 기능과 지역사회 사회적 자본 간 긍정적인 상관관계를 증명하기 어렵기 때문이다. 따라서 Putnam(1993)이 지표로 제시한 사회단체의 총량이나 참가율을 활용하는 논의를 뛰어넘어 네트워크를 통해서 누가(주체) 무엇을 지향하며(목적) 어떻게 상호작용하는지(관계성)를 심층적으로 접근할 필요가 있다.

　Putnam(1993)의 수평적으로 조직화된 네트워크와 수직적으로 조직화된 네트워크에 대한 논의 또한 지역사회 사회적 자본 연구에 도식적으로 적용하기 어려운 측면이 있다. 수직적 네트워크는 사회제도를 가리키고, 수평적 네트워크는 사회단체를 말한다. Putnam(1993)은 수평적 네트워크가 수직적 네트워크에 비해 신뢰와 호혜성의 규범을 강화시켜준다고 하였다. 즉, 공동체를 구성하는 시민들이 수평적으로 조직화된 네트워크의 강한 연대는 사회적 자본을 형성하는 데 긍정적인 영향을 미치나, 정부-복지수혜자 관계와 같은 수직적으로 조직화된 네트워크의 강한 연대는 사회적 자본을 형성하는 데 부정적인 결과를 가져온다는 것이다. 그러나 이에 대한 반증 사례도 보고되고 있다(Knack & Keefer, 1997). Knack과 Keefer(1997)의 연구결과에 따르면, 개인 간 신뢰가 낮고 그 수준을 단기간 내 증가시키기 어려운 사회에서는 수평적 네트워크에 비해 사회적 제도를 통한 수직적 네트워크를 활용하는 것이 사회적 자본을 빨리 형성하였다. 따라서 수평적 네트워크와 수직적 네트워크가 어떤 상황에서 구성원들 간의 유대를 강화하여 사회적 자본을 형성하는지에 대한 근접관찰연구가 필요하다.

네트워크의 개방성과 폐쇄성에 대한 논의는 Granovetter(1995)의 약한 유대(weak tie)의 강함으로 설명할 수 있다. 약한 연대의 중요성을 강조하면 집단의 개방성이 사회자본을 축적하는 데 유효하다는 주장으로 연결된다(Granovetter, 1995; Burt, 2001). 반면, 강한 연대의 중요성을 강조하면 집단의 폐쇄성이 사회자본을 축적하는 데 중요하다는 주장으로 연결된다(Coleman, 1988; Bourdieu, 1986; 유석춘·장미혜, 2007: 34에서 재인용). 기존 집단의 정체성을 유지하면서 사회자본을 확대하려고 할 때는 약한 연대가 필요하고, 보다 큰 새로운 집단을 구성하면서 사회자본을 확대하려고 할 때는 강한 연대가 중요하다 (유석춘·장미혜, 2007: 39-40).

이는 사회적 자본을 누구와 공유할 것인가의 문제로, Putnam(2000)은 결속형(Bonding) 사회적 자본과 교량형(Bridging) 사회적 자본에 관한 논의를 발전시켰다. Putnam(2000)에 의하면, 결속형 사회적 자본은 배타적 유형으로 자기 집단에 대한 강력한 충성심을 창출함으로써 집단 외부에 대해서는 강한 적대감을 만들어낼 수도 있다. 결속형 사회적 자본은 개별적인 호혜성을 강화하고 연대성을 동원하는 데 유리하다. 반면 교량형 사회적 자본은 포괄적(Inclusive) 유형으로 사회학적 윤활유 역할을 하면서 광범위한 정체성과 호혜성을 생성한다. 교량형 사회적 자본은 회원과 외부 자원의 연계, 그리고 정보 확산에 보다 유용한 기능을 한다. 그는 네트워크를 양분하여 이해하기보다 비교가능한 정도의 차이로 이해할 것을 당부하면서도 결속형과 교량형이 상호교체 가능한 개념은 아니라고 하였다.

이러한 네트워크는 구성원들 간의 의무와 기대에 따른 행동규범을 강제하는 성격이 있다. 호혜성의 규범이란 상대방에게 빚을 지고 있다, 또는 의무감을 가지고 있다는 '도덕적 의무'에 바탕을 두고 교환이 이루어지는 것을 말한다. 따라서 교환의 성공여부는 상대방의 호혜적인 행위에 달려 있고, 서로에 대한 신뢰를 생성하는 데 있어서 기본적인 원리가 된다(김혜인·전대욱, 2009: 32). 특히, 일반적인 호혜성이 집단적인 행위를 해결해주는 단초가 되며 공동체의 유대를 강화하는 기능을 한다(Adler & Kwon, 2000). 일반적인 호혜성은 특정한 보답이나 즉각적인 보답을 기대하지 않고 베푸는 것을 의미한다. 일반적인 호혜성은 개인의 행위에 대한 즉각적인 보답을 유예하고 언젠가 누군가에 의해 보답받을 것이라는 기대를 가지기 때문에 가능한 행위이다. 서로 다른 부류의 사람들 사이에 상호작용이 빈번하게 이루어질 때 일반적인 호혜성이 사회적 규범으로 형성되는 경향이 있다. 따라서 일반적인 호혜성이 사회적인 가치가 크며 신뢰가 높은 사회의 특징으로 나타난다(Putnam, 2000).

신뢰는 상호작용의 역사를 통하여 형성된 대인적 관계이다(Adler & Kwon, 2000). 신뢰는 개인의 신뢰를 측정하여 사회적 자본을 설명한다(Putnam, 2003). 신뢰는 신뢰의 대상에 따라 크게는 미시차원과 거시차원으로 나뉘며, 때로는 중시차원까지 포함하여 다차원으로 접근한다. 미시적인 사회적 자본은 사람에 대한 신뢰로, 거시적인 사회적 자본은 제도에 대한 신뢰로 구분한다. 중시적인 사회적 자본은 지역사회와 사회단체, 조직에 대한 신뢰로, 대체로 거시적인 사회적 자본에 포함되어 다루어진다. 일반적으로 산업화와 민주화의 수준이 높은 발전국가일수록 거시적 신뢰가 높고 미시적 신뢰가 낮다고 본다(이재열, 2001). 또한 발전국가일수록 조직이 작동하는 원리가 일차적인 인간관계보다 이차적인 인간관계가 지배적일 것이라고 가정한다(김상준, 2004; 박희봉, 2002; 장수찬, 2002). 그러나 유럽국가를 대상으로 하는 실증연구 결과에 따르면 미시적인 사회적 자본의 수준이 일본과 한국 등 관계를 중시하는 동아시아 국가보다 덴마크와 스웨덴과 같은 발전국가에서 높다고 나타났다(유석춘·장미혜·배영, 2002). 또한 이들 발전국가들에서는 이차적인 자원의 결사뿐만 아니라 가족과 개인의 네트워크를 통해서 정치적 참여를 하고 있었다(Helgeson & Kim, 2002).

이상에서 살펴본 바와 같이 미시적인 사회적 자본과 거시적인 사회적 자본은 양립가능한 현상이며, 이 둘은 상호보완적이고 상대적인 접근으로 인식할 필요가 있다(Orru et al., 1997; Pye, 1999; 유석춘·장미혜, 2002에서 재인용). 사회적 자본의 하위 차원들은 상호배타적인 관계가 아니라 나선형으로 긴밀하게 연결되어 있다(박희봉, 2002). 지역사회에서 협력을 위한 상호호혜성의 규범은 오랜 기간에 걸쳐서 지역문화에 의해, 사람들 간의 접촉을 통해, 사회자본의 이익경험을 바탕으로 형성된다. 지역사회에 사회적 자본이 형성되면 자율적인 행위자들이 상호협동과 협력하여 일하기 쉬울 뿐만 아니라, 신뢰를 확산시켜 네트워크를 강화시킨다(Putnam, 1993).

3) 사회적 자본과 사회연대

사회적 자본의 인과적 설명은 사회적 자본의 작동 효과에 의해 포착될 수 있다(Lin, 2000: 37). 사회적 자본은 소유의 관점에서 파악되기보다 활용의 관점에서 파악되는 개념이기 때문이다(소진광, 2004: 90). 지역단위 사회적 자본 관련 연구에서도 지역사회 문제해결을 위해 사회적 자본을 구축한다(천현숙, 2004)고 본다. 이렇게 사회적 자본은 도구이자 수단으로서의 동인(動因)으로 접근가능하다. 그러나 다른 측면에서 접근하면, 사회적 자본이 목표 그 자체로서 성과가 될 수 있다. 사회적 자본이 원인이자 결과라는 양면성을 동시에 가지기 때문이다.

사회적 자본과 사회연대는 유사한 개념으로 그 경계를 명확하게 구분하기 쉽지 않다. 그것은 두 개념 모두 협력적인 행위를 촉진하는 수단적 기능과 그 자체로 목적이 되는 가치적인 측면을 공통적으로 가지기 때문이다. 또한 사회적 자본이 원인이자 결과라는 양면적인 특성으로 인해 사회적 자본이 사회연대의 수단으로 보는 견해와 사회연대를 통해 사회적 자본이 형성된다는 견해가 병존한다.

Hans Braun(2003)은 정의와 연대의 중요한 요소로 실존적 책임(die existentielle Schuld)을 설명한 Montada와 Bierhoff(1991)의 논의를 인용하면서 연대는 특정 이익을 관철하기 위한 행동이 아닌, 친사회적인 행동이라고 설명한다. 특히, 지역사회를 기반으로 하는 공동체는 사회적 자본을 형성하고 축적하는 과정을 거치면서 중도적인 연대(Mesosolidarität)를 만들어낼 수 있다. 중도적 연대의 개념하에서 파악할 수 있는 태도, 행동성향, 행위들은 신뢰와 결속을 통해서 사회적 자본의 개념과 연결할 수 있다. 자조 기관에서의 활동이나 자원봉사 활동과 같은 중도적 연대의 현상은 자발적 사회조직 능력과 사회적 능력을 획득해 가면서 사회적 자본의 개념을 보여준다(Hans Braun, 2003: 31, 90-93).

사회연대의 유형을 차원에 따라 구분하면, 미시적 연대와 중도적 연대, 거시적 연대로 나누어 설명할 수 있다. 미시적 연대는 사람들이 사회적 근방(Nahraum)이라 할 수 있는 가족, 친지, 친구들 사이에서 지원하고 돕는 행위를 말한다. 거시적 연대는 납세의 의무나 사회보험료와 같은 사회보장체계 유지를 위한 기여금(Bertrag)에 대한 의무 등을 말한다. 미시적 연대와 거시적 연대의 중간 차원에 위치하는 중도적 연대는 사회적 관계의 일상성에서 시작된 지원과 부조의 행위가 평균적이고 일반적인 기대를 넘어설 때 나타난다. 노동운동과 같은 정치적 자조 프로젝트나 협동조합, 소비자 단체나 상호 보험 단체 등의 경제적 자조 프로젝트, 그리고 지역사회에서 이루어지는 공동탁아와 같은 사회적 자조 프로젝트가 그 예라고 할 수 있다. 이러한 중도적 연대 행위는 미시적 연대의 행위 범위라고 할 수 있는 사회적 근방을 넘어서고, 호혜성(Reziprozität)의 이념을 지향할 수도 있고, 지향하지 않을 수도 있다. 호혜성을 지향하지 않는 중도적 연대는 반대급부를 기대할 수 없는 타인을 위해 자발적으로 행동하는 모든 상황을 가리킨다. 이는 호혜성을 지향하는 경우에 비해 보다 광범위한데, 자원봉사활동과 기부활동, 사회운동 참여 등이 그 예라고 할 수 있다 (Hans Braun, 2003: 28-33).

한편, Richard Sennett(2012)는 연대(Solidity)란 서로를 알아보는 것이라는 의미의 사회성(Sociality)에서 한 발 더 나아가 타인에게 손을 내미는 것, 함께 행동하는 것이라고 본다. 이는 독일어의 페어빈둥 (Verbindung)과 동일한 의미를 내포하는데 페어빈둥의 원래 의미는 한데 묶고, 다시 온건하게 만들고 치유함을 뜻한다. 그는 사회성과 연대를 대비하여 설명하는 짐멜(Simmel, 1950)의 견해를 인용하면서 사교성에서 사회성으로, 그리고 사회연대로의 발전과정을 설명하였다. 그것은 타인에 대한 인식과 집합적인 행동에 참여하고 연대함으로써 균열과 분리에 대한 치유를 경험할 수 있다는 것이다. 이런 논의에 따르면 앞서 살펴본 Bourdieu(1986)의 사교적이고 사회적인 행위로서의 사회적 자본은 짐멜(Simmel, 1950)의 논의를 통해서 사회연대로 발전한다.

연대의 유형은 지향하는 목적에 따라 하향식 연대와 상향식 연대로 구분할 수 있다. 하향식 연대는 통일성을 강조하고 상향식 연대는 포괄성을 강조한다. 노동운동을 중심으로 세력화한 유럽의 진보세력인 정치적 좌파(Political Left)는 협력을 통해서 그들의 정치적 목적으로 실현하고자 하는 하향식 연대의 양상을 보이는 데 반해, 시민사회에 집중하는 미국의 진보세력인 사회적 좌파(Social Left)는 협력 그 자체를 목표로 하는 상향식 연대의 양상을 보인다고 한다. 따라서 연대의 결과물인 실천 역시 각기 다른 현상으로 나타난다. 마르크스를 중심인물로 하는 하향식 연대가 계급혁명을 주장한다면, 로버트 오웬을 위시한 상향식 연대는 사회복지관이나 기술학교(직업학교) 등의 지역사회조직을 통한 시민운동으로 나타난다. 지역사회조직을 통한 사회연대는 지역주민의 자발적이고 주체적인 행위들이 조직화되어 나타나는 상향식 연대이다(Richard Sennett, 2012).

공동체 조직가로 큰 영향을 끼친 솔 앨린스키(Saul Alinsky)는 상향식 연대 구축을 강조한다. 그에 의하면, 지역사회에서의 상향식 연대 활동을 하는 공동체 조직가는 과거에는 진정한 대화를 나눈 적이 없는 사람들을 한곳에 모이게 하고 그들이 요청하는 정보를 제공하고 그들끼리 더 자주 많이 만나도록 제안하는 역할을 한다고 한다. 공동체 조직가는 중립적인 태도를 지키면서 사람들이 대화를 하는 데 조력한다. 이러한 공동체 조직가의 역할은 미국 최초의 사회복지관인 제인 아담스(Jane Addams)의 헐 하우스에서 근무하던 자원봉사자들이 하는 일과 동일하다(Richard Sennett, 2012). 지역사회에서 공동체 조직가로 활동하는 사람들이 바로 커뮤니티 워커이다. 따라서 커뮤니티 워커의 역할은 사회적 자본 형성하여 상향식 연대로 발전시키는 활동을 하는 공동체 조직과 기능을 포함한다.

02
커뮤니티 워크

커뮤니티 워크는 지역사회를 단위로 하는 전문적인 개입으로, 커뮤니티 워커가 주민들이 지역사회 문제를 자발적이고 협동적으로 해결하도록 돕고, 이를 위해 지리적 영역과 기능적 분야에서 사회복지 자원과 사회복지 욕구와의 격차를 점진적으로 조정하고 유지하는 과정(Ross, 1955)이다. 커뮤니티 워커는 지역 활동의 전문가이고 유급활동가이다. 커뮤니티 활동의 주체는 일반 주민과 커뮤니티 워커, 공공행정가, 그리고 내외부 이해관계자 등 다양하지만 그 핵심 주체는 일반 주민이다. 따라서 커뮤니티 워크의 핵심은 주민 참여의 자발성에 있다. 커뮤니티 워크는 관련 전문가(숙련가) 혹은 비영리 휴먼서비스 전문직의 지역조직화와 같은 지역사회복지 실천을 통해서 이루어지며 궁극적으로 사회정의와 인권이라는 사회적 가치를 실현하는 과정이라고 할 수 있다.

1) 커뮤니티 워크와 지역사회복지 실천

본 연구에서 제시하는 커뮤니티 워크는 지역사회를 기반으로 하는 인간행동 관련 분야의 전문가(숙련가)나 전문직의 지역 활동이다. Ross(1955)는 커뮤니티 워크를 지역사회 개발(community development) 과 지역사회 조직화(community organization), 그리고 지역사회 관계 (community relation) 영역으로 구분하여 설명하고 있다. 그의 지역사회 조직화는 미국과 캐나다의 지역사회복지 실천이론의 핵심내용으로, 지역사회의 계획과 지역사회 행동이 이 부분에서 설명되고 있다. Ross의 커뮤니티 워크는 이후 지역사회복지 실천 모델 연구에서 더욱 세분화되고 있다.

전통적인 지역사회복지 실천 모델로 잘 알려진 Rothman(1970)의 지역사회 조직사업의 실천 모델에서는 지역사회개발과 지역사회계획, 지역사회행동을 구분하고 있다. 그는 지역사회 관계를 별도로 구분하여 설명하고 있지 않으나 위에서 제시한 세 가지 영역을 지역사회 관계의 형태로 접근한다(Rothman, 1970). 또한 Weil과 Gamble(1995; 2010)은 지역사회 실천과정을 조직화와 계획하기, 지속가능한 개발, 진보적인 변화로 정의하고 최근 수정된 지역사회 실천모델 8가지 유형을 제시하였다. 8가지 지역사회 실천모델은 근린 지역사회조직, 기능적인 지역사회조직, 사회·경제적 그리고 지속적 발전, 포괄적 프로그램 개발, 사회계획, 연합, 정치·사회적 행동, 진보적인 변화를 위한 운동으로 유형화된다. 이들 Rothman(1970)이나 Weil과 Gamble (2010)의 논의는 Ross(1955)의 커뮤니티 워크와 내용상 유사하다. 그리고 영국의 진보 성향의 지역사회복지 연구자인 Popple(1995)은 커뮤니티 워크 실천모델로 지역사회 보호, 지역사회 조직, 지역사회 개발, 사회 및 지역사회 계획, 지역사회 교육, 지역사회 행동, 여성주의 커뮤니티 워크, 흑인 및 반인종주의 커뮤니티 워크를 제시하고 있다.

Popple(1995)은 커뮤니티 워크라는 용어를 사용하고 있으나 그 내용
은 Weil과 Gamble(2010)의 논의와 상당 부분 중첩된다.

이상에서 설명한 학자별 지역사회 실천모형을 표로 제시하면 다음
과 같다.

<표 2> 학자별 지역사회 실천모형

학자	주요내용
Ross(1955)의 커뮤니티 워크	◦ 지역사회 개발 ◦ 지역사회 조직화(지역사회 계획 및 행동) ◦ 지역사회 관계
Rothman(1970)의 지역사회 조직사업의 실천모델	◦ 지역사회 개발 ◦ 지역사회 계획 ◦ 지역사회 행동
Weil과 Gamble(1995; 2010)의 지역사회 실천모델	◦ 근린 지역사회 조직 ◦ 기능적인 지역사회 조직 ◦ 사회·경제적 그리고 지속적 발전 ◦ 포괄적 프로그램 개발 ◦ 사회계획 ◦ 연합 ◦ 정치·사회적 행동 ◦ 진보적인 변화를 위한 운동
Popple(1995)의 커뮤니티 워크	◦ 지역사회 보호 ◦ 지역사회 조직 ◦ 지역사회 개발 ◦ 사회 및 지역사회 계획 ◦ 지역사회 교육 ◦ 지역사회 행동 ◦ 여성주의 커뮤니티 워크 ◦ 흑인 및 반(反)인종주의 커뮤니티 워크

자료: Ross, 1955; Rothman, 1970; Weil & Gamble, 2010, Popple, 1995.

커뮤니티 워크와 유사한 개념에는 지역사회복지서비스(Community
Welfare Service), 지역사회서비스(Community Service), 지역사회보호
(Community Care), 재가복지(Domiciliary Community Service) 등이 있다.

지역사회복지서비스는 영국에서 사용되는 개념으로 공공서비스 가운데 대인 사회서비스라고 할 수 있다. 지역사회서비스는 미국에서 사용되는 개념으로, 대체로 민간영역에서 이루어지는 조직적 사회봉사 활동을 일컫는다. 지역사회보호는 주로 영국에서 사용되는 개념으로, 노인과 장애인, 그리고 5세 이하의 아동 등 요보호 집단을 대상으로 시설에 격리하여 보호하는 방식이 아닌 지역사회라고 하는 일상적인 생활공간에서 살아갈 수 있도록 보호서비스를 제공하는 것을 말한다. 재가복지는 사회복지서비스 이용자들이 자택에서 일상적인 생활을 영위하면서 필요한 서비스를 제공하는 방식을 가리킨다. 이러한 유사 개념들은 복지서비스 및 사회서비스의 제공(수혜) 측면에서 서비스 수요자로서의 주민을 범주화하여 한정하거나 서비스 자원 제공자로서의 주민 참여를 자원동원의 차원에서 주목하고 시설보호의 대안으로 지역사회복지를 강조하는 등 특정 부분에 초점을 맞추고 있다.

지역사회복지의 개념을 목적에 따라 협의의 지역사회복지와 광의의 지역사회복지로 구분할 수 있다. 지역사회복지의 목적은 지역사회보호와 지역사회변화로 나눌 수 있는데, 지역사회보호는 협의의 지역사회복지로, 지역사회변화는 광의의 지역사회복지로 개념화한다(Homme, 2012; 홍현미라, 2013).

협의의 지역사회복지와 광의의 지역사회복지를 비교하여 표로 제시하면 다음과 같다.

<표 3> 협의의 지역사회복지와 광의의 지역사회복지 비교

구분	협의의 지역사회복지	광의의 지역사회복지
목적	◦ 지역사회보호	◦ 지역사회변화
영역	◦ 대인서비스 제공	◦ 지역사회변화를 위한 조직화와 옹호, 사회서비스 전달체계의 변화, 자원동원 및 관리
대상	◦ 노인, 장애인, 5세 이하 아동 등 돌봄이 필요한 취약계층, 특정 욕구나 문제를 가진 자	◦ 지역거주자 및 기관
시민 역할	◦ 서비스 수혜자(클라이언트) - 서비스 자원 제공자(자원봉사자)	◦ 서비스 공급자
활동	◦ 사회적 보호 형태 ◦ 자원봉사 활동, 재가보호, 주간보호, 주거홈, 그룹홈 일시보호 ◦ 클라이언트의 참여와 선택의 확대, 욕구 중심의 서비스와 비용 절감 효과	◦ 거시적 측면의 실천 활동 ◦ 지역사회개발, 이웃강화, 광범위한 지역조직 개발, 지역사회교육, 클라이언트 역량강화, 기관 내에서의 개선활동, 정책변화와 정치적 관여, 법정(소송)의 이용

자료: 홍현미래(2013: 269-273)의 내용을 표로 제시

이상에서 살펴본 바와 같이 지역사회에는 종래의 지역사회복지 개념과 커뮤니티 워크와 유사한 개념, 그리고 협의의 지역사회복지 개념과 광의의 지역사회복지 개념들이 혼존한다. 따라서 지역사회 단위의 전문적인 개입이라는 차원에서 세부적인 개념들을 통합하는 시도가 필요하다. 새로운 용어는 기존 지역사회복지 개념을 뛰어넘어 지역사회 개발과 지역사회의 안녕을 추구하는 주민들의 자발적인 참여를 전제로 하며, 주민과 지역사회를 기반으로 활동하는 전문가와 전문직과의 관계를 개념적으로 정립할 것이다. 이에 커뮤니티 워크는 협의의 지역사회복지와 광의의 지역사회복지를 포괄하는 개념으로, 전통적인 지역사회복지와 지역사회복지실천과정, 그리고 지역사회의 지속적인 개발과 발전을 위한 집합적이고 협력적인 과정을 탐색하는 연구에 보다 적합한 용어이다.

2) 커뮤니티 워크와 커뮤니티 활동

커뮤니티를 공동체로 통칭할 때, 공동체란 "그 구성원들 간 심정적, 정신적 일체감 또는 이해관계의 동질성에 근거하여 자발적으로 조직된 소집단"(김경일, 1986)으로, "인간의 생물적, 사회적 기본 필요와 충족을 위한 가장 기본적인 단위로서 지역성을 전제로 하며, 나아가 집단적으로 공유하는 가치의 공간으로 문화적 전통, 사회적 융합, 그리고 규범적 구조가 생산되고 재생산되면서 전화하게 되는 영역"(최병두, 2000)이다.

앞서 서론에서 밝혔듯이 커뮤니티는 지역성을 근거로 하는 지역공동체와 공동 이해를 목적으로 하는 기능적인 공동체를 포괄하는 개념이다. 커뮤니티를 지칭할 때, 지리적 의미의 지역사회로서의 커뮤니티와 기능적 의미의 공동체로서의 커뮤니티를 결합시키는 개념(Warren, 1963)으로 이해할 필요가 있다.

지리적인 개념의 커뮤니티는 이웃이나 마을처럼 장소를 기반으로 하거나 장소를 뜻하는 지역성과 상호작용을 동시에 강조한다(Mattessich and Monsey, 2004: 56). 지역사회는 지역공동체라는 용어로 대체 사용되며 지역공동체는 지리적 영역, 사회적 상호작용, 공동의 유대(공유된 정체성)를 구성요소로 하고 있다(Hillery, 1955). 지역사회는 대면접촉 등 상호접촉이 용이한 지리적 경계 내에서 공동의 관심사나 공통적인 이해를 도모하기 위해서 연합하거나 보호와 돌봄, 복지를 위한 지역사회조직에서 활동하는 사람들로 구성된다(Ross, 1967: 19).

지역공동체와 지역사회를 비교하여 표로 제시하면 다음과 같다.

지역공동체	지역사회
지리적 영역, 사회적 상호작용, 공동의 유대(공유된 정체성)를 구성	대면접촉 등 상호접촉이 용이한 지리적 경계 내에서 공동의 관심사나 공통적인 이해를 도모하기 위해서 연합하거나 보호와 돌봄, 복지를 위한 지역사회조직에서 활동하는 사람들로 구성

사회적 개념의 커뮤니티는 인터넷상 단체 대화방을 공유하는 사람들, 전국 전문직 연합, 또는 노동조합과 같이 이해(interest) 결사체로, 기능적 의미의 공동체를 의미한다. 영국과 미국에서는 여권주의 커뮤니티 워크, 인종차별철폐 커뮤니티 워크처럼 특정한 주체를 명확하게 밝히는 커뮤니티 워크가 있다. 이런 비주류 커뮤니티는 인종이나 젠더, 혹은 동성애 등과 관련된 기능적 의미의 공동체가 중심이 된다.

UN, OECD, EU, World Bank, WHO와 같은 국제기구와 캐나다, 호주, 미국, 영국, 일본과 개별 국가에서 커뮤니티 웰빙4)을 측정할 때 공동체 생활의 주요 지표로 봉사비율과 이웃접촉빈도를 활용한다(기영화 외, 2013: 24-25). 봉사와 이웃접촉 개념은 사회조직론적 관점에서 지역공동체를 도시 및 결사체와 비교하는 연구에서 많이 제기된다(신용하, 1987).

커뮤니티 워크는 지역사회를 기반으로 하는 조직을 통해 이루어지는 지역 주민의 활동이며, 커뮤니티 활동이다. 커뮤니티 활동이란 지역이라는 물리적 공간을 전제조건으로 하고, 지역주민이라는 소속감

---

4) 국제기구와 개별국가들이 사용하고 있는 커뮤니티 웰빙 지표는 매우 다양하고 광범위하다. 이를 몇 개의 범주로 구분하면, 소득을 비롯한 재정과 주택 소유, 고용, 교육수준, 빈곤, 여성이나 장애인 취업률로 산정하는 평등, 수명, 질병, 주관적 건강상태, 정치참여 기회나 지역서비스접근으로 평가하는 거버넌스, 범죄, 봉사비율과 이웃접촉빈도로 평가하는 공동체 생활, 안전, 다양성, 문화여가, 대기·수질·해양·토양·생활환경, 자연재해, 잡초와 해충과 같은 생태계, 전반적인 생활 만족도로 나뉜다(기영화 외, 2013: 24-25).

과 정체성을 기반으로 공동의 목표와 가치를 공유하면서 지역사회의 문제의 해결과정에서 상호작용하는 협력적인 행위이다(이소영, 2014: 6). 커뮤니티 활동의 주체는 전문가가 아니라 일반 주민이므로 주민 참여가 커뮤니티 활동의 핵심이다. 지역주민들은 지역사회를 기반으로 하는 사회조직에서 제공하는 커뮤니티 활동에 자발적으로 참여함으로써 사회적 통합에 필요한 규범과 가치에 준하는 행동을 하게 된다(Warren, 1963; 최일섭·류진석, 2004: 12에서 재인용). 이러한 사회적 가치와 규범을 만들어내는 사회조직은 지역사회를 기반으로 하는 종교기관, 교육기관, 복지기관, 주민자치조직, 사회단체, 마을기업과 같은 사회적 경제조직, 자원봉사활동을 비롯한 정치, 경제, 보건, 교육, 사회, 문화, 예술 등 다양한 활동을 펼치면서 공적인 목적을 달성하는 자발적 결사체 등 갈수록 다양해진다.

거버넌스5) 연구(Rhodes, 1996; Kjær, 2004; 김준환, 2004; 배응환, 2005; 김의영, 2011)에서는 시민사회를 정부 실패와 시장(개인) 실패의 변증법적 발전의 결과로 보고, 자발적인 결사체의 역할을 강조한다. 최근 정치나 행정 영역에서 참여민주주의에 초점을 맞추어 시민사회나 거버넌스의 개념을 집중적으로 다룬다. 그러나 사회복지 영역

---

5) 공공행정이나 정책에서 통용되는 거버넌스는 '자체 조직화, 상호의존에 기반을 둔 조직 간의 네트워크, 자원의 교환, 게임의 규칙, 국가로부터의 상당한 자율성을 의미한다'(Rhodes, 1996: 15; Kjær, 2004: 13에서 재인용). 또한 '공공부문과 민간부문의 정책적 네트워크와 협력을 의미하는 거버넌스'(김의영, 2011: 189)는 다수의 행위자와 집단이 사회문제 해결에 개입하고, 시민사회 단체들이 공공 서비스 제공에 더 많이 관여하는 구조를 가진다. 로컬 거버넌스(local governance)란 지방 차원에서 공공·민간·제3부문의 행위자들이 네트워크와 파트너십 및 '여러 기관의 공동 활동(multi-agency working)'을 통하여 사회문제를 해결하거나 집합적 목표를 달성하는 것을 의미한다(배응환, 2005: 192). 즉, 로컬 거버넌스는 공공부문과 민간부문, 그리고 기업 및 개인 등 다양한 행위자들 간의 상호연계와 협력이 지역적으로 나타는 것으로, 지역 전체의 복지에 대한 관심을 가지고 지역사회문제를 해결하기 위하여 지역사회의 다양한 행위주체들이 정책네트워크를 중심으로 지역사회복지 관련 정책을 수립하고 시행하는 전 과정에 참여함으로써 지역사회 내의 민주적 의사소통 구조를 확립하고 지역주민을 위한 사회적 자본의 축적과 효율적인 활용이 용이한 협력체계를 공고히 하는 과정이라 할 수 있다.

에서는 시민사회나 거버넌스 논의가 상대적으로 큰 비중을 차지하지 않으나 복지서비스 공급체계에서 공공과 민간의 협력적 파트너십을 강조하는 추세이다. 지역사회에 커뮤니티를 수립하고 자원을 동원하고 지역사회를 기반으로 하는 조직들을 조직화하는 등 중시 차원의 사회복지 정책과 실천의 위상이 한층 더 높아지고 있다. 서구 복지국가에서는, 커뮤니티에 대한 합의된 상(像, image)을 상정하고 지역사회를 기반으로 정부와 기업, 민간 복지기관 및 시민사회단체, 그리고 일반 시민들이 커뮤니티 웰빙과 지역사회 문제해결을 위해 서로 협동하고 협력하는 구조가 구축되고 있다. 그 대표적인 예로, 영국은 공공행정을 중심으로 복지가 이루어지는 나라인데, '지속가능한 지역공동체법(Sustainable Local Community Act 2007)'을 제정하였고 미국은 전통적으로 지역조직화를 강조하는 나라인데 '포괄적 지역사회 변화운동(CCI: Comprehensive Community Initiative)'이 진행되고 있다.

3) 커뮤니티 워크와 조직사업

커뮤니티 워크에서 워커는 관련 전문가(숙련가)이거나 전문직의 영역으로, 지역사회 조직사업을 통해서 지역주민과 전문적인 관계를 형성한다. 조직화는 지역주민들의 사회적, 정서적, 환경적, 그리고 경제적 조건에 영향을 미치는 논의를 긍정적으로 만들기 위해서 지역 리더십을 개발하고 지역주민들로 하여금 지식, 기술, 그리고 조직적인 힘을 갖출 수 있도록 주민 참여를 독려하는 노력(Gamble & Weil, 2010: 10)이다. 즉, 조직화는 지역주민들을 조력하는 사람들과 함께하는 작업으로 집합적인 행동을 유지할 수 있도록 사람들에게 힘을 주는 조직을 수립하는 과정에서 개인 상호간, 사회관계와 지역사회관계를 형성하고 강화하는 것(Rubin과 Rubin, 2007: 5)이다. 조직화는 지역주민들의 삶에 영향을 줄 수 있는 의사결정에 주민들이 참여하는 것이 매우 중요하다고 생각하는 민주주의의 가치로부터 그 원칙을 두고 있다(Austin & Betten, 1990; Kahn, 1991; Gamble & Weil, 2010: 11에서 재인용).

커뮤니티 조직화란 커뮤니티의 제반 조건에 긍정적인 영향을 미치는 것을 목적으로 하는 자기이해(Self-interest)와 궁극적으로는 현재의 조건들을 초래하는 배후와 맞서는 힘(Power)을 행위자 간 관계(Relationship)에서 도모하는 사회적인 노력(Sen, 2003)이라 할 수 있다. 지역조직화란 개개인들과 그들이 살고 있는 지역사회를 위한 사회적 힘을 찾는 것이다(Rubin & Rubin, 2001). 그렇기 때문에 커뮤니티 워크에서는 지역사회를 조직화하기 위해서 힘의 역할을 알고 힘에 대한 분석을 하는 것이 중요하다(Evans & Boyte, 1986; Rubin & Rubin, 2001; 지은구, 2006: 59에서 재인용). 사회변화의 과정으로서 조직화는 사회 안에서의 힘의 관계에 대한 점진적인 도전을 창조하고 유지한다(Evans & Boyte, 1986; 지은구, 2006: 59에서 재인용). Rubin과 Rubin(2007)에 의하면, 지역조직화사업은 사람들이 공동 문제를 가지고 싸우도록 하는 것을 포함하고 그들의 삶에 영향을 미치는 의사결정에 맞서 그들의 입장을 증진시키는 것이 중요하다. 또한 조직화는 공동 문제에 직면한 지역주민들이 느끼는 무력화에 대한 해독제다(Rubin & Rubin, 2007). 조직화는 지역주민이 요구받은 사회변화와 지역개선을 이루기 위해 효과적으로 싸우고 극복하는 중요한 방법이다(지은구, 2006: 59).

03
한국의 커뮤니티 워크

한국의 커뮤니티 워크는 지역사회복지 실천의 변화를 촉구하는 영역이다. 최근 사회복지관이 마을단위 지역조직사업과 주민조직화사업을 수행하면서 지역의 특수성과 지역주민들의 욕구에 맞는 차별화된 서비스와 프로그램을 창출해내고 있다. 또한 사회복지관에서 지역주민을 접근하는 태도가 주민동원에서 주민참여로 변화하고 있다. 이러한 사회복지관의 변화를 커뮤니티 워크와 연결해서 생각하면, 최근 정부가 주도하여 주민들의 참여를 이끌어내고 있는 마을만들기사업을 포함하여 지역개발사업이 지역사회복지 실천의 한 영역이라 할 수 있다.

1) 커뮤니티 워크로서의 사회복지관사업

한국의 사회복지 전문직의 실천영역으로 지역사회복지 또는 지역사회조식은 존재하는가와 관련된 논쟁은 사회복지에서 지역사회복지 또는 지역사회조직과 관련된 딜레마(dilemma)와 관련이 깊다. 지역사회복지는 사회복지의 방법으로 실천적 지역사회복지와 지방의 사회복지를 의미하는 제도적 지역사회복지를 포함하고 있는데 이 양자를 통합해 이해하는 데 어려움이 있기 때문이다. 즉, 지역사회복지 실천은 지역사회의 욕구나 문제해결을 위한 지역사회 및 지역주민의 변화에 초점을 두고 개인과 환경이 서로 영향을 주고받는 조건이나 형편을 형성해야 함에도 불구하고 실제 지역사회복지는 지방의 사회복지를 의미하는 제도적 지역사회복지의 성격이 강하다(최옥채, 2011). 이는 지역사회에 대한 개입이 문제나 욕구가 있는 개인에 대해 서비스 전달에 중점을 둘 것인지 아니면 서비스 대상자들에게 역기능과 불공평을 야기하는 사회적 조직의 변화에 강조점을 둘 것인지 둘 중 어디에 방점을 두는가에 따라 다르다(Cox et al., 1979: 4; 황성철, 1997: 5에서 재인용). 지역사회복지의 전문적 워커는 원조 제공형의 역할을 뛰어넘어 현상에 대한 요구와 불만을 자극하거나 변화가능성에 대한 희망을 고취하는 것을 장기목적으로 삼아야 할 것이다(Ross, 1955).

한국에는 관련 법령에 근거한 지역사회복지관을 필두로 하여 재가복지센터, 지역공동모금회, 지역자원봉사센터, 지역자활센터, 지역아동센터, 건강가정지원센터, 드림스타트센터, 시소와 그네 영유아통합지원센터 등이 지역사회를 기반으로 설치·운영되고 있다. 그러나 이들 복지기관의 종사자들이 지역사회를 대상으로 기관 이용자들이 필요로 하는 사회서비스를 실천한다는 전제로 커뮤니티 워커로서의 임무를 부여받는다는 것이지, 현재 이들 기관이 커뮤니티 워크를 하고 있다는 의미는 아니다. 또한 기관의 미션에 따라서는 기관의 소재지가 특정 지역일 따름이지 지역사회와는 독립적으로 운영·유지하는 경우도 있을 수 있기 때문이다.

1990년대 중반, 지방자치제도의 도입[6]을 계기로 지역사회복지는 복지재정의 지방분권화의 실행과 지역복지관 설립, 그리고 지역사회복지

---

6) 우리나라의 지방자치제도는 1995년 6월 27일 자치단체장선거를 기점으로 본격적으로 실시되었다고 본다.

협의회 조직 등의 변화를 경험하였다. 이때까지만 해도 대다수 국민들은 시장을 통해 상품의 형태로 개인의 복지를 해결하고 있었다. 사회복지를 통해 개인의 복지를 해결하는 국민들은 보호대상 노인, 장애인, 아동 등 극히 일부의 국민에 불과하였다(이인재, 1995: 202). 그럼에도 불구하고 이 당시 지역사회복지의 과제와 방향성을 논의하는 연구결과(김영모, 1995: 20)를 보면 일반 국민들의 지역사회복지에 대한 사회적 바람(desire)에서 전통적인 사회복지사업[7]에 대한 욕구보다 교통, 환경, 주택, 문화 등 2차적 복지욕구에 관심이 많은 것으로 나타났다. 이는 지역사회복지의 정체성은 지역주민의 욕구파악을 포함하여, 지역사회의 조건을 변화시키고, 지역주민이 지역사회의 주체로서 참여하는 사회운동적인 측면을 강조하는 것(박태영, 2012)에 있음을 알려준다.

운동(運動)이란 개념이 공동목표달성을 위한 적극적이고 주체적인 노력이라면 사회복지운동은 사회복지라는 목표를 달성하기 위한 관련 당사자, 넓게는 모든 국민을 의미하며, 사회복지실천가, 학자, 이용자, 노동자 등의 주체적인 참여와 행동(이인재, 1995: 203)을 의미한다. 사회복지운동에는 현물이나 서비스 형태의 복지가 전달되는 중간에 사람이 개입하게 되고 사람과 지역사회가 결합되어 복지가 제공될 수 있는 운동이 전개되어야 한다. 따라서 지역공동체에서 행정과 복지관과 시민사회가 잘 결합되어 있는 모습이 필요하다(백영경 외, 2015: 74-75). 그러나 한국의 지역사회복지는 분절된 국가단위의 서비스 혹은 분야별 서비스를 클라이언트가 이용하기 쉽도록 종합화, 통합화시키는 특성(박태영, 2012)을 강조하는 상황 속에서 발전해왔다.

---

7) 1995년 지방자치가 실시되면서, 당시 중앙정부가 맡았던 복지 7법, 즉 생활보호법, 아동복지법, 노인복지법, 장애인복지법, 모자복지법, 윤락행위 등 방지법, 영유아보육법에 명시된 사회복지사업을 지방자치단체로의 점차적인 이행을 계획하였다.

사회복지관이 중앙정부가 제공하는 사회서비스 위탁기관으로 성장해왔다. 지역사회복지 전문가들이 사회복지 전달체계로서의 지역사회복지 실천조직을 중심으로 서비스 생산자와 제공자가 전문가 영역에 국한될 우려가 크다고 할 수 있다.

최근 지역사회복지 실천의 지향이 범주화된 취약계층을 대상으로 하는 프로그램 제공에서 사례관리 기능과 지역조직화 기능을 강화하는 방향으로 나아가고 있다. 이를 위하여 2012년 사회복지사업법을 개정하여 사회복지관의 주요 3대 기능으로 '사례관리', '서비스 제공', '지역조직화'가 명시되고 총 10개의 사업 분야를 구분하고 해당 세부(표준)사업을 제시하였다. 2012년 법 개정을 기준으로 사회복지관의 사업을 표로 정리하면 다음과 같다.

<표 5> 사회복지관의 기능 변화(2012.8.22. 법 개정 전후 비교)

분야	가족복지 사업	지역사회 보호사업	교육·문화 사업	자활사업	지역조직화
단위 사업 †	-가족관계증진 -가족기능보완 -가정문제 해결·치료 -부양가족지원	-급식서비스 -보건의료서비스 -경제적 지원 -일상생활지원 -정서서비스 -일시보호서비스 -재가복지봉사서비스	-아동·청소년 기능 교육 -성인 기능교실 -노인 여가문화 -문화복지	-직업기능 훈련 -취업알선 -직업능력 개발 -자활공동체 육성	-주민조직 강화 및 교육 -복지네트워크 구축 -주민복지 증진사업 -자원봉사자 양성 및 후원자 발굴

기능	사례관리	서비스제공	지역조직화
사업 분야 ‡	▶사례발굴 ▶사례개입 ▶서비스연계	▶가족기능강화 ▶지역사회보호 ▶교육문화 ▶자활지원 등 기타	▶복지네트워크 구축 ▶주민조직화 ▶자원 개발 및 관리

주†) 사회복지관의 사업내용, 사회복지사업법 시행규칙 제22조제3항. 2004.9.6. 신설.
주‡) 사회복지관의 사업, 사회복지사업법 시행규칙 제22조의2제3항. 2012.8.3. 개정.
자료: 한국법령정보센터(2004; 2012), 사회복지사업법 시행규칙 각년도.

사회복지관은 현재 우리나라의 지역사회복지 실천 영역에서 가장 대표적인 복지기관으로, "지역사회를 기반으로 일정한 시설과 전문 인력을 갖추고 지역주민의 참여와 협력을 통하여 지역사회의 복지 문제를 예방하고 해결하기 위하여 종합적인 복지서비스를 제공하는 시설"(사회복지사업법 제2조 5항)이다. 그런데 사회복지관을 둘러싼 지역의 인적·물적 환경이 사회복지관의 조직화기능을 완수하는데 얼마나 우호적인가에 대한 지역진단을 실행할 필요가 있다. 종합사회복지관의 규모는 2015년 현재 전국적으로 443개소가 운영되고 있으나 일반적으로 종합사회복지관이 영구임대주택단지나 저소득층 밀집지역에 설치되어 있다. 이는 1989년 주택법상 영구임대주택단지 내 종합사회복지관 설치 의무조항이 신설됨에 따라 종합사회복지관이 확대 설치되기 시작했기 때문이고 그것은 취약계층의 복지서비스 접근성을 고려한 조치였다. 이러한 사회복지관의 지정학적인 위치와 그에 따른 주민들의 주요 욕구들이 사회복지관의 기능을 서비스 전달 기능에 보다 최적화시켰을 우려가 있다. 또한 부수효과로 일반시민들의 사회서비스 접근권을 제약하고 사회복지관의 낙인효과를 초래한다.

　　사회복지사업에 근거한 사회복지관의 사업과 본 연구에서 제시하는 커뮤니티 워크와 비교한 내용을 표로 제시하면 다음과 같다.

<표 6> 사회복지관사업과 커뮤니티 워크의 비교

구분	사회복지사업법에 근거한 사회복지관사업	커뮤니티 워크
특징	○ 선별주의 접근방식의 종합서비스 제공 ○ 사회서비스 제공을 위한 전문성 강조	○ 보편주의 접근방식의 지역사회기반 주민주도형 사업 ○ 협력적 민간거버넌스 체계 구축
대상	○ 저소득층, 장애인, 노인, 돌봄이 필요한 가족, 직업 및 취업 알선이 필요한 사람, 보호와 교육이 필요한 유아·아동 및 청소년 등	○ 일반시민, 공공 및 민간의 다양한 참여주체 ○ 개인이나 특정 조직의 이해추구
프로그램	○ 무료(실비) 프로그램으로의 사회교육	○ 지역주민주도형 사업의 욕구와 지역사회 문제해결을 위한 맞춤형 사업

출처: 홍현미라(2013).

또한 사회복지관의 기능 전환이 이루어진 이 시점을 기준으로 지금까지 복지관의 주요 표적 집단이 되어왔던 복지관 인근 지역주민과 사회복지관과의 관계 형성이 어떠했는가도 살펴볼 필요가 있다. 주민과 사회복지관의 관계가 서비스 수요자와 제공자로서의 관계에서 지역사회 문제해결을 위한 동반자의 관계로 일시에 전환하기 어렵기 때문이다. 더욱이 정책이 주도한 바의 이면에 주민의 복지서비스 공급 주체로서의 역할을 강조함으로써 정부의 복지서비스 공급자나 자원 제공자로서의 역할을 축소하고 그 책임을 지역사회에 전가하려는 숨은 의도가 있다면 이는 사회복지관이 중심이 되어 대항할 문제이지 정책적 변화에 순응하고 능동적으로 대처할 성질의 것이 아니기 때문이다. 지역사회복지 지향점의 변화는 사회복지관과 지역사회와의 상호의존성을 전제로 한다. 사회복지관의 조직화기능은 지역사회 역량과 맞물려서 실질적인 효과를 낼 수 있다는 것이다. 이때 지역사회의 역량은 지역사회의 사회적 자본과도 상당 부분 겹치는 개념으로 지역사회복지관의 개입 여부 및 그 수준은 지역사회 사회적 자본의 정도와 밀접한 관련이 있다.

2) 커뮤니티 워크로서의 지역개발사업

위에서 살펴본 사회복지관의 변화를 커뮤니티 워크와 연결해서 생
각하면, 최근 정부가 주도하여 주민들의 참여를 이끌어내고 있는 마
을만들기사업을 포함하여 지역개발사업이 지역사회복지 실천의 한
영역이라 하겠다. Arnstein의 '참여의 사다리'에 의하면, 주민 참여의
수준은 주민 참여의 부재(不在)라는 명목적 참여에서부터 형식적 참
여를 거쳐 파트너십을 형성하는 실질적인 참여로 발전한다(Healey,
1997; 김두환·이윤상·이삼수, 2007: 245에서 재인용).

우리나라 지역개발사업은 60년대 박정희 대통령 시절, '새마을운
동'에서 시작하여 참여정부 시절, '살기 좋은 지역 만들기 사업'과 도
시재생사업, 그리고 최근 서울시를 비롯한 지방자치단체들의 '마을공
동체 만들기' 사업 등으로 전개되어 왔다.

우리나라는 1960년대 UN이 권고하는 개발도상국의 농촌개발모형
을 지역사회개발사업의 형태로 도입하여 마을만들기를 추진하였다.
1970년대 말까지는 박정희 정부의 농촌 새마을운동의 일환으로 도·
농 간, 노·공 간 불균형 시정을 위한 농촌개발운동이 전개되었다. 이
후 1980년대는 농촌지역종합개발사업이라는 명명 하에 농촌 주민들
의 정주생활권의 확대와 농촌마을개발사업이 확대되었다. 이 시기의
지역개발사업의 주체는 정부였고 주민의 참여는 정부가 주도하는 주
민동원의 성격이 짙었다.

1990년대 후반부터 선진국은 살고 싶은 도시만들기사업을 추진하

면서 낙후하거나 쇠퇴해지는 신시가지를 활성화시키기 위하여 그와 관련된 도시계획법을 제정하고 실행하고 있다. 선진국의 도시계획 관련 법령은 도시기반시설 정비를 포함하는 하드웨어 부분뿐만 아니라 교육, 의료 서비스, 각종 사회복지, 도시방재 등 소프트웨어 부분까지 포괄하여 도시의 이미지를 개선하고 살고 싶은 도시공간을 조성하기 위한 목적을 가지고 있다. 이들 나라들은 지속가능한 도시개발을 지향하고, 정부와 민간부문의 협력관계 및 정부의 지원사항 등에 관한 법령을 규정하고 제도를 책정하고 있다. 영국의 경우, 2007년 지속가능한 공동체법(Sustainable Communities Act 2007)을 제정하여 지역공동체의 지속가능성을 제고하고자 하였다. 이 법에서 지역공동체의 지속가능성을 제고시키기 위함이란 해당지역, 혹은 그 지역 일부의 경제적, 사회적 혹은 환경적 안녕을 증가시키기 위한 것을 의미한다. 이것은 시민적, 정치적 활동에 대한 참가를 포함한다. 이 법은 지역경제의 번성, 환경보호, 사회통합, 적극적인 민주주의 참여라는 4가지 분야에서 공동체의 역할을 강화시키기 위해서 입법화된 것이다(김세진, 2008). 대체로 미국의 도시재생은 커뮤니티 운동과 연계되고, 일본은 마을만들기 운동으로, 영국은 근린지역재생운동으로 전개되고 있다.

<표 7> 1990년대 선진국의 도시계획사업의 특징

구분	주요내용
주요 전략과 경향	정책과 집행이 보다 종합적인 형태로 전환, 통합된 처방에 대한 강조
공간적 차원	전략적 관점의 재도입, 지역차원의 활동 성장
경제적 측면	공공과 민간 자발적 기금 간의 균형이 중요
사회적 측면	커뮤니티 역할의 강조
물리적 측면	1980년대보다 신중한 개발계획, 문화유산과 자원유지·보전
환경적 측면	환경적 지속성이라는 보다 넓은 개념 도입

자료: 이성근 외(2013: 85) 부분 발췌 인용.

우리나라도 1990년대로 접어들면서 차 없는 거리 조성, 꽃길골목 가꾸기 등 자생적 마을만들기의 사례가 나타나기 시작하였다. 이는 주민 중심의 마을만들기의 시초가 되었다. 그 대표적인 예로 '대구 삼덕동 담장허물기'(1998년), '광주 북구 시화문화마을만들기'(1999년) 등을 들 수 있다. 2000년대 지방자치가 본격화되면서 지방자치단체가 주관하는 다양한 마을만들기 정책이 전개되기 시작하였다(홍진이, 2013: 155). 2006년 3월 국가균형발전위원회가 국정과제회의(2006년 3월 28일)에서 '살기 좋은 지역 만들기' 비전과 과제 등 정책구상을 발표한 이래, 주민과 지자체 주도로 삶의 질과 도시공간의 삶의 질을 개선하고자 '살고 싶은 도시정책'이 공론화되었다. 국가균형발전위원회는 살기 좋은 지역사회를 "지역사회 주민이 자발적으로 참여하고 주도하는 새로운 시스템으로 도시와 농촌을 품격 높은 삶의 질을 갖춘 살기 좋은 지역사회로 재창조"하는 것으로 보고 있다. 정책의 목적은 산업화 과정에서 심각해지고 있는 도·농 격차와 양적인 성장 중심 개발로 악화된 삶의 질 문제를 해결하는 데 있었다. 이에 따라 2007년부터 정부의 여러 부처에서 살고 싶은 지역(도시) 만들기 사업을 실시하면서 시범지역을 지정하였다. 이를 계기로 행정자치부(현 안전행정부)에서는 '살기 좋은 지역 만들기', 건설교통부에서는 '살기 좋은 도시 만들기', 그리고 농림부에서는 '살기 좋은 농촌 만들기' 사업을 추진하였다.[8]

---

8) 행자부는 2006년부터 2009년까지 지자체 우수계획 선정을 통하여 살기 좋은 지역 만들기 사업을 국가지정 시범지역 30개, 도지정 시범지역 17개에서 실시하였다. 건설교통부는 2007년 살고 싶은 도시 만들기 위원회(2007.3.20.)를 개최하여 추진하는 시범도시 5개소, 주민들이 추진하는 시범마을 25개소를 살고 싶은 도시 만들기 시범사업으로 선정했다. 2008년에는 살고 싶은 도시 만들기 시범도시 6개소, 시범마을 20개소가 선정되었고, 2009년에는 시범도시 7개소, 성공모델지원사업 3개소, 시범마을 16개소 등의 시범사업대상지를 지정하여 시범사업을 지원하고 있다(윤순진·이유진, 2008: 118에서 재인용).

이 가운데 행정자치부는 "아름답고 특색 있고 살기 좋은 지역을 만든다"는 비전을 제시하고 정책실행을 위한 5대 과제를 지정하였다. 5대 정책수행과제는 숲과 공원을 조성하고 경관·미관을 개선해 '공간의 질'을 제고하고, 교육·의료·복지 향상을 통해 '삶의 질'을 향상하며, 농어촌 생활 서비스 향성과 귀향마을 조성을 위해 '도농상생형 복합생활공간' 조성을, 공동체 의식 함양을 통한 '지역공동체 형성복원'을, 테마 만들기와 장소마케팅 전개를 통한 '지역별 특화 브랜드 창출'을 제시하고 있다(윤순진·이유진, 2008: 118). 위와 같은 비전을 제시한 공모사업은 지방자치단체의 자율기획과 책임을 강조하였으며(김태란·인태정, 2009), 지역사회, 주민, 참여, 삶의 질을 중요한 요소로 보고 있다(윤순진·이유진, 2008: 120).

정책 주도로 추진된 지역(마을) 만들기 공모 사업의 기본 모델은 정부가 재정적, 정책적 지원을 하고 지역을 중심으로 지방자치단체(공공)와 지역주민, 그리고 관련 전문가 집단이 협력하는 것이었다. 참여주체에 따른 유형화 연구(김선직, 2009: 42)에 의하면 마을만들기사업은 주민주도형과 행정주도형, 그리고 전문가주도형으로 구분할 수 있으며 이러한 유형은 공모한 지역의 여건을 반영한 결과로 해석한다. 그리고 1990년대 중후반부터 전개된 마을만들기사업은 실질적인 지방자치제의 실시가 중요한 계기로 작용하였으며 시민의 일상생활환경 개선에 초점을 맞춘 공동체운동과 관련 사업의 폭증을 그 특징으로 한다(김은정 외, 2003; 김태란·인태정, 2009: 147에서 재인용).

2007년부터 2009년까지 시행된 시범사업들은 관주도적인 태생적 한계를 가지고 있으며, 시범마을 진행과정이나 주민들의 조직화 역량 여부에 비추어 판단할 때 그 가능성의 편차가 다양함을 보여주었다

(김태란·인태정, 2009: 147-148). 시·도의 마을만들기 지원조례 제정 현황을 보면 먼저 전북과 제주가 2009년에 이루어졌으며 광주가 2000년, 그리고 서울, 부산, 경기에서 2012년에 관련 조례가 제정되었다. 광역자치단체로 서울특별시, 부산광역시, 광주광역시, 경기도, 전라북도, 제주특별자치도 등이 있으며, 서울 강동구, 부산 북구, 경기 수원시 등 30여 개 기초자치단체가 있다. 또한 지역공동체 지원이라는 명칭의 조례를 제정, 운영하고 있는 지자체는 울산 북구, 강원 양양, 전북 완주, 정읍 등이 있다(홍진이, 2013: 166).

<표 8> 연대별 지역개발사업의 특징

시대	주요내용
1960-70년대	◦ 관주도형, 민·관합동 형태 ◦ 새마을운동
1980년대	◦ 대규모 재개발 및 신개발, 대규모 개발 프로젝트
1990년대	◦ 지방도시를 대상으로 주거지 정비 및 주거환경 개선 ◦ 주민중심의 마을만들기 ◦ 차 없는 거리 조성, 꽃길 골목 가꾸기
2000년대	◦ 중앙정부 차원의 전국 도시를 대상으로 다양한 형태의 마을만들기 사업 ◦ 살기 좋은 지역·도시·농촌 만들기 ◦ 2007-2009년: 국가지정 시범지역 30개, 도지정 시범지역 17개
2010년 이후	◦ 민선5기 지방자치 ◦ 지방자치단체의 마을만들기

대체로 주민들의 자발적이고 지속적인 참여가 지역공동체나 마을만들기 운동이 지향하는 가치나 성과에서 가장 중요한 요소라 할 수 있다(홍진이, 2013). 지역공동체와 마을만들기 운동 관련 연구들은 사회문제를 해결하고 삶의 질을 향상시키기 위해서 주민들의 자발적인 참여와 연대의식을 강조한다(이창호, 1997; 최병두, 2000; 김은희,

2005; 김태란·인태정, 2009; 양원모·장준호·여관현, 2013; 여관현, 2013; 오완석, 2013; 홍진이, 2013). 최근 몇 년간, 서울시의 시정 방침이 마을공동체 회복을 주장하고 있어서 지역공동체 관련 사업의 중요성이 근래 부각되는 것 같이 보일 수 있다. 그러나 지역공동체의 역할을 배제한 지역개발은 성립이 불가하므로, 지역공동체를 통한 지역개발 및 주민자치활동은 새로운 개념이 아님을 분명히 할 필요가 있다(홍진이, 2013). 정책의 구성요소를 정책의 목표와 그 목표를 실행하기 위한 행동으로 구분하여 보면(Pressman and Wildavsky, 1979), 현재 마을만들기 정책의 목표는 지역공동체 복원을 통한 복지실현이고 이를 위해 기초지방자치단체에서 마을만들기사업을 실행 행동으로 실시하고 있다. 지방자치란 주민들의 의사에 입각한 자치를 의미한다(문태훈, 1997: 546). 지역주민들이 달성하고자 하는 해당 지역의 미래상에 대한 광범위한 합의의 형성은 그 지역에서 시행되는 여러 가지 정책의 방향을 제시해주는 지침이 되어 각종 이해관계가 얽힌 정책들을 통합해주는 역할을 하게 된다(문태훈, 1997: 546). 따라서 지역주민들의 참여는 지방자치단체의 정책이 형성되고 수행되기 위한 필요충분조건인 동시에 정책집행과정에서 주민들의 지지를 확보할 수 있는 가장 강력한 수단이 될 수 있다.

그러나 현대사회는 과학문명과 자본주의가 발전해감에 따라 다양하고 복잡하게 변화하고 있으며, 특히 도시에 거주하는 사람들의 생활은 보다 개별화되고 차별화되어 공유된 가치나 규범, 그리고 문화를 규정하기 어려워지고 있다. 이러한 도시를 기반으로 하는 지역사회에서는 정책적 변화에 따른 제도의 강제를 통해 지역주민들의 자발적인 참여를 끌어내기가 쉽지 않다. 현재 진행되는 도시계획 및 도시개발사업에서 보장하는 주민참여의 방법은 여러모로 한계를 가진다. 정보제공과 같은 관주도의 일방향적인 특성을 보이거나 소유주의 참여에 대한 권한과 책임은 실재하는 것에 비해 일반주민이나 전문가의 참여 통로에 대한 확보에 관한 현실성은 결여되어 있기 때문이다. 이에 따라 이해 갈등 조정에 대한 욕구와 일반주민 및 전문가의 참여 방법의 부재 등이 문제로 제기된다(김두환·이윤상·이삼수, 2007). 정책공학적으로 계획된 마을만들기사업이나 도시개발사업은 규범적으로는 주민 참여를 통한 '사회적인 것'에 대한 '학습의 장'이 될 수 있다는 의의를 가지나 현실적으로는 기득권층이 주도하는 외형적인 발전을 촉구하는 정책이나 사업의 수행하면서 '사회적인 것'을 표방하는 부정적인 의미의 '공론의 장'이 될 수 있다. 1990년대 활성화된 지역운동을 통해서도 이런 양상을 확인할 수 있다. 1990년대 지역사회운동은 지역사회의 민주화와 지역발전의 효율성에 기여했다고 할 수 있다. 동시에 지역사회운동은 지역주민의 생활권적 지역운동의 성격이 강하므로 그 주도계층은 직접 피해를 받는 지역 내 집단이기보다 지역사회 전반의 문제를 대변하면서 민주적 발전을 지지하는 중간층으로 확대되었다(최병두, 2000: 15, 17)는 점도 간과해서는 안 된다. 또한 서울시를 비롯한 지방자치단체에서 지역사회를 움직여서 사회문제를 해결하고자 하는 정책적 시도에 대해서 긍정적인 평가만 있는 것은 아니다. 서울시의 경우, 시책 전면에 내세우는 마을이나 공동체의 담론을 분석한 연구에서는 서울시장이 마을공동체를 권력의 도구로서 전유하여, 이른바 '공동체를 통한 통치'(government through community)(Rose, 1996)를 하고 있다는 비판을 가하고 있다(박주형, 2013). 따라서 지역사회의 문제를 해결하고 삶의 질 향상을 위

해 노력하는 주민참여가 지역사회 내에서 주민활동으로 전개된다고
할 때, 실제로 활동하는 주민의 정체성이 어떠한지를 이해하고 밝히
는 것은 중요한 작업이라 할 수 있다.

3) 커뮤니티 워크로서의 마을만들기사업

우리나라의 마을만들기사업은 일본의 도시지역의 마을만들기의
영향을 받았다(이창호, 2012). 우리나라의 마을만들기사업은 정책적
차원에서 도입된 까닭에 바뀐 법과 정책이 추동하는 제도의 변화가
빠른 속도로 진행되므로 지역사회를 둘러싼 환경적 변화에 대한 압
력이 상대적으로 크다 하겠다. 반면, 일본의 마을만들기사업[9]은 주민
운동차원에서 전개되고 있어서 제도변화까지 이르는 시간이 상대적
으로 오랜 시간이 소요된다. 그만큼 주민이 인식을 각성하고 주민운
동을 내재화하여 질적인 변화로 나아가는 데 투여할 시간을 확보할
수 있다는 의미이다. 양국의 커뮤니티 워크에서 마을만들기사업이 중

---

[9] '마찌즈쿠리(まちづくり)'는 마을만들기라는 의미로, 도시의 골목이라는 의미의 마치(まち)와 만
들기라는 의미의 츠쿠리(つくり)의 합성어인 것이다. 일본의 '마찌즈쿠리'는 1980년대 시민참가
에 의한 도시계획이나 도시보존을 주요내용으로 하는 시민운동의 일환으로, 주민 스스로가 생활
환경을 만들어 가고 도시의 정체성을 발굴하고 회복해 나가는 데 목적을 두고 있다. 지방의 농촌
에서 이루어지는 지역특산물개발 및 경제활성화 등을 의미하는 무라츠쿠리(むらつくり)라는 용
어가 별도로 존재하므로, 마찌즈쿠리는 도시지역의 마을만들기를 가리킨다(김태란·인태정,
2009: 146). 일본에서는 고도성장을 이룬 1960년대 중반, 소득증가가 반드시 삶의 질을 보장해주
지 않는다는 인식이 형성되자, 도시의 물리적 기능 개선 위주의 기존 도시계획제도를 마찌즈쿠
리로 보완하였다. 1970년대 초는 급격한 산업화로 인한 공해문제에 저항하는 양상으로 전개되었
다. 1980년대 들어서면서 추진체제를 갖추기 시작하여, 이 시기에 전국의 지방자치단체들은 '마
찌즈쿠리과(課)' 등의 전담부서를 신설하였다. 그리고 마찌즈쿠리를 체계적으로 추진하기 위한
제도들을 제정하여 이를 중심으로 주민참여를 유도하였다. 1990년대에 들어서면서 '마찌즈쿠리
지원센터'가 설치되고 조직들 간의 네트워크가 형성되기 시작되었으며, '마찌즈쿠리 펀드'(기금)
를 도입하는 등 더욱 안정된 체제를 갖추게 되었다. 1998년부터는 '마찌즈쿠리 3법'을 시행하여
체계적인 법적 틀까지 갖추었으며, 현재 마찌즈쿠리의 영역과 의미도 더욱 확대되어 도시계획,
지구(地區)계획, 건축 등 다양한 분야의 제도적 또는 비제도적 영역까지를 포괄하는 의미로 사용
되고 있다(이창호, 2012).

요한 요인인 것은 공통적으로 분명하나 그 실재와 실천에서는 다른 접근과 상이한 시간의 효과가 각국의 특수성을 강화할 것이라 예상된다.

마을은 일상의 삶을 살아가는 공간이며 거주지이고 관계의 장소이다. 또한 마을은 생활의 필요를 서로 하소연하고, 해결을 위해 함께 궁리하고, 그러다가 협동으로 해결을 시도해보는 과정에서 형성되는 이웃들의 관계망이다(유창복, 2013: 221). '살기 좋은' 마을은 대개 지역주민의 '삶의 질'이 높은 마을을 의미한다(윤순진·이유진, 2008: 118). 마을 공동체는 주민이 스스로 그가 속한 공동체에 관한 일을 스스로 결정하고 추진하는 주민자치의 시발점(홍진이, 2013: 163)이 된다.

이런 마을만들기사업은 위와 같은 인식틀 안에서 논리가 전개된다. 이런 틀로 본다면 마을주민들이 자발적인 참여만 지속될 수 있다면, 마을의 어려움도 잘 극복되고 협동도 자연스럽게 이루어질 것처럼 보인다. 그런데 과연 그러한가? 커뮤니티 워크 없이, 전문가의 조직화 과정 없이 마을공동체는 공동체성을 획득하고 유지하고 마을을 발전시켜 나갈 수 있는가?

이미 밝혀진 연구결과에 의하면 지역주민들이 주도적으로 마을만들기사업을 진행하는 경우, 전문직 주도형과 공공(행정)기관 주도형에 비해서 상대적으로 높은 성과를 보이고는 있으나, 전문직과 공공의 지원 없이 마을만들기사업을 해나가는 데는 한계가 역력하다(김선직, 2009; 김태란·인태정, 2009; 양원모 외, 2013; 홍진이, 2013). 특히 시스템 다이내믹스 연구방법론을 사용하여 시뮬레이션까지 거친 마을만들기사업의 사례들의 경우, 전문직의 지원이 마을공동체 활성화에 큰 영향을 미치는 것으로 나타났다(양원모 외, 2013). 또한 커뮤니티 워크에서 커뮤니티 개발의 동력이 되는 사회적 자본의 경우, 기능적인 가치에 주목하여 형성하고 축적하는 경향이 강하나 그 자체의 가치적 목적에 의해 추구할 수 있는 속성이 있다(유석춘 외, 2003). 이는 마을공동체의 경우도 마찬가지이다. 사회적 자본과 마을공동체의 공통점이 관계에 기반하는 것이고, 관계에 대한 욕구는 그 자체로도 인간의 삶과 인간 사회를 풍요롭게 하기 때문이다. 그러나 도시계획과 도시개발사업이 진행되고 있는 지역 내 사회복지관이 지역주민과 파트너십을 이루면서 커뮤니티 워크를 하는 경험사례는 매우 미비한 실정이다.[10] 따라서 마을만들기사업의 초기 단계부터 복지관의 지역조직사업의 커뮤니티 워크의 대상이 된 마을을 대상으로 마을이라는 시스템 안에서 커뮤니티 워크와 사회적 자본, 그리고 커뮤니티 개발이 어떤 과정을 거치고 있으며, 그 변화의 의미가 무엇인지, 그 변화가 지금까지 단선적인 연구에서 밝힌 연구결과와 어떤 측면에서 유사하고 어떤 측면에서 새로운지를 밝힐 필요가 있다.

---

[10] 본 연구의 연구사례에 해당하는 삼덕마을은 주거환경관리사업으로 지정된 도시지역으로, 종합 사회복지관이 협력 파트너로 참여하고 있는 사례는 본 연구 사례가 유일하다.

제3장

연구방법

01
연구방법의 개요

　본 연구는 서울시 성북구 삼덕마을 지역공동체 활동을 단일사례로 하는 질적 사례 연구이다. 본 연구의 사례는 삼덕마을이라는 지리적 경계와 지역공동체 활동이라는 분명한 목적과 내용을 가지는, 하나의 통합된 체계이다. 질적 사례 연구는 경계가 명확한 사례를 정확하게 서술하는 방법론이므로(Miles and Huberman, 1994; Merriam, 1994; Stake, 1995; Yin, 2003), 본 연구에서는 최근 2여 년 간 삼덕마을 지역공동체 활동이 시작단계와 초기단계를 거치면서 삼덕마을의 변화와 활동 주체들의 경험은 어떤 현상으로 드러나는지 기술하고 분석하였다. 이를 위하여 본 연구에서는 삼덕마을 지역공동체 활동에 참여한 활동 주체들의 심층면접조사와 연구자의 참여관찰조사를 실시하였다. 이렇게 수집된 질적 자료는 연대기적 사례분석과 인과지도 분석을 통해서 단계적으로 분석되었다. 본 연구에서는 인과지도의 타당성 검증 과정과 연구결과의 사실성 확인을 위한 멤버 체크와 감사 과정을 별도로 진행하였다. 연구과정은 연구자의 윤리강령에 준하여 계획되었으며 서울여대의 생명윤리위원회 승인 절차를 거쳤다.

02
시스템 사고(인과지도)

　시스템 사고(system thinking)는 인과지도(Causal Map)로 구성되어 있으며 인과지도가 시스템 사고의 분석도구이자 결과물이 된다. 시스템 사고는 시스템의 작동메커니즘을 직관적으로 파악하여 시스템을 효과적으로 변화시킬 수 있는 전략을 발견하기 위한 사고방식이다. 즉, 시스템 사고는 '직관(insight)'을 사용하여 현실 문제의 본질을 간파하도록 유도하여 문제가 왜 발생하였는지 그리고 그 문제를 해결하기 위한 효과적인 전략이 무엇인지를 알아내고자 한다. 시스템 사고는 모든 종류의 시스템에 적용할 수 있는 사고방식이며, 시스템에 관한 지식을 체계화시켜주는 사고방식이다(김동환, 2011).

　시스템 사고는 전통적인 통계적 방법론의 단선적 사고와 대별된다. 전통적인 통계적 방법론은 경험적 자료에 기반한 점추정 방식으로 정태적 형태에 초점을 누며, 두 변수 간의 상관관계를 전제로 수치적 정확성을 추구한다. 그러나 원인변수인 X가 결과변수는 Y에만 영향을 준다는 정태적 시각은 현실적인 가정이 되기 어렵다. 왜냐하면 현대사회는 복잡·다기능한 시스템으로, 하위시스템 간의 상호작용으로 인해 상호의존성이 높아지고 있기 때문이다. 시스템 사고는 이러한 접근방식만으로는 실제 현상을 이해하고 설명하는 데 한계가 있다는 시각을 가진다. 시스템 사고는 X와 Y의 관계를 선형적인 구조에서 파악하는 것이 아니라, 종속변수와 독립변수의 구분 없이 상호영향을 주고받으면서 피드백(feedback)되는 동태성(dynamics)을 보인다고 가정한다. 시스템 사고의 피드백 구조는 시스템을 구성하는 요인들의 인과고리들로 구성되거나 전체 시스템 내에서 하위시스템들 사이의 인과고리들로 구성된다. 한 체계 내의 인과고리들은 체계구성요소들의 상호의존성을 나타낸다(Weick, 1979).

1) 시스템 사고(인과지도)의 학문적 전개과정

시스템 사고(system thinking)는 시스템 다이내믹스(system dynamics)에 그 뿌리를 둔다. 시스템 다이내믹스는 컴퓨터 기술의 발전을 기반으로, 컴퓨터 시뮬레이션, 전략적 의사결정, 그리고 피드백 사고에서 출발한 것이다. Richardson(1991)에 의하면 시스템 다이내믹스는 사이버네틱스와 서버메커니즘으로부터의 사상적 계보를 가지고 있다. 그 가운데 서버메커니즘의 학문 계열에서 강조하는 양의 피드백 루프와 컴퓨터 시뮬레이션 접근방법의 중요성을 발전시켜 왔다. 사이버네틱스 이론은 '통신과 통제'에서 피드백의 역할을 강조하는 이론체계로, 대표학자로 Norbert Wiener, Karl Deutsch, Kurt Lewin 등이 있다. 이들은 피드백을 통해서 시스템의 균형과 항상성을 유지하려고 하려는 관점을 취하므로 피드백 메커니즘을 통제의 수단으로 본다. 따라서 사이버네틱스 이론에서는 양의 피드백 루프보다 음의 피드백 루프에 주목한다. 반면, 서버메커니즘은 '동태적 형태'에서 양의 피드백 루프의 역할을 강조하는 이론체계로, 대표학자로 Arnold Tustin, A. W. Phillips, Herbert A. Simon 등이 있다. 이들은 피드백 메커니즘을 동태적 형태를 설명하는 도구로 생각하여 피드백 개념을 사회현상에 구체적으로 적용하려고 한다. 이러한 연구방법은 1930년대부터 경제학에서 기계적 도구를 통해서 경제의 동태적인 행동을 설명하려고 도입되었다. 1950년대 이르러 R. M. Goodwin은 아날로그 컴퓨터로 그의 승수가속도 모델을 시뮬레이션하였다. 그의 모델링은 소득과 투자간의 양의 피드백 루프의 존재를 확인하였다(김도훈 외, 2001: 46-48).

1961년 Forrester의 저서인『사업동태론(Industrial Dynamics)』[11]의 출간을 계기로 시스템 다이내믹스는 학계에 알려지기 시작하고 분석기법의 틀이 갖춰지기 시작하였다. Forrester는 그의 연구에서 양의 피드백 루프와 음의 피드백 루프를 모두 구현하여 시스템 다이내믹스를 서버메커니즘(servomechanism)과 사이버네틱스(cybernetics)를 통합한 연구방법으로 발전시켰다. 그는 컴퓨터 시뮬레이션 모델을 강조하였으나 인과지도라는 시스템 도식화 방법을 창안하여 시스템의 구조를 가시화하였다(김동환 외, 2001). 1980년대에 들어 피드백 시스템을 강조하는 혼돈 이론과 복잡성 이론이 발전되고, 컴퓨터 시뮬레이션 연구방법이 보편화되면서 시스템 다이내믹스의 연구분야가 확장되었다(류지선, 2014: 55).

---

11) Forrester의『산업동태론』(1961)은 산업체의 재고량, 노동력의 불안정한 변화, 시장점유율의 감소 문제 등을 다루면서 주목을 받았다. 그 후 Forrester가 1969년에 도시동태론을 1971년에 세계동태론을 잇따라 발표하면서 산업동태론에서 다루어진 산업체의 경영전략, 조직, 재고 문제 등을 응용한 적용이 시작되었다. 시스템 다이내믹스는 규제완화, 전기공급, 에너지문제, 복지 및 건강 문제, 교육, 미래의 비전 제시, 방송, 국방, 석유, 환경문제 등 광범위한 이슈들에 활발하게 응용되고 있다(문태훈, 2002: 62). 국내에는 1999년 8월에 한국시스템 다이내믹스학회가 창립되어『한국시스템 다이내믹스연구』라는 학회지를 중심으로 다양한 분야에서 논의가 진행되고 있다. 최근 들어 이 학회지에 마을만들기와 지역사회서비스, 지역개발 및 지역경제 등을 주제로 발표되고 있으나(전대욱·김혜인·김건위, 2013; 양원모·장준호·여관현, 2013; 조성숙, 2012; 최영출, 2005; 박남희 외, 2013), 아직까지는 그 비중이 낮은 편이라 하겠다.

1980년대 이후 일군의 시스템 다이내믹스 학자들이 시스템 사고라는 연구영역을 구축하였다. 시스템 사고는 시스템 다이내믹스에서 일반인이 이해하기 어려운 부분인 컴퓨터 시뮬레이션 부분을 삭제하여 시스템 다이내믹스의 직관적인 지혜를 뽑아낸 연구방법이다 (Wolsternholme & Coyle, 1983; Coyle, 1998, 1999; Eden, 1994; 류지선, 2014: 59에서 재인용). Meadows(1982)는 시스템 사고는 시스템을 바라보는 관점으로, 시스템 다이내믹스의 컴퓨터 모델에 못지않게 중요하다고 역설하였다. 특히, Senge(1990)는 인과지도로만 구성된 시스템 다이내믹스 모델의 원형을 체계적으로 제시하여 시스템 사고라는 용어를 일반화하는 데 기여하였다(류지선, 2014: 58-60).

시스템 사고까지의 발전과정을 그림으로 제시하면 다음과 같다.

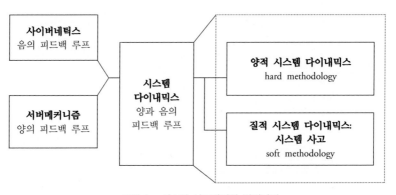

<그림 1> 시스템 사고까지의 발전과정

시스템 사고를 시스템 다이내믹스와 비교하여 설명하는 경우, 시스템 다이내믹스를 '딱딱한 방법론(hard methodology)' 또는 양적 시스템 다이내믹스 연구라고 하고, 시스템 사고를 '부드러운 방법론(soft methodology)' 또는 질적 시스템 다이내믹스 연구라고 한다. 시스템 사고는 이해를 목적으로 인과지도라는 직관적인 분석도구를 사용하여 과정을 중심으로 피드백 구조를 모델링하는 질적 분석이다. 시스템 사고에서 구축한 인과지도 모델링을 멘탈 모형이라고 한다. 이는 시스템 다이내믹스의 컴퓨터 시뮬레이션 모형의 전 단계 모형으로, 상대적으로 귀납적이고 상식을 구조화하는 데 의의가 있고 정책평가 도구로 유용하다(김동환, 2011).

시스템 사고의 특징을 시스템 다이내믹스의 특징과 비교하여 표로 제시하면 다음과 같다.

<표 9> 시스템 사고와 시스템 다이내믹스의 특성

	시스템 사고(ST)	시스템 다이내믹스(SD)
명칭	질적 시스템 다이내믹스 부드러운 방법론(soft methodology)	양적 시스템 다이내믹스 딱딱한 방법론(hard methodology)
목적	이해	예측
모델링	인과지도 모델링	저량(Stock) · 유량(Flow) 모델링
분석도구	직관적 분석	컴퓨터 시뮬레이션 분석
분석방법	질적 분석	양적 분석
분석논리	(SD에 비해서) 귀납적	연역적
강조점	(SD에 비해서) 질적 피드백 형태, 광범위함, 과정중심	정량적 엄밀성, 수치예측
가치	상식의 구조화	상식 밖의 현상 발견(놀라움의 가치)
지향	대중성 지향(정책 평론)	전문성 지향
대표 학자	Coyle, Eden, Meadows, Senge 등 비주류	Forrester, Richardson, Sterman 등 주류

자료: 전대욱 · 김혜인 · 김건위(2013: 52-53); 김동환(2011: 61).

2) 인과지도의 특성(피드백 구조, 시간지연, 정책 지렛대 효과)

인과지도는 다양한 상호작용과 순환과정을 거치는 해석활동을 가시화한 분석결과물로, 피드백 구조와 시간지연, 정책 지렛대 효과 등을 확인할 수 있다. 인과지도 구축의 근본적인 목적은 피드백 루프가 존재하는지 확인하기 위함이다. 피드백(feedback)은 '환류' 또는 되돌아온다는 의미에서 '되먹임'이라고 번역한다. 행위자의 행위나 원인 변수가 여러 가지 인과관계를 거쳐 자신에게로 되돌아오는 것을 피드백 루프(feedback loop)라고 한다. 피드백 루프는 각 변수들을 인과관계로 파악하고, 양방향 관계를 가지는 피드백 구조를 만든다.

피드백 루프가 존재할 때[12] 시스템은 역동적인 변화를 보이기 시작하므로 피드백 루프가 존재하는지 확인하는 것이 중요하다. 그리고 이러한 역동적인 변화는 시스템의 외부에서 투입되는 강제적 변화가 아니라, 시스템에 내재되어 있는 추진력에 의해 움직이는 자발적인 변화(김도훈 외, 2001: 61)로 해석한다. 따라서 시스템 다이내믹스 연구자들이 주로 폐쇄적인 피드백 루프 중심의 연구 모형을 설계한다. 그러나 이런 까닭에 연구 모형이 확정적으로 설명되어진다는 한계를 갖는다. 연구 모형 작성 시 연구자가 미처 파악하지 못한 변수 및 인과관계가 존재할 수 있으므로 해당 내용을 확정적으로 정의할 경우 연구 모형이 설명력이 현실과의 괴리를 보이면서 객관적 타당성의 결여에 대한 우려가 생긴다. 따라서 연구 모형을 제시하는 경우 시스템의 내·외부적 환경 요인(제약)을 명확히 밝혀 특정 상황에서만 작동하는 모형을 정의하거나, 그렇지 않으면 다양한 동적 상황에서도 모형이 설명될 수 있도록 모형의 타당성을 강화할 필요가 있다(정재

---

12) 피드백이 없으면 반복적인 움직임과 변화가 없다는 것을 의미한다. 즉, 피드백이 없는 변화는 1회성 변화일 뿐 반복하여 나타나지 않기 때문에 시스템 사고의 관점에서는 연구할 만한 가치가 없다. 피드백 시스템을 분석하는 이유는 피드백 구조를 통해서 지속적으로 전개되는 시스템의 변화를 이해하고 또한 피드백 구조가 시스템을 움직이는 동력(driving force)이기 때문에 그것을 이용하기 위함에 있으므로 그러하다(김동환, 2001).

운·김현수, 2009: 38-39).

인과지도에서 피드백 루프는 양(+)의 피드백 루프와 음(-)의 피드백 루프로 나뉜다. 피드백 루프의 극성은 특정 변수의 변화가 피드백 루프를 따라 자기 자신에게 양의 영향으로(정적으로) 되돌아오는가, 아니면 음의 영향으로(부적으로) 되돌아오는가를 가리킨다. 양과 음을 극성이라고 하고, 이 둘의 차이는 변화의 진행 방향성을 의미하는 것이다. 양의 관계는 변화를 촉진하고, 음의 관계는 변화를 억제하는 기능을 한다. 양의 피드백 루프에서는 지속적인 변화의 강화나 감쇄가 나타난다. 즉, 양의 피드백 루프는 시간이 흐를수록 점점 더 나빠지는 시스템을 악순환(vicious circle)에 빠졌다고 하고, 거꾸로 시간이 흐를수록 자꾸만 좋아지는 시스템은 선순환(virtuous circle)을 탄다고 표현한다. 전통적으로 음의 피드백 루프에는 앞서 설명한 양의 피드백 루프를 생성하는 선순환이나 악순환의 고리를 끊어주는 기능을 하므로 통제·제어(control)를 위한 장치로 간주하고 균형이라는 의미로 파악한다.

양의 피드백 루프와 음의 피드백 루프를 구별하는 방법은 피드백 루프에 포함된 인과관계의 극성(+, -)을 모두 곱해서 확인할 수 있다. 모두 곱해서 플러스 기호이면 양의 피드백 루프, 마이너스 기호이면 음의 피드백 루프이다. 즉, 음의 인과관계가 짝수이면 양의 피드백 루프, 음의 인과관계가 홀수이면 음의 피드백 루프이다. 피드백 루프의 극성 표시는 흐름의 방향을 보여주는 원의 한가운데에 문자나 영문자의 첫 글자, 상징적인 그림을 사용하여 표시한다. 대체로, 양의 피드백 루프는 플러스(+) 문자나 강화(R)의 첫 문자, 비탈진 고갯길(🐌) 등으로 표시하고, 음의 피드백 루프는 마이너스(-) 문자나 균형(B)의 첫 문자, 저울의 평형상태(⚖) 등으로 표시한다. 양방향의 인과관계가 모두 허용되지만, 종종 어느 한 방향의 인과관계만 강조되는 경우가 있다. 양방향의 인과관계를 잘 살펴보면 다른 변수가 중간에 개입되어 있는 것이 보통이다. 따라서 인과관계의 사슬을 보다 상세히 분절하여 검토해볼 필요가 있다. 시스템 다이내믹스에서는 어떠한 인과관계가 타당한가 하는 논쟁이라기보다는 어떠한 경로의 인과관계가 더 강하게 활성화되었는가 하는 논쟁에 주목한다(김동환, 2011: 117-272).

피드백에서는 시간지연(time delay)을 표시한다. 여타의 인과관계에 비해 상대적으로 오랜 시간에 걸쳐 인과의 영향이 이루어지는 경우 시간지연을 특별히 표시해준다. 인과관계에서 시간지연은 화살표의 가운데 부분에 빗금을 그어 표시한다. 시간 지연이 나타난다는 것은 음의 피드백 구조가 있다는 의미이다.

시스템 다이내믹스 연구에서는 피드백 분석을 통하여 '정책지렛대(policy leverage)'라는 지점을 발견하고자 하나 이론처럼 쉬운 일은 아니다. 정책지렛대란 아르키메데스의 지렛대와 마찬가지로 작은 힘으로 큰 변화를 가져올 수 있는 정책개입지점을 의미한다. 정책지렛대를 찾는 원리는 '작은 힘을 증폭시킬 수 있는 양의 피드백 루프'를 활용하는 것과 '변화를 거부하는 음의 피드백 루프'를 피하는 것에 있다. 작은 힘으로 시스템을 변화시키려면 양의 피드백 루프를 활용해야 한다. 양의 피드백 루프를 공략하면 작은 힘을 투자하여 증폭시키기가 쉽다. 음의 피드백 루프에 투자하는 힘은 음의 기운에 의해 상쇄되고 결국은 시스템에서 사라져버리기 때문이다.

연구사례 선정

2014년 이전의 삼덕마을은 거주자들의 물리적인 환경으로 존재했다. 삼덕마을은 마을사업이나 주민활동이 거의 없는 거주지로, 지명(地名)에 해당하는 표상적 의미를 지니고 있었다. 그러나 2014년 이후 삼덕마을은 지리적인 공간에서 사회적인 공간으로 변화하고 있다. 삼덕마을에서 다양한 지역공동체 활동이 전개되면서 근린지역사회로서의 기능이 부각되고 있다. 따라서 본 연구에서 삼덕마을 지역공동체 활동이 시작된 시점을 기준으로 하여 삼덕마을 지역공동체 활동의 변화과정과 그 속에서 보이는 주체들의 다자(多者) 간 협력과정을 이해하기 위해서 삼덕마을의 지역공동체 활동을 하나의 시스템으로 하는 단일 사례연구를 실시하였다.

1) 삼덕마을 지역공동체 활동의 사례 선정 이유

삼덕마을 지역공동체 활동은 다음과 같은 이유에서 경계가 명확한 사례라 할 수 있다. 첫째, 삼덕마을 지역공동체 활동은 커뮤니티 워크의 개입효과를 관찰하기에 적합한 조건을 가졌기 때문이다. 즉, 삼덕마을은 2014년 지역공동체 활동의 시작을 기점으로 하여 마을단위 커뮤니티 워크 실시 여부가 극명하게 구분되는 지역이기 때문이다. 삼덕마을은 1960년대 마을단지 조성 이래로 공공이 주도한 사업이나 자발적인 결사체의 공식적인 활동 등 마을단위 주민활동이 공론화된 적이 거의 없었던 지역이다.13) 그러다가 「도시 및 주거환경정비법」에 근거하여 2014년에 주민 동의로 주거환경관리사업으로의 전환이 이루어지면서 마을과 주민 전체가 지역공동체 활동에 노출되기 시작하였다. 이때 정릉복지관의 지역조직사업에 의한 전문적 개입이 마을의 변화를 조력하였다. 삼덕마을은 공공행정과 민간복지기관의 관계 속에서 지역공동체 활동을 시작하고 2016년 5월 현재, 삼덕마을은 3년차 변화 과정에 놓여 있다(성북구, 2015). 삼덕마을 변화는 도시재생정책의 변화에 따른 정부 방침이 시발점이 되었다. 이러한 정책적 환경의 영향을 받은 삼덕마을에서 커뮤니티 워크는 다음의 세 가지 영역, 즉 지역사회 개발사업과 지역사회 조직화사업, 그리고 지역사회 관계(홍보)사업이 동시에 전개되었다. 따라서 현재 삼덕마을의 변화가 2014년 이전과 전혀 다른 경험을 통해 이루어졌다는 사실을 부인하기 어렵다.

둘째, 삼덕마을 지역공동체 활동은 커뮤니티 워크와 지역사회 사회적 자본의 상호작용을 통해 변화하고 있기 때문이다. 삼덕마을 지역공동체 활동은 비자발적인 시작으로부터 출발하였으나 이후 진행되는 변화 과정에서 주민들은 변화의 주체가 주민임을 자각하고 지

---

13) 주민 면접조사에서 주민 A는 30년 전에 삼덕마을로 시집와서 마을에 반상회가 없는 것에 대해 의아하게 여겼다고 한다. 그 당시 친정집이 있는 동네뿐만 아니라 서울에 있는 여느 동네라면 반상회가 열리는 것이 일상적이었기 때문이다. 이는 삼덕마을에는 주민들이 참여할 만한 주민 활동이 거의 없었음을 반증하는 단적인 예라 하겠다.

역공동체로의 변화 가능성을 도모하고 있다(성북구, 2015; 맹다미, 2015). 마을의 근본적인 변화가 주민들의 주체적인 주도성의 정도에 달려 있다면(한국주민운동정보교육원, 2010), 주민들이 마을 변화의 주체로서 전면에 나서고 있으며 마을의 변화를 공유된 경험으로 인식하고 있다는 측면에서 삼덕마을 변화의 지속가능성은 유효하다고 본다.

예를 들어, 민주적 절차에 따른 집단적 의사결정, 마을사업 자체 기획 및 진행, 마을기금 조성, 이웃 돌봄 등 주민들이 실제 활동을 주도하고 있다. 또한 삼덕마을 마을회관 설치비용14)이 정부의 관련 평균 예산 규모를 크게 상회하는 수준이었음에도 불구하고 위원회에서 심의를 통과하였다. 이는 삼덕마을의 역량과 지역공동체를 향한 발전 가능성에 대한 대외신뢰도(사회적 신뢰 수준)를 가늠하는 계기가 되었다. 삼덕마을 지역공동체 활동은 지역사회 사회적 자본을 형성하고 마을의 위상을 높이고 그 결과 마을주민들로부터 사회적 인정을 받고 지역사회개발 및 지역공동체 구축에 대한 기대와 도덕적 의무감을 키우면서 진행되고 있다. 따라서 삼덕마을 지역공동체 활동은 지역사회 사회적 자본과 상호의존적인 관계를 보이는 지역사례라 하겠다.

셋째, 삼덕마을의 지역공동체 활동을 통해서 주민활동의 맹아기(萌芽期)의 현상을 탐색할 수 있기 때문이다. 삼덕마을의 지역공동체 활동은 시작 단계와 초기 단계를 거쳤다. 삼덕마을 지역공동체 활동의 시작 단계는 정치색이 배제되고 특정 집단의 이익에 복속되지 않은,

---

14) 삼덕마을의 경우, 주민공동이용시설로 마을회관을 설치하기로 합의하였다. 주민공동이용시설은 정부가 설치해주고 주민이 운영하는 방식을 취한다. 정부에서 삼덕마을에 있는 주택 중 한곳을 매입해서 리모델링 공사 후 주민들에게 무상 제공하면 주민들이 자체적으로 운영과 관리를 한다. 그런데 삼덕마을의 경우 주민공동이용시설 매입가가 기존의 다른 지역에서 설치한 주민공동이용시설 매매가를 크게 상회하는 수준이었다.

'순수한' 주민활동의 성격을 지녔다. 이때 순수하다는 표현은 삼덕마을 지역공동체 활동의 목적이 물리적인 주거환경을 개선하여 마을의 낙후된 이미지를 살리고 주민들의 삶의 질을 향상하는 공동 이해를 달성하는 데 집중하고 있음을 의미한다. 위에서 밝혔듯이 삼덕마을에는 주민활동이 현저했던 시기가 없으므로 특정 정치·경제적 세력집단도 가시화되지 않는다. 또한 삼덕마을의 사회경제적 수준이 전반적으로 주거환경관리사업을 진행했던 다른 지역에 비해서 양호한 편이다. 따라서 공공 및 복지전문기관 개입의 반대급부로써 주민의 비자발성에 대한 논란이 생길 가능성이 적은 지역이다. 이를 다른 측면에서 보자면 지역공동체 활동의 초기단계에서 주민들의 참여와 활동은 공동 목적을 위한 집합적인 노력의 형태로 이해할 수 있다. 따라서 연구자가 관찰하고 면접을 통해 수집한 자료가 주민활동의 초기 형태라고 볼 수 있다. 이는 연구시점을 기준으로 했을 때 다른 지역사례들이 이미 오래된 과거의 사건으로서의 마을의 부침(浮沈)과 집단경험을 회고하는 경향이 있다는 점에서 매우 차별적이다. 삼덕마을은 지역공동체 활동의 목적과 목표가 다소 선언적이고 규범적인 측면이 강하므로 마을과 마을주민들의 변화의 실재가 무엇인지를 알아보고 그것이 가지는 날(生)것의 경험을 관찰하고 보고할 수 있다는 점에서 본 연구의 의의가 크다.

2) 삼덕마을의 현황

본 연구의 사례는 삼덕마을이라는 지역을 기반으로 한다. 삼덕마을은 서울시 성북구 정릉◎동 ◇◇◇번지 일대에 위치하는 저층 단독주택 밀집 거주지이고, 자연경관지구(풍치지구)에 속해 있다. 삼덕 마을의 총 면적은 33,443.6㎡이고 이 중 사유지가 28,787.6㎡로 마을의 86%를 차지한다. 전체 건축물은 총 81동, 총 169호이다. 마을 건축물의 87.7%(69동)가 주거용 건축물이고, 전체 거주가구는 총 178가구로 가옥주 가구가 35%(62가구), 세입자 가구가 65%(116가구)로 구성되어 있다. 전체 거주인구는 총 446명이다. 전체 거주인구의 42%가 가옥주로, 세대주 63명을 포함하여 총 185명이다. 나머지 58%는 총 261명의 세입자로 구성되고 있다. 평균 가구별 인구수는 가옥주 가구의 경우 3명(평균 2.98명)에 가깝고 세입자 가구의 경우 2명(평균 2.25명)으로 가옥주 가구의 가족 규모가 상대적으로 더 크다.

삼덕마을의 일반적인 현황을 표로 정리하여 제시하면 다음과 같다.

<표 10> 삼덕마을의 일반적인 현황

구분	토지		건축물		거주가구+		거주인구	
	사유지	국·공유지	주거용	비주거용	가옥주	세입자	가옥주	세입자
현황 (%)	28,787.6㎡ (86%)	4,656.0㎡ (14%)	67동 (82.7%)	9동 (17.3%)	62가구 (35%)	116가구 (65%)	185(63)명 (42%)	261명 (58%)
계	33,443.6㎡		81동·169호		178가구		446명	

주: 거주가구는 「도시 및 주거환경정비법」 별표 1의 거주 가구수 및 인구수 산정기준에 따라 작성.
자료: 성북구청(2014.8.7: 8).

삼덕마을은 2015년부터 2017년까지 3년간 주기환경관리사업 구역으로 지정되어 있다. 삼덕마을 주거환경관리구역 위치도(<그림 2>)를 살펴보면, 삼덕마을이 위치한 정릉동은 전체적으로 심한 구릉지대이다. 삼덕마을을 위시한 정릉동 일대에 오랫동안 낙후된 주거환경 속에서 개발과 정비에 대한 욕구를 가진 동네들이 많음을 알 수 있다.

삼덕마을 주변 지역들은 재건축 정비사업구역이나 재개발 정비사업구역, 그리고 주거환경관리사업으로 전환된 지구단위계획구역에 속해 있다. 주거환경관리사업은 삼덕마을과 '정든마을'15)에서 진행된다.

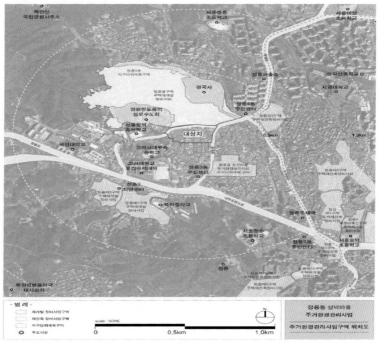

자료: 성북구청(2014.8.7. : 5).

<그림 2> 삼덕마을 주거환경관리구역 위치도

---

15) 정든마을도 정릉복지관에서 마을단위로 개입하고 있는 지역 중 한곳이다. 정든마을이 삼덕마을에 비해 주거환경관리사업을 먼저 시작하였으나 마을회관 설치 일정이 지연됨에 따라 지역주민 참여 활성화가 보합 상태를 보이는 지역이다. 이는 도시지역재생사업에서 주민들의 주도성은 정부 등 외부 환경의 변화와 별개로 독립적인 변화를 경험하는 것은 사실상 어려우며 주민 간, 주민과 조직 간, 조직 간 상호작용을 통해 성장하는 상호의존적인 성격을 가진다. 이것이 보다 현실적이다. 또한 정든마을 사례와 삼덕마을 사례를 비교해보면 삼덕마을의 역량이 상대적으로 크다는 점을 확인할 수 있었다(연구자의 연구노트, 2015년 12월 10일 정릉복지관 지역조직 연간 사업평가회의).

연구참여자 선정

질적 연구에서 표본추출은 소수의 연구참여자들과의 심도 있는 이야기를 나누기 위함이므로 연구주제와 관련된 경험이 풍부한 사람들을 찾아 연구참여자로 선정하는 목적적인 표본추출방식을 사용한다(Kuzel 1992; Miles and Huberman, 1994). 본 연구의 연구참여자는 총 9명으로, 정릉복지관의 사회복지사 3명과 삼덕마을 주민 6명이다. 연구참여자 선정 기준은 삼덕마을 지역공동체 활동을 주제로 심층면접에 응할 정도의 경험치가 쌓였는가의 여부가 가장 우선시되었다.[16] 주민의 의사결정에 대한 영향력, 마을사업의 주도성과 지속성에 대한 기여, 주민관계와 외부 이해관계자 및 관련 조직과의 연결 정도, 거주주택의 마을 내 지정학적 위치 등을 고려하여 각각의 범주에 대해 구체적인 정보와 풍부한 경험을 이야기해줄 수 있는 사람으로 선정하였다. 연구참여자는 세평적 사례선택(Reputation case selection)을 활용

---

16) 본 연구의 연구참여자에 대한 추천 및 섭외는 2015년 5월 중순부터 시작되었다. 이 당시 삼덕마을 지역공동체 활동은 2년차에 해당하는 짧은 역사를 가지고 있어서 연구참여자로 추천받아 연락을 해도 연구참여를 고사하는 주민들이 꽤 있었다. 면접에서 이야기할 만한 경험이 별로 없다는 이유에서였다. 특히 주민 C의 경우, 1회 면접을 8월에 했으나 지역공동체 활동에 관한 내용은 간접경험이 대부분이라 직접경험이 어느 정도 쌓일 정도의 시간을 보낸 후, 마지막 면접을 12월에 진행하였다(연구자의 연구노트 중에서).

하여 선정하였다. 이를 위해 담당 사회복지사의 자문 내용과 연구자와의 심층면접 경험이 있는 연구참여자의 추천사항 등을 적극 반영하였다.

1) 연구참여자 선정방법(표본추출법)

정릉복지관 사회복지사의 경우, 2014년 12월까지 삼덕마을을 담당했던 전임(前任) 지역조직팀장 1명과, 2015년 1월부터 삼덕마을을 담당하고 있는 현(現) 지역조직팀 대리 1명, 그리고 2014년부터 2016년 현재까지 삼덕마을 담당 사회복지사들에게 슈퍼비전을 주고 있는 복지관 부장 1명이다. 전임(前任) 사회복지사는 2012년부터 정릉동 일대 지역주민을 대상으로 서울시 에너지절약마을만들기 공모사업을 실행하고 있었다. 2014년 1월부터 삼덕마을에서 지역재생활동가로 지역공동체 활동의 시작 단계 경험을 공유하였다. 현(現) 사회복지사는 2014년 7월에 정릉복지관 입사 후, 삼덕마을 지역공동체 활동을 위한 지원업무를 수행하면서 마을사업을 관찰 및 간접경험을 하다가 2015년 1월에 전임(前任) 사회복지사의 이직으로 인해 삼덕마을 관련 업무 인수인계 후 지역재생활동가로 합류하였다. 복지관 부장은 2014년부터 삼덕마을 전(前)·현(現) 사회복지사에게 관련 업무에 대한 슈퍼비전을 주고 있다. 삼덕마을 행사마다 복지관의 리더십 자격으로 참여하였다.

마을주민의 경우, 최대변량 표본과 부정적인 사례나 변량을 고려하여 선정하였다(Poggie, 1972; Yin, 2003; Miles and Huberman, 1994). 또한 연구자는 Glaser와 Strauss(1967)의 이론적 표본추출방법을 부분적으로 차용하였다. 연구자는 연구참여자 선정 과정에서 '대표성'에 치중하기보다 삼덕마을 지역공동체 활동의 구조를 확인하고 그 구조의 본질이 커뮤니티 워크와 지역사회 사회적 자본의 상호작용이라는 개념적인 질문에 대한 답이 될 수 있는가에 집중하였다.[17] 연구자는 2014년 주민집단면접자료와 2015년 주민 A와의 심층면접자료를 분석한 결과를 토대로 그다음 면접할 연구참여자를 선정하고 동일한 연구참여자를 추가 면접하는 경우에도 면접 일정의 시간적 간격을 의도적으로 조정하였다. 이를 통하여 연구자는 앞서 진행한 면접조사에서 발견한 현상을 충분히 이해하고 자료에 휘둘리지 않으면서 현상의 본질을 심층적으로 파악하려고 하였다.

모든 연구참여 주민들은 2015년 7월을 기준 시점으로 삼덕마을에만 2년 이상 거주한 자들이다. 이는 연구참여자가 마을의 변화를 직간접적으로 경험했던 시간을 확보하기 위함이다(Poggie, 1972). 삼덕마을은 2013년 12월부터 (주)PMA엔지니어링이라는 시공사가 용역을 착수함에 따라 그로부터 받은 외부의 자극이 계기가 되어 2014년 한해 동안 마을의 변화를 경험해왔기 때문이다. 그리고 2014년 7월에는 전체 주민이 주민투표를 통해 주민공동이용시설 설치 및 운영에 대한 의사결정과정에 참여하였다. 그 이후 1년 정도 마을주민들이 주민협의체에서 마을운영위원회라는 주민조직을 만들어서 지역공동체 활동을 만들어 왔다. 따라서 이러한 일련의 준비과정과 시작단계, 그

---

17) 본 연구의 초반에는 분석단위를 삼덕마을로 해야 할지, 삼덕마을 주민들의 다중사례로 해야 할지, 삼덕마을 지역공동체 활동으로 해야 할지 고민이 컸다. 그런데 주민 A와의 심층면접을 마치고 마을에서 일어나고 있는 사건들이 공동체 활동의 초기 현상이고 그 구조와 역동성에 천착(穿鑿)하는 것이 사례를 이해하는 데 도움이 된다는 확신을 가졌다. 삼덕마을 지역공동체 활동이라는 용어 표현은 내부 심사위원 중 한 분의 지도를 받으면서 결정하였다(연구자의 연구노트 중에서).

리고 초기과정을 경험할 수 있는 시간 확보가 중요한 지표로 다루어졌다. 2014년 2월부터 주민워크숍이나 마을회의, 주민협의체활동, 마을운영위원회에서 마을사업 기획 및 진행에 참여한 경험이 6개월 이상인 마을운영위원회 임원 4명과 회원 2명이고 이들 모두 기혼자들이다.

마을주민은 다음의 3가지 유형을 고려하여 이에 적합한 주민들을 우선순위로 하여 선정하였다. 3가지 유형이란, 첫째, 전형성과 대표성을 띠는 유형과 둘째, 부정적이거나 맞지 않는 성격을 보이는 유형, 셋째, 예외성 또는 모순성을 보이는 유형을 말한다. 이들 유형별 연구참여자 선정의 목적은 소수의 연구참여자의 경험으로부터 전체 삼덕마을 지역공동체 활동의 다양한 면을 포착하고 각기 다른 유형에서 접하는 정보의 비교와 대조를 통해서 면접자료의 사실성을 확보하고 효율성을 높이기 위함이다. 각기 다른 유형의 연구참여자의 경험은 삼덕마을 지역공동체 활동에서 도출한 결론을 견고하게 하였다(Miles and Huberman, 1994: 60). 지역공동체 활동의 핵심 역할을 하고 있는 주민 3명(주민 A, 주민 B, 주민 F)은 '대표적인' 예이다. 2014년 시작 단계부터 적극적으로 활동하였다가 2015년에 들어서 소극적으로 활동하고 있는 주민 1명(주민 E)은 '맞지 않는' 예이며, 2014년부터 회원으로 참여하고 임원들과는 비교적 느슨한 유대를 가지고 있어서 다른 지역이나 조직과 교량역할을 하는 주민 1명(주민 D)과 2015년부터 참여하기 시작하여 2016년에 운영위원회 임원을 맡으면서 핵심인물이 되어가는 주민 1명(주민 C)은 '예외적인' 예에 해당한다. 그러나 이들 연구참여자들을 3가지 유형의 전형적인 예로 간주하기보다 해당 유형의 성격을 상대적으로 많이 보이는 예라는 측면에 주목할 필요가 있다. 왜냐하면 삼덕마을 지역공동체 활동의 역사 자체가 워낙 짧으므로 주민들에 대한 유형화에 대한 판단은 시기상조로 유보할 필요가 있기 때문이다.[18]

연구참여자의 개인적인 정보를 표로 정리하면 다음과 같다.

<표 11> 연구참여자의 개인적인 정보

연번	연구참여자	성/연령	거주/근무기간 (거주사유)	마을운영위원회 내에서의 역할
1	주민 A	여/53	30년 이상(결혼)	원년멤버, 분과위원
2	주민 B	여/53	53년(출생)	원년멤버, 2015년 총무
3	주민 C	여/49	3년(이주)	2015년 합류, 2016년 총무
4	주민 D	여/73	40년(이주)	원년멤버, 회원
5	주민 E	남/44	44년(출생)	원년멤버, 2015년 분과위원
6	주민 F	남/62	40년 이상(이주)	원년멤버, 회장
7	전임(前任) 사회복지사	여/44	5년 근무	2014년 마을재생활동가
8	현(現) 사회복지사	여/33	3년차 근무	2015년 마을재생활동가
9	복지관 부장	여/40	10년차 근무	2014-2015년 복지관 대표의 자격으로 자문

2) 질문 내용 및 면접 운영 방식

커뮤니티 워크와 사회적 자본의 상호작용을 규명하기 위해서 커뮤니티 워크가 사회적 자본을 형성시키는 과정에 관한 경험과 그렇게

---

18) 마을운영위원회 회장과 현(現) 사회복지사는 연구자가 삼덕마을이라는 연구현장으로 들어갈 때 문지기 역할을 담당하였다. 연구자는 이들과 연구주제와 심층면접이 삼덕마을 지역공동체 활동 및 운영위원회의 역동에 미치는 영향에 대해서 사전에 논의하였다. 운영위원회의에서 현(現) 사회복지사가 본 연구 진행에 대해 설명하고 마을운영위원회 회장이 이에 지지하는 입장을 취함으로써 마을운영위원회의 연구 참여에 대한 동의를 얻을 수 있었다. 이로써 연구자는 연구현장을 수월하게 접근할 수 있었으며, 연구참여자와의 초기 신뢰관계를 빠르게 구축할 수 있었다.

형성된 사회적 자본이 커뮤니티 워크에 영향을 주는 과정에 관한 경험을 이해할 필요가 있다. 마을주민 대상 개별심층면접조사에서는 커뮤니티 워크가 사회적 자본을 형성시키는 과정에 대해 집중하고 사회복지사 대상 개별심층면접조사에서는 커뮤니티 워크를 통해서 형성된 사회적 자본이 커뮤니티 워크에 영향을 주는 과정에 대해 집중하였다. 그러나 이것은 이론(관념)적으로 상대적인 비중을 의미하는 것이지 현실적으로 지역공동체 활동의 경계가 분명하지 않으며 두 조직이 차별적인 경험을 하고 있다고 볼 수 없다. 왜냐하면 삼덕마을 지역공동체 활동은 두 조직이 격식 없이 서로 대화적 소통을 하면서 지역공동체의 일원으로 대등한 협력적 관계를 형성할 때 발전하는 것으로 나타나고 있기 때문이다.

또한 면접 시, 연구참여자들이 커뮤니티 워크라는 용어를 매우 생소하고 어려운 개념으로 인식하고 있어서, 마을사업이나 마을운영위원회 활동, 주민 활동 등 사업이나 활동과 같은 표현을 사용하여 질문하였다. 사회적 자본도 일상생활에서는 자주 쓰이지 않은 전문용어로 거부감이 생길 것을 우려하여 조심스럽게 질문하였다. 마을사업을 했더니 어떤 행위가 더 많아졌는지, 어떤 것들이 달라졌는지 등 참여, 변화, 결과, 영향과 같은 보다 친숙한 표현으로 우회하여 질문하였다.

연구참여자마다 마을 또는 지역에서의 활동 경험과 공동체 또는 지역공동체 건설 경험에 대한 경험을 이야기하도록 하였다. 지역에서의 활동 경험에서는 삼덕마을 거주 경험과 삼덕마을 운영위원회 활동 경험을 자유롭게 이야기하도록 하였다. 지역공동체 건설 경험에서는 삼덕마을을 하나의 지역공동체라고 생각하는지를 확인한 다음, 지역공동체 경험과 주민, 복지관, 정부, 다른 외부 기관 등 다양한 사람이나 조직과의 협력 경험에 대해 질문하였다. 그리고 사회적 자본에 대한 질문을 하였다. 연구자는 본 연구의 분석방법을 염두에 두고 연구참여자들에게 마을에서 있었던 일을 시간의 경과에 따라 회고하도록 요청하고 마을사업에의 참여 경험을 참여 동기나 목적, 원인이나 결과 등 인과구조에 맞춰 이야기하도록 인터뷰를 진행하였다. 면접조사 가이드는 부록에 수록하였다.

면접조사에 연구자가 질문한 내용을 간단히 정리하면 다음과 같다.

<표 12> 면접조사 질문내용

구분	영역	질문내용
지역사회 활동	삼덕마을 거주 경험	◦ 거주기간, 동거가족 등 ◦ 일과 가정, 가족돌봄(아이 양육), 개인적인 삶 등 ◦ 지역주민으로서 특별한 사건 ◦ 지역주민으로서 삼덕마을, 지역사회, 지역주민에 대한 생각
	삼덕마을 운영위원회 활동 경험	◦ 운영위원회에서의 활동 ◦ 운영위원회 활동을 통한 본인의 변화 ◦ 운영위원회 활동을 통한 마을의 변화 ◦ 운영위원으로서 삼덕마을, 지역사회, 지역주민에 대한 생각
지역 공동체 건설	지역공동체 경험	◦ 지역공동체에 대한 경험 ◦ 삼덕마을의 공동체성 ◦ 지역공동체로서의 삼덕마을의 경험 ◦ 지역공동체를 위한 삼덕마을의 노력
	다양한 사람과 조직과의 협업 경험	◦ 삼덕마을사업을 통한 지역주민, 사회복지사, 엔지오활동가, 담당공무원 등과의 협업 경험 ◦ 문제나 갈등 경험, 그 원인과 대처방식 ◦ 협업 경험을 통한 변화 ◦ 협업 경험의 의미
	커뮤니티 워크와 사회적 자본과의 관계	◦ 정릉복지관 사업이 삼덕마을에 미친 영향 ◦ 삼덕마을이 정릉복지관 사업에 미친 영향 ◦ 정부(중앙정부, 서울시, 성북구청, 정릉3동 사무소)와 삼덕마을과의 관계 ◦ 정부와 정릉복지관에 바라는 것

본 연구에서는 면접조사 전 연구참여자에게 질문지를 전달해서 연구참여자가 어떤 주제로 이야기할 것인지를 인지하도록 하였다. 대체로 연구참여자들의 면접조사에 대한 대응방식은 다음 두 부류로 구분된다. 한 부류는 사전에 제공받은 질문지의 질문 내용과 순서를 확인하면서 주제에 적합한 이야기를 하려고 의식적으로 노력하는 사람들이다. 다른 한 부류는 질문지의 순서를 의식하지 않고 가장 자주 경험한 사건이나 중요하다고 판단하는 것을 이야기하는 데 많은 시간을 할애하는 사람들이다. 이런 차이에도 불구하고 대부분의 연구참여자들은 사회적 자본 부분에 대해서는 주제가 어렵다고 반응하였고 정부와의 협력 부분에 대해서는 상대적으로 짤막하게 답변하는 경향을 보였다. 흥미로운 점은 주민들의 경우 초반에 삼덕마을에서 주민활동을 하면서 자신이 경험했던 개인적인 어려움이나 문제점 등을 먼저 화제로 꺼낸 후에 어느 정도 충분히 이야기했다는 순간이 지나야 면접조사의 질문에 몰입한다는 것이다. 따라서 면접조사 초반에는 일정 시간을 내어 연구참여자가 하고 싶은 말이나 경험을 자유롭게 이야기할 수 있는 기회를 주었다. 이때 연구자는 연구참여자의 주된 경험이 본 연구의 주제나 연구 질문의 무엇과 상통하는 점이 있는지를 발견하고 메모하였다가 그 부분을 시작으로 하여 연구 질문으로 되돌아오는 방식을 취하였다.

자료수집

본 연구는 사례연구로, 연구참여자의 심층면접자료, 연구자의 현장 관찰일지 및 현장메모, 정부기관 및 정릉복지관의 내부자료 등 다양한 자료원을 통해서 자료를 수집하였다.

1) 면접조사 자료

주요 자료는 총 15회 면접조사를 실시하여 수집한 심층면접 자료이다. 심층면접조사는 2014년 8월부터 2016년 1월까지 총 1년 6개월에 걸쳐서 실시했다. 삼덕마을 주민들이 참여한 집단면접조사 1회와 정릉복지관 사회복지사들이 참여한 집단면접조사 3회와, 그리고 삼덕마을 주민과 정릉복지관 사회복지사가 참여한 개별심층면접조사 12회를 진행하였다. 개별심층면접조사는 연구자가 연구참여자의 면접 순서를 사전에 지정하고 가능한 차례를 지키면서 진행하였다. 이는 Strauss와 Glaser(1998)의 이론적 표본추출방법에 충실하여 연구목적과의 정합성이 높은 자료를 수집하기 위함이다. 개별심층면접조사는 개인별 최소 1회에서 최대 3회까지 1회당 평균 90분 정도 소요하였다. 심층면접 장소는 정릉복지관과 마을회관, 그리고 정릉동 인근 카페 등 연구참여자의 편의를 고려하여 정하였다. 심층면접 내용은 그 자리에서 녹음되었고, 일주일 이내 연구자와 사회복지 석사 1명이 전사하여 문서자료로 변환되었다. 단, 전임(前任) 사회복지사의 2차와 주민 B와 주민 C의 각각 1차 개별면접 내용은 개인적인 이야기가 큰 비중을 차지하여 사생활 보호에 대한 필요성이 높다는 연구자의 판단하에 녹음을 삭제하고 연구참여자에게 그 사실을 알렸다.

면접자료 수집 전체 일정을 표로 제시하면 다음과 같다.

<표 13> 면접 전체 일정

연번	날짜	참여자	방법
1	2014.08.26.	전임(前任) 사회복지사, 복지관 부장	집단(1차)
2	2014.10.01.	주민 A, 주민 E, 주민 B, 주민 F	집단(4명)
3	2015.01.12.	전임(前任) 사회복지사	개별(2차)
4	2015.07.28.	주민 A	개별(1차)
5	2015.08.03.	주민 A	개별(2차)
6	2015.08.03.	주민 C	개별(1차)
7	2015.08.06.	현(現) 사회복지사	개별(1차)
8	2015.08.11.	주민 D	개별
9	2015.08.13.	주민 E	개별
10	2015.08.24.	주민 B	개별(1차)
11	2015.08.25.	주민 B	개별(2차)
12	2015.12.23.	주민 C	개별(2차)
13	2015.12.24.	현(現) 사회복지사	개별(2차)
14	2015.12.28.	주민 C	개별(3차)
15	2016.01.25.	전임(前任) 사회복지사, 복지관 부장	집단(3차)

2) 현장관찰조사 자료

연구자는 2015년 3월부터 2016년 2월까지 만 1년 동안 정릉복지관의 비상근 선임연구원의 자격을 득(得)한 후,[19] 삼덕마을이나 정릉복지관에서 참여관찰을 실시하였다. 주로 정릉복지관 팀장 정례회의, 사회복지사와의 개별면접, 정릉복지관의 지역주민 방문사업과 지역축제, 삼덕마을에서 진행되는 주민 회의와 마을활동에 참여하면서 정릉복지관 지역조직팀의 사업 현황과 다른 사업팀의 지역사회 관련 사업 수행 상황을 관찰하였다. 연구자는 복지관 사업에서는 관찰적 참여자로, 삼덕마을사업에서는 참여적 관찰자로 역할을 달리하면서 비조직적 관찰을 수행하였다. 연구자는 복지관 업무와 관련해서 관·부장과 각각 상호 의견을 교환하거나 서로 자문을 주고받으면서 이론과 실재의 간극을 좁히는 기회를 수시로 가졌다.

3) 2차 자료

본 연구에서는 정부기관 및 복지관의 내부자료와 관련 통계자료, 회의록, 사업일지, 연구자의 현장 메모, 사진 등을 수집하였다. 구체적으로, 삼덕마을 주간환경관리구역 지정 및 계획 결정고시(성북구, 2014)와 보고서(성북구, 2015), 삼덕마을주민 대상 설문지 및 설문결과보고서(정릉복지관 내부자료, 2014), 정릉복지관 에너지자립마을만들기 사업계획서 및 보고서(정릉복지관 내부자료, 2014; 2015), 마을

---

19) 연구자는 12개월 동안 근무시간은 주 1일 4시간씩으로, 근무내용은 복지관 제반 사업에 대한 평가와 조사 관련 자문 업무를 수행하는 것으로 하는 계약서를 2015년 3월 2일자로 작성하였다. 연구자는 정릉복지관 조직도 상 관장 아래 별도의 조직으로 위치하였다. 계약서에 명시한 업무 외에 연구자는 관·부장이 동석하는 팀장 정례회의에 참석하였고, 연구자의 희망에 따라 복지관의 외부행사에 참석하였으며 복지관 내부자료에 대한 요청이 허용되었다.

운영위원회 연락처 및 문서자료(정릉복지관 내부자료, 2014; 2015), 주거환경관리사업 전문가토론회 자료집(서울연구원·(사)대한국토·도시계획학회, 2015) 등이 활용되었다. 삼덕마을 결정고지 관련 자료는 복지관으로부터 열람자격을 얻어 확인하였고 정릉복지관 내부자료는 관장의 재가를 받아 관련 자료를 담당 복지사에게 요청하여 획득하였으며, 삼덕마을 마을운영위원회 관련 자료는 사회복지사가 주민회의에서 건건이 보고하거나 공식 안건으로 올려서 주민들의 동의를 얻은 후 자료 공유가 가능했다. 또는 연구자가 면접조사 도중 연구참여자에게 요청을 하여 받기도 하였다. 주거환경사업 관련 자료집은 연구자가 당일 토론회에 참석하여 입수하였다. 그 밖에 성북구 사회조사 관련 자료는 연구자가 국회도서관에서 열람하였다.

06
자료분석

본 연구에서는 두 단계에 걸쳐 질적 자료분석을 실시하였는데, 1, 2단계 모두 질적 자료분석 방법에서 통용하는 코딩과 범주화 과정 (Miles and Huberman, 1994)을 거쳤다.

1단계 자료분석은 연대기적 사례분석방법으로, 분석한 자료를 시간과 연속성에 따라 배열하여 삼덕마을 지역공동체 활동의 변곡점을 발견한 후 사건과 상태를 연대기적으로 정리하였다. 2단계 자료분석은 인과지도분석으로, 1단계 자료분석을 부분적으로 해체하고 재분석한 후 시스템 사고를 통해 도출된 변수들로 멘탈 모형(Mental Model)을 구축하고 인과지도를 작성하였다. 1단계 연구참여자별 연대기적 분석결과는 2단계 인과지도 분석의 토대가 되었다.

1) 코딩과 범주화

질적 자료분석은 우선적으로 연구참여자별 코딩과 범주화를 실시하였다. 코딩과 범주화는 질적 연구에서 보편적으로 사용하는 의미 (주제)단위 분석과 지속적인 비교와 대조 방식에 따라 진행하였다. 코딩은 질적 자료분석 프로그램인 NVivo 11 버전을 활용하여 줄 단위 분석을 실시하였다. 이 방법은 연구자가 심층면접 전사록을 한 줄 한 줄, 한 행씩 읽어 내려가면서 개념(의미)이 바뀌는 부분에서 내용을 요약하여 전체 내용이 하나의 개념으로 수렴되도록 라벨을 붙인다. 분석 결과 총 640개의 코딩 자료를 생성하였다. 이때 코딩은 다른 코딩과 의미상 구분이 명확한 동시에 해당 부분의 의미를 포괄해야 함을 원칙으로 한다. 특히 본 연구에서는 개념을 연결하는 인과관계를 확인하여 지도로 가시화하는 것을 목적으로 하고 있으므로 코딩의 진술문은 최대한 원인변수와 결과변수가 시간적 차이를 두고 분명하게 드러날 수 있도록 기술하였다. 또한 본 연구의 인과지도는 시스템 다이내믹스 연구방법론의 멘탈 모형으로, 후속연구에서 컴퓨터 시뮬레이션 모형으로의 발전가능성을 염두에 두고 작성되었다. 따라서 연구자는 가능한 한 변수들을 관찰 가능하거나 측정 가능한 개념들로 기술하였다. 전사록에 시간적 배경을 명시하는 표현이 나오지 않더라도 2차 자료나 연구자의 관찰일지나 메모에 적힌 사실을 기준으로 시간적 흐름에 따른 인과성을 밝히려고 주의를 기울였다. 범주화는 코딩한 자료를 유사성과 차이성을 묻는 질문을 지속적으로 반복함으로써 일정한 패턴을 보이는 코딩끼리 묶어 나가는 방식으로 실시하였다. 이때 연구자는 연구문제를 상기하면서 그에 맞는 답을 구하기 위해서 범주화하였다. 범주화한 내용을 다시 상위 수준으로 재범주하였는데 코딩에서 최종 범주까지 최대 4차에 이르는 분류작업을 진행하여 유목화하였다. 연구자의 코딩과 범주화 작업은 귀납적인 방식으로 이루어졌으며, 최종 유목화 라벨을 붙일 때 연구자가 작성한 제목이 사회적 자본의 하위 차원과 유사한 개념인 경우 전문가[20]의 감수를 받아 사회적 자본의 하위 차원과 동일한 용어로 제목을 정하였다. 연구자가 진행한 코딩과 범주화 과정은 근거이론(Strauss and Corbin, 1998)의 개방코딩 방식과 거의 유사하다(이소영, 2014: 11).

2) 연대기적 분석

본 연구에서는 Yin(2003)이 제시한 사례연구의 5가지 자료분석 방법[21] 가운데, 시계열 분석방법에 속하는 연대기적 분석에 의거하여 질적 자료분석을 진행하였다. 연대기적 분석의 목적은 시간의 흐름에 따른 사건의 기록과 함께 그 과정에서 가정된 사건들의 인과관계를 조사하는 데 있다. 연대기적 분석은 독립변수와 종속변수를 비롯한 다양한 변수를 다룰 수 있으며 일반적인 시계열분석(kratochwill, 1978; Kidder, 1981; Yin, 2003에서 재인용)에 비해 더 풍부하고 통찰력 있는 분석을 가능하게 한다. 또한 연대기적 분석은 독자들이 사건의 흐름에 따라 추적해나갈 수 있다는 장점이 있다(Yin, 2003: 205-207).

연대기적 분석은 시간의 경과에 따른 사건들과 상태들의 관계에 대해서 '어떻게'와 '왜'에 관한 적절한 답을 찾는 것이다. 연대기적 분석은 자료수집 이전에 축적 대상에 대한 구체적인 지표를 정의하

---

20) 연구자가 최초 명명한 라벨과 사회적 자본의 하위 차원과의 일치성 정도에 대한 검토는 대학교 사회복지학 전공 교수 1인에게 자문을 받아서 진행하였다. 연구자가 최초 명명한 범주명은 삼덕마을의 특성과 비자발적인 시작, 역할과 호혜성, 갈등과 신뢰, 네트워크, 협력관계이었다. 전문가의 자문을 받아 비자발적인 시작은 참여 동기로, 역할과 호혜성은 참여와 호혜성으로, 네트워크는 참여와 네트워크로, 갈등과 신뢰는 신뢰로, 협력관계는 협력으로 범주명을 수정하였다. 그 결과, 범주명이 사회적 자본의 하위 차원의 개념과 동일한 표현이 될 수 있었다(연구자의 연구일지 중에서).

21) Yin(2003)은 그의 저서에서 사례연구 분석기법으로 패턴매칭, 설명하기, 시계열분석, 논리모델, 사례통합이라는 5가지 분석방법을 소개하고 있다. 연구의 타당성과 외적 타당성의 문제를 해결하기 위해서 연구 주제에 적합한 분석방법을 선정하고 각각의 방침에 따라 연구를 진행하는 것이 중요하다. 구체적인 분석방법을 막론하고 분석 수행 전, 다음의 3가지 전략수립이 필요하다. 3가지 전략은 이론적 명제에 의존하기, 경쟁가설 설정하기, 사례기술 프레임워크 개발하기이다.

고 시간적 기간을 설정하고 인과관계를 가정한다(Yin, 2003; 207).

삼덕마을은 Yin(2003)의 연대기적 분석[22]에 대한 조건을 충족시키고 있다. 즉, 삼덕마을 지역공동체 활동은 법에 근거하여 지역주민들이 재건축 반대의사를 표명하자 주거환경관리사업에 참여하게 됐다는 점, 주민투표 후에 주민협의체가 조직되었다는 점, 마을회관 설치에 대한 정부의 승인 후 본격적으로 삼덕마을 마을운영위원회가 수립되어 지역공동체 활동이 진행되었다는 점 등 삼덕마을 지역공동체 활동은 시기별 사건의 선후 관계가 명확하며 시기별 주요 사건들이 다른 시기에 발생한 사건과 다르고 그로 인해 삼덕마을과 마을주민들이 질적 변화를 경험하고 있었다(Yin, 2003: 206). 삼덕마을 지역공동체 활동의 인과관계에 대한 결정은 Miles와 Huberman(1994: 219)이 제시한 Hume의 법칙에 의거하였다. 인과관계를 결정하는 법칙은 첫째, A는 B에 앞선다(임시적인 우위), 둘째, A이면 항상 B다(견고한 관계), 셋째, A와 B를 연결하는 그럴듯한 구조가 있다(영향의 지속).

삼덕마을 지역공동체 활동의 연대기적 분석의 전체 분석대상 기간은 2014년 2월부터 2016년 2월까지 대략 2년이다. 2년간의 기간을 크게 시작단계와 초기단계로 구분하고 초기단계는 다시 2014년 7월 24일을 기점으로 2014년 2월부터 6월까지를 시작단계로, 2014년 7월부터 2016년 2월까지 초기단계라고 명명한다.

삼덕마을 지역공동체 활동에서 중요한 시점(변곡점)은 3개로 나타

---

22) 연대기적 분석은 다음의 조건 중 하나 이상의 조건을 만족해야 한다. 하나, 어떤 사건은 항상 다른 사건보다 앞서 발생하여야 하며, 시간의 진행 순서가 바뀌는 것은 불가능하다. 둘, 어떤 사건은 어떤 상황에서는 항상 다른 사건에 뒤따라 발생하여야 한다. 셋, 어떤 사건은 일정하게 예정된 사건의 경과 후 다른 사건을 뒤따를 수 있다. 넷, 한 사례연구의 일정한 기간은 그 기간에 발생한 일련의 사건들로 규정될 수 있고 그 사건들은 연구의 다른 기간에 발생한 사건들과는 근본적으로 다르다(Yin, 2003; 206).

났다. 이를 기준이 되는 사건과 관련하여, 삼덕마을 지역공동체 활동
의 도시재생정책의 법적 근거 기반 시작단계(T1)와 주민투표 통과 초
기 진입단계(T2), 그리고 마을운영위원회 중심 초기 실행단계(T3)로
명명하였다. 삼덕마을 지역공동체 활동의 시작단계는 시작(T1)과 일
치하고, 삼덕마을 지역공동체 활동의 초기단계는 주민투표(T2)와 마
을운영위원회(T3)를 포함한 기간이다. 본 연구에서 T1, T2, T3은 삼
덕마을 지역공동체 활동의 연대기적 분석에서 기준시점(변곡점)으로
활용하였다.

이상의 내용을 삼덕마을 변화시기로 하여 연대기를 표로 제시하면
다음과 같다.

<표 14> 삼덕마을 변화시기

시작단계	초기단계	
법적 근거 기반 시작단계(T1)	주민투표 통과 초기 진입단계(T2)	마을운영위원회 중심 초기 실행단계(T3)
시공사+주민+복지관	시공사+주민+복지관	주민+복지관
2014.02.07	2014.07.24 2015.02.10	2016.02.29

분석대상기간: 2014년 2월부터 2016년 2월까지
T1(시작): 2014년 2월부터 6월까지
T2(주민투표): 2014년 7월부터 2014년 12월까지
T3(마을운영위원회): 2015년 2월부터 2016년 2월까지

3) 인과지도 분석

두 번째 질적 자료분석은 인과지도 분석으로, 연구자가 연대기적
분석에서 생성한 코딩과 유목화 자료를 엑셀 프로그램을 이용하여

연구질문에 집중하면서 재유목화하였다. 이때 앞서 실시한 연대기적 분석에서 도출한 코딩과 유목화한 범주 간 위계적 관계는 고려하지 않았다. 연구자는 녹취록을 재차 검토하면서 원인변수와 결과변수를 구분하였다. 이때 원인변수는 결과변수보다 선행변수이어야 하며, 다른 원인변수의 영향력을 최소화한 상태에서 결과변수의 변화를 이끌어낸 것이다. 이러한 관계는 녹취록과 2차 자료를 통해 확인 가능해야 한다. 연구자는 이렇게 결정된 원인변수와 결과변수를 영향요인이라고 명명하고 목록화하였다. 인과지도에 사용한 변수명은 코딩자료에서 인용하기도 하고, 범주화 제목에서 인용하기도 하고, 또는 연구자가 발견한 현상에 적합한 새로운 제목을 정하기도 하였다. 인과지도의 일부분과 인과지도 작성을 위해 활용된 변수명 차트에 대한 예시 표는 다음과 같다.

<표 15> 인과지도 변수명 차트

연구참여자: 주민 C		전사록 쪽수: p.83, p.86, p.87
핵심내용/코딩: 주민 C는 지역에서 다른 봉사활동을 하고 있던 차에 복지사의 권유로 봉사차원에서 마을사업에 참여하기 시작함		
인과 구조	**원인변수**	봉사경험, 이웃주민의 참여, 개인적 관심, 복지사의 안내자·촉진자 역할
	결과변수	동기부여
	관계방향성	+
공유된 정보	**원인변수**	복지사의 안내자·촉진자 역할
	결과변수	봉사경험
	관계방향성	없음
정보 출처	**공식적**	
	비공식적	일상생활경험

인용문:

"제가 이사를 와서 제일 먼저 한 것이 초등학교 도서관 봉사인데 [2013년] ……
책을 무슨 책을 읽어라 할 게 아니라 내가 먼저 읽고 내가 권해줄 수 있잖아요?
읽지는 못 하더라고 대충은 저자 그런 걸 보면…… 도서관에서 봉사를 했어요."
"그때 선생님[사회복지사]이랑 만나고 난 이후에 마을활동을 하기 시작했는데
[2015년 8월 이후] 조금 더 적극적으로. 전에는 뭐라고 뭐라고 엄마가 [마을운영
위원회 활동을] 하시니까 하면 좋겠다 정도는 했는데 나서거나 이런 것은 아니
었는데 …… 일단 우리 작은애가 동아리 활동[복지관의 청소년 봉사모임]을 하
니까 작은애도 가고, 엄마도 가고 마을회관에서 일이 있어서 가니까 그리고 또
옆의 옆집의 어르신도 가시고 하는데 그냥 어르신들밖에 없으니까 그냥 노느니
그냥 한다고 하다 보니 계속 연결이 되고 그리고 제가 에너지 쪽은 원래도 관심
이 있었던 거래서 서로 서로 또 연결을 해서[2015년 8월 이전]."
"뭐든지 하는 처음에 발 담그기가 힘든 것 같아요. 제가 누가 끌어낼 수 있는 사
람만 있어서 [활동을 시작하게] 되면 충분히 가능할 것 같고."

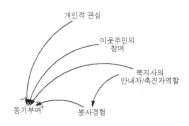

자료: 변수명 차트는 Kim, H.(2009: 71)의 Cording Chart를 인용·변형하여 사용함.

연구자는 이러한 변수명 차트를 통해서 정리한 영향요인들을 가지
고 Vensim 프로그램을 활용하여 인과지도를 작성하였다. 연구자가 발
견한 변수 간의 인과관계가 가까운 미래에 추가적인 근거나 이론적
발전으로 인해 반박되지 않을 안정성(Alex Broadbent, 2013: 177-207)을
가지고 있어야 한다. 사회적 자본의 하위 차원으로 정의한 네트워크,
참여, 호혜성, 신뢰, 협력 각각의 인과지도와 참여 동기 인과지도를
작성한 후 하나의 인과지도로 통합하였다. 연구자가 전사록 내용을
상기하면서 각각의 인과지도에 그려진 피드백 루프상의 변수와 화살
표 방향을 따라 연구참여자가 경험한 사실과 일치하는지 확인하였다.

이때 연구자는 현상학에서 강조하는 상상적 변형과 현상학적 환원 (이남인, 2014)을 차용하여 인과지도가 삼덕마을 지역공동체 활동의 본질구조를 보이는지를 검토하였다. 연구자는 피드백 루프의 인과과 정을 언어로 설명하면서 갑자기 사라지는 변수나 연구자에게 혼란을 주는 변수는 다른 변수로 교체하면서 피드백 루프의 설명력과 변수 간의 정합성을 최대화하였다.

연구자가 완성한 인과지도는 인과지도의 타당성 검증 과정을 거치 면서 변수명을 수정하고, 변수를 삭제하거나 새로운 변수를 첨가하고 부분적으로 루프를 교체한 후 인과지도의 최종안을 완성하였다.

4) 인과지도 작성

인과지도를 작성하는 방법은 아래 <그림 3>을 보면서 설명하고자 한다. 우선, 5개의 변수명을 상자 안에 기입한다. "마을운영위원회 활 동", "역할수행요구", "자발성", "주민참여"이라는 4개의 내부변수들 과 "마을회관운영에 대한 책무성"이라는 1개의 외부변수가 역할수행 요구라는 내부변수의 원인변수가 되어 폐쇄된 루프(원)를 구성하고 있다. 변수에 해당하는 사건들 간에 선을 연결하여 인과관계를 나타 낸다. 방향성을 알려주기 위해 선의 말미에 화살표를 표시한다. 이때 화살표는 출발한 상자의 사건이 화살표로 향한 상자의 사건에 영향 을 준다는 것을 의미한다. 각 화살표 옆에 플러스나 마이너스 기호를 표시한다. 플러스 기호는 연결된 두 사건이 동일한 방향으로 변화됨 을 의미한다. 연결된 두 변수들은 같은 방향으로 변화하는 것이다. 예 를 들어, 주민참여라는 변수와 마을운영위원회 활동이라는 변수가 플

러스(+)로 연결되어 있다. 이는 주민참여가 증가할수록 마을운영위원
회 활동도 많아지거나 주민참여가 감소할수록 마을운영위원회 활동
이 줄어든다고 해석할 수 있다. 즉, 한 변수가 증가하면 다른 변수도
증가하고, 한 변수가 감소하면 다른 변수도 감소한다. 반대로 연결한
사건들이 다른 방향으로 변화하는 경우 마이너스 기호를 표시한다.
예를 들어, 역할수행요구라는 변수와 자발성이라는 변수는 마이너스
(-)로 연결되어 있다. 이는 역할수행요구가 증가하면 자발성이 약해진
다고 해석하거나 역할수행요구가 줄어들면 자발성이 커진다고 해석
한다. 즉, 한 변수가 증가하면 다른 변수는 감소하고, 한 변수가 감소
하면 다른 변수는 증가한다. 또한 시간지연현상이 나타나는 경우, 변
수와 변수를 연결하는 선의 중앙에 '//' 표시를 해준다. 자발성이라는
변수와 주민참여라는 변수 간에 시간지연현상이 나타난다. 자발성이
커질수록 주민참여가 증가하나, 자발성의 증대가 즉각적으로 주민참
여의 증가로 나타나지 않고 증가 추이가 뚜렷해지는 시점에 도달하
는 데 시간이 걸린다는 것이다. 외부에서는 주민참여가 증가속도가

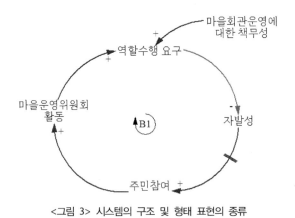

<그림 3> 시스템의 구조 및 형태 표현의 종류

느리기 때문에 실제로는 마을운영위원회 활동에 자발성이 있거나 강한 잠재력이 있는 마을임에도 불구하고 자발성의 결여나 부족을 문제로 거론할 수 있다. 이런 경우, 마을운영위원회 활동에 대한 그릇된 평가가 내려지고 실효성이 낮은 대안이 제시될 수 있다.

전체적으로 여러 개의 변수들이 인과관계를 보이면서 하나의 폐쇄된 원을 형성할 때, 이를 피드백 루프라고 한다. 피드백 루프란 변수들이 인과관계로 연결된 폐쇄회로로, 하나의 변수를 선택하여 화살표를 따라가면 처음에 출발한 변수로 되돌아가는 과정을 밟게 된다. 회로의 극성에 따라 루프 안에 플러스 기호나 마이너스 기호를 그려준다.23) 이때 회로의 극성은 회로 안에 나타난 마이너스의 개수가 홀수인지, 짝수인지에 달려 있다. 만약 시스템 내에 마이너스 관계의 총 개수가 홀수라면 음의 피드백 루프라고 하며 그 시스템은 일탈-억제의 특성을 지니며 균형과 제어를 통해서 시스템 자체의 생존에 기여한다. 만약 마이너스 관계의 총 개수가 짝수라면 양의 피드백 루프라 하며 그 시스템은 일탈-증폭의 특성을 지니며 시스템은 선순환 구조 내지 악순환 구조가 되어 현상의 강화(强化)와 감쇠(減衰)를 촉진한다. 위의 <그림 3>의 인과지도는 마이너스의 개수가 1개이므로 음의 피드백 루프라 하고 시스템이 균형을 유지하며 일탈-억제의 특성을 보인다(Weick, 1979; 94-95).

---

23) 연구자에 따라서 플러스, 마이너스 기호뿐만 아니라 가속도를 상징하는 비탈길이나 균형을 상징하는 저울 그림 등을 활용해서 시스템의 상태를 표현하기도 한다. 벤심 프로그램에서 제공하는 극성 표시 도구 가운데 흔히 사용하는 기호들을 제시하면 다음과 같다.

5) 인과지도 타당성 검증

인과지도의 타당성을 높이고 오류를 줄이는 방법은 "정보제공자에게 피드백 받기" 절차를 밟는 것으로, 연구사례에 나오는 사람들에게 인과지도를 보여주고 피드백을 요청하는 것이다(Miles & Huberman, 1994: 244). 본 연구에서는 이러한 방식을 활용하여 인과지도 타당성 검증 과정을 거쳤다. 검증 과정에는 총 5인의 연구참여자 및 지역활동가가 자문위원으로 참여하였다. 연구참여자 부분에서는 주민 C와 현(現) 사회복지사로 2인이 자문위원으로 참여하였다. 지역전문가 부분에는 정릉복지관 부장이, 동(同) 지역활동가로는 NGO 단체인 '나눔과 미래'의 사업국장이, 타(他) 지역활동가로는 경기도 N시 지역사회보장협의체 사무국장이 자문위원으로 참여하였다.

<표 16> 인과지도 타당성 검증 과정 자문위원

구분		참여자
연구참여자	주민 조직	주민 C
	복지관 조직	현(現) 사회복지사
지역전문가	삼덕마을 내부관계자	복지관 부장
	삼덕마을 외부관계자	NGO ※※ 주거사업국장
	타(他) 지역 지역활동가	N시 지역사회보장협의체 사무국장

본 연구에서 이들을 인과지도 타당성 검증 과정 자문위원으로 선정한 이유는 다음과 같다. 주민 C와 현(現) 사회복지사는 2016년 7월 현재 삼덕마을 지역공동체 활동에서 중추적인 역할을 감당하면서 최근까지 삼덕마을 문제해결에 적극적인 참여를 하고 있는 당사자들이기 때문이다. 정릉복지관 부장은 삼덕마을 지역공동체 활동을 커뮤니

티 워크의 지역사회 관계사업 측면에서 지역전문가이자 복지관 리더 십이기 때문이다. NGO ※※의 주거사업국장은 2008년도부터 성북구 내 6개 구역에서 지역공동체사업과 주거환경관리사업의 주민참여활 성화 부분에서 전문가 자문 기능을 담당하고 있으며 2014년에는 성 북구 마을만들기센터장을 역임하고 삼덕마을 지역공동체 활동의 실 질적인 슈퍼바이저였기 때문이다. N시 지역사회보장협의체 사무국 장은 2006년부터 N시 지역사회보장협의체에서 기초지방자치단체 수 준의 지역조직화사업을 수행한 경험이 풍부한 지역전문가이기 때문 이다. 이들 지역전문가들은 삼덕마을의 커뮤니티 워크와 사회적 자본 의 순환적 관계를 기관 내 다른 사업이나 다른 지역의 그것과 비교해 서 비판적인 검토가 가능한 경력을 가지고 있었다.

연구자가 인과지도 검증 과정에 참여를 동의한 자문위원들과 개별 면접을 실시하였다. 연구자가 자문위원들에게 인과지도 독해 방법을 알려주고 사회자본 인과지도마다 변수 하나하나 점검해 나갔다. 주요 검증결과에 대한 내용은 다음과 같다. 현(現) 사회복지사와의 검증과 정 전에 연구자는 '성장의 한계'라는 시스템 원형을 활용한 분석안을 작성하였다. 그러나 현(現) 사회복지사가 실천 현장이 성장의 한계라 는 구조로 정의되는 것에 대한 심리적 저항이 크다는 것을 확인하고 시스템 원형을 활용하여 분석하고자 했던 계획을 철회하였다. 그것은 자칫 연구자가 외부자의 시각(outsider's view)으로서의 에틱(Etic) 관점 을 강요하는(drive) 연구결과를 산출할 가능성이 있다고 판단했기 때 문이다.[24] N시 지역사회보장협의체 사무국장은 다른 지역의 공동체

---

24) 커뮤니티 워크의 역사가 만 2년도 안 된 삼덕마을 지역공동체 활동을 성장의 한계라는 현상으 로 문제를 정의하는 것이 성급한 일반화가 아닌가 하는 연구자의 성찰이 있었던 차에 연구참여 자가 성장의 한계라는 시스템 원형에 대한 반감이 강하게 일어난다는 사실을 솔직하게 고백했

활동에서 나타나는 현상과 대조하여 변수명과 인과관계에 대한 검토를 하였다. 그는 다른 지역의 지역공동체 활동이 주민참여에서 시작하여 마을사업으로 이어지는 것에 비해 삼덕마을 지역공동체 활동이 마을사업에서 주민참여로 시작하는 것으로 두고 정책적 환경의 변화에 대한 능동적 대응이라는 점에 의의를 두었다. N시 지역사회보장협의체 사무국장의 여러 변수명과 인과관계에 대한 수정을 요청한 부분은 주민 C와 현(現) 사회복지사의 재검증 과정을 통해 정리하였다. NGO ※※ 주거사업국장은 주거환경관리사업의 주민공동체 활동 측면에서 삼덕마을 지역공동체 활동 인과지도를 검토하였다. 변수명에 대한 자문 결과는 연구자의 판단하에 연구결과에 수용되었다. 특히 신뢰 인과지도에 대한 자문결과가 연구자가 이미 작성한 대안 인과지도의 내용과 일치하였다. 이를 통해 본 연구에서 분석한 인과지도가 타당성을 확보하고 있음을 간접적으로 확인할 수 있었다. 인과지도 타당도 검증에 관한 질문지는 부록에 수록하였다.

인과지도 타당성 검증 과정에 따른 주요 결과를 표로 정리하면 다음과 같다.

<표 17> 인과지도 타당성 검증 결과

구분	전체적인 타당도, 변수명·인과관계·피드백 방향의 정확도
참여 동기	2개의 변수에 대한 의견이 있었으나 논의를 통해 원안 유지
참여와 네트워크	2개의 변수 교체하고 2개의 변수명 수정
호혜성	2개의 인과관계 논의
신뢰	별다른 이견 없고, 제안된 루프가 기작성 대안 루프와 일치
협력	별다른 이견 부재

기 때문이다. 연구자는 사회복지학 교수와의 논문 관련 면담에서 이러한 문제에 대한 의견을 나누고 최종적으로 연구자의 판단하에 시스템 원형을 사용하는 분석방법을 철회하기로 결정하고 연구참여자에게 최종 결과를 알려주었다.

6) 멤버 체크와 감사(audit)

본 연구는 질적 연구방법에서 통상적으로 진행하는 멤버 체크와 감사를 통해서 연구자의 시선의 편향성을 감시하고 분석결과의 진실성(trustness)을 확보하였다. 특히, 현(現) 사회복지사는 분석 전(全) 과정에 걸쳐 자문과 피드백을 주었다. 현(現) 사회복지사는 연구자의 일차적인 자료분석이 끝나자마자 분석 코딩자료와 유목화 및 범주명에 대한 사실성 확인, 인과지도의 타당성 검증 등 모든 과정에서 연구결과에 대한 검토와 논의를 함께하였다. 그리고 현(現) 사회복지사는 녹취록과 논문 초안의 분석결과에 대한 사실적 정확성을 검증하는 멤버 체크[25]를 실시하였다.

연구자는 코딩과 유목화가 끝나고 녹취록 작성을 일부 담당했던 사회복지학 석사 1인에게 독자적으로 유목화 작업을 하게 한 후 그 소감을 듣고 연구자의 유목화 결과와 비교대조하는 시간을 가졌다. 각각의 검토 결과 코딩과 유목화 결과에 심각한 의견 충돌은 없었으며 세부적인 조언은 연구자의 자료 재분석 시 필요하다는 판단하에 반영하였다. 이러한 시도를 통해서 연구자의 분석에서 특정한 패턴의 존재 여부와 연구자의 관점의 편향성 여부를 확인하면서 오류를 줄이고자 하였다. 검토 결과, 연구자의 자료분석에 치명적인 오류를 발견할 수 없었다. 또한 이러한 검토 작업은 연구자의 분석 시각에 대한 대안적인 시각을 제공하여 연구자가 자료를 폭넓게 이해하는 데 기여하였다.

---

25) 그 과정에서 연구에 참여한 마을주민들의 확인 및 검토가 필요한 부분은 현(現) 사회복지사가 해당 연구참여자를 접촉하여 새로운 개인정보나 보충자료를 보강하는 방식을 활용하였다. 이는 연구참여자들의 불안을 줄이는 데 기여하였다.

코딩자료에 대한 검토는 논문지도 경험이 풍부한 사회복지학 박사 1인에게 받았다. 유목화 및 범주명에 대한 검토는 현상학적 연구방법론으로 석·박사 학위를 받고 10년 이상 지역사회를 기반으로 하는 복지기관에서 실천을 하면서 대학 강의 및 질적 연구를 병행하는 질적 연구자 1인에게 받았다. 인과지도 초안에 대한 검토는 질적 사례연구방법론으로 사회복지 박사논문을 집필 중인 박사수료생 1인과 논의하면서 현실조응성을 점검하였다. 그리고 앞서 설명한 대로 인과지도의 타당도 검증은 5명의 자문위원을 선정하여 받았다.

07

연구의 윤리적 고려와 연구의 엄격성

본 연구는 연구의 윤리적 고려와 연구의 엄격성에 대한 지침을 정하고 그것에 의거하여 연구를 진행하였다.

1) 연구의 윤리적 고려

본 연구에서는 연구참여자의 자발적인 참여 의사를 존중하고 비밀보장을 철저히 함으로써 윤리적인 문제가 생기지 않도록 유의하였다. 모든 심층면접의 일정은 연구참여자에게 연구 목적 및 내용에 대해 간단하게 설명한 후 자발적인 참여를 사전에 확인한 후 연구참여자와 상의해서 결정하였다. 연구자는 심층면접 시작 전에 연구참여자에게 녹음과 인용 및 출판에 대한 동의에 서명하도록 하였다. 심층면접 녹음 내용은 연구자가 직접 전사하여 외부의 노출을 차단하였으며 녹음자료와 전사자료는 연구자만 접근 가능한 별도의 저장장치에 안전장치를 갖추어 보관하였다. 연구참여자의 개인정보 및 실명은 밝히지 않았다. 코딩 및 범주화와 논문의 초안 탈고 직후, 각각 연구참여자에게 사후 검토를 부탁하여 멤버 체크를 수행한 다음 원고를 최종

완성하였다. 연구자는 기타 연구의 윤리적 수행을 위한 필요한 사항들에 민감하게 생각하면서 연구를 진행하였다. 또한 연구심의위원회 심사(IRB-2015A-30)를 받아 2015년 10월 22일 이후 심층면접에 대한 윤리적 고려에 대처하였다.

연구자는 예비조사와 최초 본 조사를 실시한 결과, 다음의 두 가지 부분에 대한 윤리적 고려의 필요성을 알게 있었다. 먼저, 연구참여자들이 평소에는 외부 노출을 꺼리는 개인적인 이야기를 자세하게 설명하거나 사적인 감정을 직접적으로 드러내는 것에 대한 부담감이나 반감이 증가할 가능성이 포착되었다. 또한 연구참여자가 사업 전부터 친분관계인 사람들과 함께 지역공동체 활동을 하는 과정에서 생긴 갈등상황이나 부정적인 경험을 이야기할 때는 상대를 비난하는 식으로 이야기하는 것 같은 불편한 감정과 중간에서 남의 말을 옮기는 것 같은 심리적 압박감이나 죄책감을 느낄 우려가 있었다.

이에 본 연구에서는 다음과 같은 피해 방지 및 사후대책을 마련하였다.

첫째, 연구참여자에게 심층면접 시작 전에 감정표현이 격해지거나 더 이상 진술하기 어려울 만큼 심리적 불안이 발생하는 경우 심층면접을 당장 멈출 수 있음을 사전에 충분히 고지하였다.

둘째, 심층면접은 1회에 60-90분 정도 실시함으로써 과도한 감정표출이 되지 않도록 하였다. 추가적인 심층면접이 필요한 경우, 연구참여자의 사전 동의를 거쳐 진행하였다.

셋째, 심층면접 후 녹음에 대한 인지 여부를 재차 확인하고 기록에 대한 불안이 조금이라도 표출되는 경우 상의하에 녹음을 삭제하였다.

넷째, 심층면접 질문내용을 미리 지도교수에게 검토 받음으로써 민감성 있는 주제가 노출되지 않도록 하였다.

다섯째, 심층면접이 진행되는 상황을 지도교수에게 사후에 보고하고 적절한 슈퍼비전을 받았다.

여섯째, 심층면접이 마친 다음 2-3일 이내 연구참여자에게 연락하여 진술 이후 다른 감정적 어려움이 생겼는지 여부를 확인하고 필요한 경우 전문가와 상의하여 적절한 조치를 취하도록 하였다.

일곱째, 장시간 심층면접 도중 어지러움 증상이 발생할 수 있으므로 가능한 한 조용한 곳이나 연구참여자가 희망하는 곳에서 심층면접을 진행함으로써 안정감을 최대한 보장하고 도중에 잠깐씩 휴식을 취하여 연구참여자가 머리를 식히도록 하였다.

2) 연구의 엄격성

본 연구의 연구참여자들은 정릉복지관 사회복지사들과 정릉복지관의 지역조직화사업에 참여하는 삼덕마을 주민들로서, 정릉복지관의 프로그램이나 조사·연구 사업을 통해서 연구자와 반복적으로 접촉하면서 면식관계가 있었던 자들이다. 2014년 8월부터 12월까지 연구자는 정릉복지관의 지역사회 욕구조사를 위탁과제로 진행한 경험이 있어서 사회복지사들과는 강한 신뢰관계에 있었다. 그리고 복지관과 삼덕마을 주민들 간에 이미 형성된 신뢰관계 속에 2015년 3월부터 연구자가 복지관의 선임연구원이라는 지위를 가지고 편입함으로써 연구자와 삼덕마을 주민들은 기본적인 신뢰관계를 빠르게 구축할 수 있었다. 이러한 신뢰관계를 기반으로 연구참여자가 안정된 상황에서 자신과 삼덕마을 지역공동체 활동 경험에 대해 이야기할 수 있었다.

정릉복지관의 사회복지사들과는 2014년 주민욕구조사를 비롯해서 복지관 직원 워크숍 및 행사, 그리고 2015년 복지관 평가사업의 준비과정 등 연구자와 공유된 경험이 많아서 서로의 업무 스타일에 대한 선(先)지식이 있었다. 이는 연구참여자들이 거짓을 말할 필요성을 낮추어 정보의 신빙성과 사실성을 확보하는 데 기여하였다. 또한 연구자는 복지관의 선임연구원 업무와 본 연구의 경계를 명백하게 하기 위해서 다음과 같은 두 가지 원칙을 세워 지침으로 삼았다. 첫째, 삼덕마을과 관련하여 어떤 업무 자문이나 교육 및 상담도 하지 않는다. 둘째, 연구현장에서 보고 들은 내용에 대해서 복지관의 어느 누구와도 공유하지 않는다. 이렇게 함으로써 연구자의 연구현장에 대한 오염 가능성을 최대한 차단하였다.

연구자는 연구참여자에 대한 편견을 줄이고 성급한 판단을 최소화하는 데 의식적인 노력을 기울였다. 연구자 개인의 편견과 독단적인 이해로 인한 오류를 줄이기 위해서 복수의 연구자가 함께 논의하면서 분석결과를 검토하였다. 이 과정에서 질적 연구방법으로 사회복지 박사학위를 취득하고 다수의 질적 연구경험이 풍부한 겸임교수 1인과 사회복지 박사학위를 취득하고 학위논문 작성 관련 과목을 수년간 강의하고 있는 대학교 외래강사 1인, 사례연구방법으로 사회복지 박사논문을 집필 중인 박사수료생 1인, 그리고 사회복지 석사학위 취득자 1인이 질문지 질문 내용과 코딩과 범주화, 인과지도를 검토하면서 논의하였다. 연구자가 연구자 관점을 제대로 유지하고 있는지, 연구현장에 너무 빠져서 분석이 치우침이 있는지에 대한 조언을 받았다. 그리고 코딩과 범주화가 논리적으로 연결되어 있는지, 코딩 진술문의 표현과 범주화 용어의 선택 등에서 비판적인 지적을 받았다. 특히, 연구자가 실행한 범주화와 구별되는 대안적인 범주화를 실시함으로써 전체적인 맥락을 바라보는 힘을 키웠다.

연구자는 코딩과 범주화 결과 도출 시, 인과지도 작성 시, 논문 초안 탈고 시마다 각각 연구참여자인 현(現) 사회복지사에게 멤버 체킹을 요청하여 연구결과의 진실성을 확보하였다. 연구자가 주민의 멤버 체킹이 필요한 경우 현(現) 사회복지사를 통해서 필요한 부분별 검토를 받았다. 자료의 다각화, 이론의 다양화, 복수의 연구자들의 협업을 통해서 연구결과를 다양한 시각에서 검토하고 일반화할 수 있는 내용에 대한 논의과정을 거치면서 연구의 엄격성을 추구하였다.

제4장

연구결과

01

삼덕마을 지역공동체 활동 연대기적 분석

　　본 연구에서 삼덕마을 지역공동체 활동의 시작을 2014년 2월, 삼덕마을 주거환경관리사업계획수행기관으로 선정된 용역사가 마을주민 대상 착수 설명회를 개최한 사건을 기점으로 하였다.

　　삼덕마을 지역공동체 활동은 2014년 7월 24일 주민투표 실시를 중심 사건으로 하여 이전을 시작단계, 그 이후를 초기단계로 구분한다. 삼덕마을 주민들은 주민투표를 통해서 주거환경관리사업에의 전환 동의와 마을회관 용도의 공동이용시설 설치 동의 및 부지 선정에 관한 의사결정을 했다. 본 연구에서 주민투표를 기준으로 시작단계와 초기단계를 나눈 이유는 주민투표 실시를 계기로 삼덕마을 지역공동체 활동에서 주민들의 주도성과 주체성 및 책무성이 강조되었기 때문이다.

　　초기단계는 주민들이 마을운영위원회를 조직하고 마을회관을 운영하기 시작한 시점(2015년 2월)을 기준으로 그 이전을 초기 진입단계, 그 이후를 초기 실행단계로 구분한다. 2014년 12월에 주거환경관리사업계획수행기관이 삼덕마을에서 철수하고 2015년 2월부터는 삼덕마을 주민과 정릉복지관(지역재생활동가)이 지역공동체 활동을 하기 시작하였다. 이에 삼덕마을 주민들은 주도성과 책임성에 대한 압박을 크게 받기 시작한 시기이다. 그로 인해 주민들은 자발성과 주체성을 강화하고 마을사업에의 책무성을 도전 받는 경험을 하면서 질적 변화를 요구받았다.

따라서 본 연구에서는 삼덕마을 지역공동체 활동에서 중요한 시점 (변곡점)을 3개로 규정하였다. 이를 삼덕마을 지역공동체 활동의 도시재생정책의 법적 근거 기반 시작단계(T1)와 주민투표 통과 초기 진입단계(T2), 본 연구에서 T1, T2, T3은 삼덕마을 지역공동체 활동의 연대기적 분석에서 기준시점(변곡점)으로 활용하였다. 앞서 연구방법에서 제시한 삼덕마을 변화시기에 관한 표(<표 14>)를 반복해서 제시하면 다음과 같다.

<표 18> [반복] 삼덕마을 변화시기

시작단계	초기단계	
법적 근거 기반 시작단계(T1)	주민투표 통과 초기 진입단계(T2)	마을운영위원회 중심 초기 실행단계(T3)
시공사+주민+복지관	시공사+주민+복지관	주민+복지관
2014.02.07	2014.07.24　　　　　　 2015.02.10	2016.02.29

분석대상기간: 2014년 2월부터 2016년 2월까지
T1(시작): 2014년 2월부터 6월까지
T2(주민투표): 2014년 7월부터 2014년 12월까지
T3(마을운영위원회): 2015년 2월부터 2016년 2월까지

1) 연구참여자들의 개인적인 특성

삼덕마을 지역공동체 활동의 시작단계와 초기단계의 사건과 상태

의 인과성을 파악하기 위해서 사회복지사와 지역주민들의 심층면접 자료를 통해서 Yin(2003)의 연대기적 분석을 하였다.

연구참여자들을 활동 시기별로 구분하여 그림으로 제시하면 다음 과 같다.

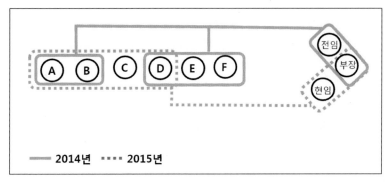

<그림 4> 연구참여자의 참여 시기별 구분

연구참여자의 개인적 특성은 연구참여자들의 연령, 성별, 출신지역, 교육수준, 거주기간을 살펴보았다. 이들은 근린지역을 대상으로 하는 사회적 자본 연구에서 유의미한 영향을 주는 것으로 나타난 개인적 특성의 변수들이다(Subranmanian, Kimberly & Kawachi, 2003; Lindsatrom et al., 2003; 천현숙, 2004). 또한 연구참여자의 마을운영위원회 활동을 시작단계와 초기 진입단계인 2014년과 초기 실행단계인 2015년을 기준으로 정리하였다.

연구참여자별 범주화 결과[26]는 부록에 수록하였다.

---

26) 부록에 제시한 개별 범주화 결과에는 주민 F와 복지관 부장이 제외되었다. 주민 F는 2014년 지역공동체 활동을 시작한 이후 계속 회장직을 맡고 있으나 2015년에는 개인 사정상 직접적인 활동에서는 빠져 있었다. 마을회장 개인의 실제 지역공동체 활동에 대한 경험치가 심층면접을 진

(1) 주민 A

주민 A는 2016년 현재 50대 중반 대졸 기혼여성으로, 30여 년 전 삼덕마을로 시집와서 지금까지 같은 집에서 3대를 이루면서 살고 있다. 주민 A는 삼덕마을의 조용하고 개별적인 삶이 가능한 단독주택 주거방식에 대한 만족도가 높은 편이다. 주민 A는 시작단계와 초기단계에서 핵심인물이었으며, 2015년 마을운영위원회에서 문화분과위원장을 맡아서 사업을 기획하고 진행하는 등 주도적으로 활동하였다. 그러나 주민 A는 그간 마을사업을 하면서 경험한 구조적인 갈등에서 생긴 마음의 상처를 제때 치유하지 못하고 마을사업을 수행하다가 2016년에 소진상태를 보이면서 마을운영위원회 활동에 극히 소극적인 태도를 보인다.

(2) 주민 B

주민 B는 2016년 현재 50대 중반의 대졸 기혼 여성으로 삼덕마을에서 태어나서 성장하고 결혼하여 자녀를 키우는 동안 지금까지 삼덕마을을 한 번도 떠난 적 없이 3대가 모여 살고 있다. 주민 B는 삼덕마을의 조용한 분위기를 좋아하며 급격한 개발로 마을의 옛 모습을 잃어가는 것에 대해서 반대한다. 주민 B는 삼덕마을에 속하는 △통의 통장이고, 삼덕마을 지역공동체 활동의 시작단계와 초기단계에서 핵심인물이었다. 2015년에 마을운영위원회 총무를 맡아서 정보공유와

행하기에는 충분하지 않고, 지역공동체 활동에 대한 직접적인 영향력도 전년도 대비 크지 않았으므로 다른 연구참여자들의 면접조사와 2차 자료에서 확인된 내용과 다른 내용을 기대하기 어렵다는 연구자의 판단하에 심층면접조사를 진행하지 않았다. 복지관 부장은 복지관 부장의 경험보다 삼덕마을과의 협력체계에 관한 복지관의 정책 및 비전, 지역사회와의 관계성에 대한 객관화된 내용이 대부분이어서 범주화 결과에서 제시하지 않았다.

공무원 및 외부전문가들 대상 사업계획 및 성과발표와 같이 삼덕마을을 홍보하는 역할을 도맡아 하였다.

(3) 주민 C

주민 C는 2016년 현재 40대 후반 대졸 기혼여성으로, 3년 전 삼덕마을에 있는 친정어머니 집으로 이사 와서 3대가 살고 있다. 주민 C는 이웃인 ○○건재의 불법적 재물로 인해 건강·환경·안전·경제적 고통을 받고 있으며 자신의 골목에서 벌어지고 있는 일들을 마을운영위원회에서 주민대표조직 차원에서 관심을 가져주기를 희망한다. 주민 C는 2015년 중반부터 현(現) 사회복지사의 권유로 삼덕마을의 마을운영위원회에 편입하여 지역공동체 활동을 시작하였고 2016년 2월부터 마을운영위원회 총무를 맡아서 실무를 책임지고 있다. 주민 C는 삼덕마을의 거주기간이 상대적으로 짧고 주민교류가 빈번하지 않았기 때문에 마을 내부에서의 입지는 크지 않으나 삼덕마을 운영위원회 총무 자격으로 외부 조직과의 연계를 적극적으로 해나가고 있다.

(4) 주민 D

주민 D는 2016년 현재 70대 후반 중졸 기혼 여성으로, 지방 출신으로 1999년에 이 지역으로 이사해 와서 홀로 살고 있다. 삼덕마을에 있는 연립주택 1채를 소유하고 있으나 거주지는 저소득층 인구가 많은 건넛마을이며, 그 마을의 통장으로 활동하고 있다. 주민 D는 마을운영위원회를 구성하는 주민들과 동질성이 적은 인물이다. 그러나 주민 D는 2014년부터 마을운영위원회 회원으로 적극적으로 참여하고 있다. 주민 D는 마을운영위원회와 연립주택 거주자들과의 접점이 되는 동시에 정릉◎동 주민센터 공무원들, 자신이 통장으로 일하는 저소득층 마을의 주민들, 그 지역을 대상으로 복지활동을 하고 있는 다양한 엔지오 단체 활동가들과의 관심과 지원을 삼덕마을과 연결해주는 끈 역할을 하고 있다.

(5) 주민 E

주민 E는 2016년 현재 40대 후반 대졸 기혼 남성으로, 삼덕마을에서 태어나고 성장하고 결혼 후 3대를 이루면서 살고 있다. 주민 E는 2015년부터 신축 중인 5층짜리 건물의 현판을 제작하여 삼대가 삼덕마을에서 살아왔다는 사실을 알리려는 계획을 가질 만큼 마을에 대한 애착이 크다.[27] 2014년에 주민 E는 문화예술관련 전문지식인으로서 관 주도의 획일화된 마을사업에 대한 비판적인 시각을 제공하고 마을에 고급예술문화를 전파하는 데 기여할 포부를 밝히면서 적극적으로 활동하였다. 그러나 2015년에 들어서면서부터 주민 E는 마을운영위원회 활동이 수익성 사업에 치중하여 기획했던 문화예술교육사업을 수행하기 어렵다는 이유로 낮은 참여도를 보였다.

---

27) "여기 건물 이름을 매종드 피아노라고 지었어요. …… 여기에도 이렇게 썼어요. 이학박사 ※※(주민 C의 이름)이 부친 고 ※※※(주민 C의 아버지 이름) 옹을 추억하여 짓다. 장손 ※(주민 C의 아들 이름)의 피아노 연주가 천국까지 울리길 바라며, 예 이렇게 해서 현판을 만들어서 붙일 거야. 조그맣게 그러니까 나는 지금 이런 식으로 뭔가를 역사성을 연속성을 좀 가지려고 하고, 뭔가 조금 더 다시 한 번 다듬어 주려고 하고 이런 게 보통사람들이 내가 외국, 나도 영국에서 유학을 하면서 제일 나한테 아름다워 보였던 것이 지나가다 뜬금없이 벤치 한 개 있고, 뒤에 아버지와 내가 여기 앉았던 행복했던 시절을 추억하며, 뭐 써놓고, 나는 그런 거 보며 뭐가 짜안 하고 그랬던 부분이었거든? 그러니까 집도 그런 식의 접근이고(주민 C, 2015.08.24)."

(6) 주민 F

주민 F는 2016년 현재 60대 초반 기혼 남성으로, 삼덕마을에서 3대를 이루면서 살고 있다. 주민 F는 조용하고 깨끗한 이미지의 마을에 대한 애착을 가지고 있으며, 2013년 마을에서 재개발반대서명운동을 주도하여 아파트 재개발사업을 주거환경관리사업으로 전환하는 계기를 마련하는 데 기여하였다. 2014년 주택의 노후화와 구릉이 심한 도로 사정으로 인해 열악한 주거환경을 개선하고 삶의 질을 향상시킬 목적으로 마을대표의 역할을 적극적으로 담당하여 연장자로서 모범을 보였다. 2015년 마을운영위원회장이 되었으나 개인사업상 활발하게 활동하지 못하였다.

(7) 전임(前任) 사회복지사

전임(前任) 사회복지사는 2016년 현재 40대 중반 대졸 기혼여성으로, 사회복지사 경력 7년차 전(前) 지역조직팀장이다. 전임(前任) 사회복지사는 2012년부터 정릉동 일대에서 에너지자립마을만들기사업을 전개하다가 최종연도인 3년차를 앞두고 공동체에 대한 접근을 전혀 못했음을 깨닫고 '지역에 누가 남을 것인가?'라는 고민과 성찰을 시작하였다. 그러던 차에 전임(前任) 사회복지사는 마을만들기지원센터로부터 삼덕마을의 주거환경관리사업에의 참여를 제안받고 2014년부터 복지관직원이면서 지역재생활동가로 삼덕마을에 들어와 삼덕마을 지역공동체 활동을 하였다. 전임(前任) 사회복지사는 모든 주민회의와 주민활동에서 주민과 같은 눈높이에서 참여하고 주민들 사이로 서서히 스며들어 가서 주민들이 복지관의 에너지자립마을만들기

사업에 관심을 가지고 반응할 때까지 기다리는 실천기술을 사용하였다. 삼덕마을 지역공동체 활동 시작단계와 초기 진입단계에서 전임(前任) 사회복지사는 삼덕마을 지역공동체 활동을 위해서 주거환경관리사업, 정릉복지관의 공모사업인 에너지자립마을만들기사업, 복지관 지역조직사업의 커뮤니티 활성화 사업 등 다중의 사업을 수행하였다. 이러한 전임(前任) 사회복지사의 삼덕마을 지역공동체 활동에의 집중적인 조력활동과 지도와 감독 행위는 삼덕마을이 지역사회에서 높은 성과를 보이고 긍정적인 평가를 받는 데 기여하였다.

(8) 현(現) 사회복지사

현(現) 사회복지사는 2016년 현재 30대 초반 대졸 미혼여성으로, 사회복지사 경력 4년차(비영리기관 근무 경력 7년차) 대리이다. 2014년 9월에 정릉복지관에 입사해서 2015년 1월부터 삼덕마을의 주거환경관리사업 지역재생활동가로서 마을운영위원회 일원이 되어 활동하고 있다. 현(現) 사회복지사는 삼덕마을의 완전 내부자(주민)도, 완전 외부자(외지인)도 아닌 중간자적 위치에서 지역공동체 활동을 하고 있다. 또한 현(現) 사회복지사는 복지관이라는 비영리휴먼서비스 조직의 전문가로, 삼덕마을 주민이라는 민간조직과 서울시나 성북구청이라는 공공조직의 중간 조직으로서 마을사업에 대한 주민들의 의사결정에 관여하고 관련 정보를 전달하고 이해관계자들 간의 의견과 해석의 차이를 중재하는 등 "고유한 역할이 요청되는 자리"에서 활동하고 있다.

(9) 복지관 부장

복지관 부장은 2016년 현재 40대 초반 대졸 기혼여성으로, 10년차 정릉복지관에서 근무하고 있으며 2014년 부장이 된 자로, 약 3년 정도 조직화사업을 맡아서 진행한 경험이 있고 2014년 복지관 관장이 이·취임하는 복지관 내부적 환경 변화 속에서 복지관의 조직화사업이 어떻게 진행되었는지를 소상히 알고 있는 직원이다. 또한 부장은 삼덕마을과 같은 정릉동에 거주하면서 삼덕마을 주민들과는 전(前)·현(現) 사회복지사들보다 더 오랜 기간 동안 신뢰 관계를 형성해왔다.

2) 삼덕마을 지역공동체 활동의 연대기적 사건과 상태

삼덕마을 지역공동체 활동은 마을변화를 위한 외부로부터의 압력을 받아 내부에서 능동적으로 반응하는 조응의 형태를 보였다. 마을의 변화는 내부의 욕구가 새로운 욕구를 발견하고 외부의 환경적 상황에 대처하면서 상승과 유지, 소강, 반등, 정체 상태를 겪으면서 진행되었다.

삼덕마을 변화의 맥락적 영향은 외부 영향요인과 내부 영향요인으로 구분할 수 있다. 맥락적 영향의 외부 요인에는 도시재생정책의 주거환경관리사업이라는 공공의 개입과 사회복지관의 지역조직사업이라는 전문적 개입이 직접적이고 유효하였다. 맥락적 영향의 내부 요인은 외부 요인에 비해 다양하고 복잡하다. 이는 마을의 물리적인 상황뿐만 아니라 마을주민들의 행위나 행동, 사고, 그리고 정서 등 여러 차원의 복잡한 동인들이 역동적인 관계를 보이기 때문이다. 마을주민 면접조사를 통해 알게 된 요인은 삼덕마을의 주거환경개선에 대한 욕구와 마을 발전에 대한 책임의식, 개인재산권 방어와 합리적인 선택, 마을애착, 공동체를 꿈꾸는 낭만적인 정서, 봉사정신, 좋은 삶을 지향하는 자기과시 등이다.

삼덕마을의 변화는 전문가에 의한 사회계획인 도시재생정책의 영향을 받아 시작되었다. 마을을 둘러싼 거시적인 변화와 그에 대응하는 일부 주민의 능동적인 행동이 시발점이 되어 형식적이나마 모든 마을주민의 참여를 촉구하는 사건으로 전개되었다.

삼덕마을은 도시재생정책에 의거한 지역개발이 필요한 지역이었다. 삼덕마을은 전체 건축물의 82.7%에 해당하는 67동이 30년 이상 경과한 건축물로 주거환경의 보전·정비·개량이 필요한 곳이다. 이런 이유로 삼덕마을은 2006년 3월에 주택재건축 정비예정지역으로 지정되었다.

2012년 서울시 도시재생정책[28]이 대규모 전면철거형의 재개발·재건축 방식에서 '마을만들기'와 소규모정비사업 등 대안적 정비사업 방식으로 변경되었다. 2013년 삼덕마을은 토지 등 소유자의 30% 이상이 정비해제를 요청하여 2013년 12월에 재정비촉진지구에서 해제되었다.[29] 그리고 법적 절차에 따라 2014년 2월 7일에 주민대상 정

---

28) 2012년 1월 30일에 서울시의 박원순 시장은 '서울시 뉴타운·정비사업 신(新)정책구상'을 발표하였다. 신정책구상의 쟁점은 '서울시의 뉴타운·재개발·재건축 총 1,300개 구역 중 사업시행인가 이전 단계에 있는 610곳(아파트재건축 제외)을 대상으로 실태조사 실시 후 주민 의견수렴 과정을 거쳐 뉴타운·재개발·재건축 추진과 해제를 병행할 수 있게 하는 것이다. 도시재생정책이 대규모 전면철거형의 재개발·재건축 방식에서 '마을만들기'와 소규모 정비사업 등 대안적 정비사업 방식으로 변경됨을 예고하였다. 즉, 정비예정구역은 시장이, 정비구역은 구청장이 실태조사를 실시하고, 그 결과를 토대로 한 구청장의 의견수렴과정을 거쳐서 토지 등 소유자의 30% 이상이 구역해제를 요청하면 적극 검토한다는 방침이었다.

29) 삼덕마을의 지역공동체 활동은 공공정책의 변화에 따른 비자발적인 시작이 특징이다. 삼덕마을의 변화의 시발점이 된 공공정책은 도시재생정책의 주거환경관리사업이다. 따라서 삼덕마을은 주거환경관리구역 지정을 위한 일련의 사업과정을 진행하고 그 일정에 따라 마을의 물리적인 변화를 위한 계획을 세워가는 지역이다. 주거환경관리구역 지정과 관련된 주요 일정을 표로 정리하면 다음과 같다. 기간은 2006년부터 2016년까지이다.

비계획 수립을 위한 용역 착수보고회가 열렸다. 삼덕마을 지역공동체 활동이 시작되었다. 2014년 5월에 주민설문조사를 진행한 결과, 178가구 중에 95가구가 삼덕마을 주거환경관리구역 지정 및 계획(안)에 찬성함으로써 53.4%의 지지를 받아 주거환경관리사업으로의 전환 동의 기준을 충족시켰다.

이 시기에 정릉복지관에 관장이 새로 취임하였다. 정릉복지관의 새로운 리더십은 지역사회에서 복지관과 주민이 공동체를 이루어 이웃 간 서로를 돌보는 사회를 만들고자 하는 비전을 가지고 지역조직 사업팀의 마을단위 전문적인 개입을 중시하였다. 정릉복지관은 2012

<주 표 1> 삼덕마을 주거환경관리구역 지정 관련 주요 일정

	일시	주요 내용	연구 시점	
준비	2006.03.	주택재건축 정비예정지역 지정		
	2012.01.30.	서울시 박원순 시장의 '서울시 뉴타운·정비사업 신(新)정책구상' 발표		
	2013.07. 이후	토지 등 소유자의 30% 이상이 정비해제를 요청		
	2013.01.31.	해제된 정비예정지역 지정		
	2013.12.27.	용역 착수		
	2014.02.07.	착수 설명회	T1	시작 단계
	2014.02.-03.	주민 자택방문조사(28.3%)		
	2014.05.	주민 설문 진행, 토지 등 소유자 53.4%가 주거환경관리사업으로의 전환 동의		
정비계획지정절차	2014.07.24.	주민설명회, 정비계획(안) 주민투표	T2	
	2014.08.07.-09.11.	주민공람 및 유관부서 협의		
	2014.10.01.	성북구의회 의견 청취		
	2014.12.04.	공동이용시설(마을회관) 부지매입 완료	T3	초기 단계
	2015.02.10.	주민공동체운영회 구성, 주민 12.9% 동의로 성북구청장 승인, 지역재생활동가 파견		
	2015.03.04.	제3차 서울특별시 도시계획위원회 심의(보류)		
	2015.06.17.	제9차 서울특별시 도시계획위원회 심의(원안 가결)		
	2015.07.02.	주거환경관리구역 지정 및 계획 결정고시		
향후 일정	2016.02.	기본설계 시작(전문가의 설계내용 공유)		
	2016.04.	정부의 개입시작(서울시, 성북구청 공조)		
	2016.06.	실시설계 완성 예정		
	2016.07.	마을회관 리모델링 착공시작 예정		
	2016.10.-11.	마을회관 공사 완료 예정, 개관식 예정		

년부터 서울시 에너지자립마을만들기사업을 수행하고 있었고, 성북녹색네트워크를 통해 활동하고 있었다. 정릉복지관은 에너지자립마을만들기사업 3년차인 2014년부터 삼덕마을을 대상으로 에너지자립마을만들기사업을 진행하는 동시에 마을공동체 회복 프로그램을 집중적으로 실시하기로 결정하였다. 그 당시 정릉복지관의 리더십은 에너지자립마을의 "지속성" 확보를 위한 대안으로 공동체 회복의 중요성에 대한 인식을 공유하고 있었다.

2013년 말, 정릉복지관은 성북구 마을만들기지원센터에서 삼덕마을 공동체 활동 영역에서 민간전문가로 참여할 것을 제안받았다.[30] 정릉복지관의 사회복지사가 삼덕마을 지역재생활동가로 주거환경관리사업계획을 수행하고 삼덕마을 공동체의 일원으로서 주민들과 함께 마을사업에 참여하기 시작하였다. 정릉복지관은 삼덕마을을 대상으로 정릉복지관의 지역공동체 활성화사업과 서울시가 기금제공자인 에너지자립마을만들기사업과 도시재생정책의 주거환경관리사업 등 여러 출처를 가진 다양한 서비스를 제공하고 삼덕마을과의 협업체계를 구축해 나갔다.

2014년 7월 24일은 삼덕마을에서 주민투표가 실시된 날로, 삼덕마을 지역공동체 활동의 초기단계와 시작단계의 분기점이 되었다. 이날 투표 결과, 삼덕마을 주민들은 마을공동이용시설인 마을회관에 대한

---

30) 주거환경관리사업이 2013년까지 공공부문과 시행사 중심의 물리적인 재생계획 위주로 진행되었는데 그에 대한 한계가 드러나면서 민관 파트너십에 의한 물리적, 사회·경제적으로 통합된 재생을 위한 주거지 종합관리계획 수립의 필요성이 대두되었다. 2014년부터 민관협력과 주민 참여 및 이웃공동체 형성을 강조하는 협업체계로 전환하였다. 이때 협업체계란 주민, 지역공동체 활동을 지원할 수 있는 지역 내 비영리조직인 민간단체, 서울시와 용역시행사가 협력하여 마을재생사업을 수행하는 모형을 의미한다. 삼덕마을의 경우 정릉복지관이 지역공동체 활동을 지원하는 민간단체로 참여함으로써 중간지원조직이 합류한 서울시 주거환경관리사업 실천모델의 대표적인 사례가 되고 있다(맹다미, 2015). 이로써 삼덕마을이 변화된 서울시의 도시재생정책의 실재로서의 의의를 가진다.

자체적인 운영 및 관리에 동의하였다. 주민 자체 마을회관운영 및 관리에의 찬성은 마을재생사업을 위한 주민조직을 구성하고 주민공동체 활동(본 연구에서 사용하는 지역공동체 활동이 주민공동체를 내포하는 의미임) 수행을 의미한다. 이에 삼덕마을은 '주거환경관리정비기반시설과 공동이용시설의 확충 및 공공사업을 통해 마을의 생활환경을 개선하고 마을공동체가 활동할 수 있는 공간을 확보하며, 경쟁력 있는 마을 환경을 기반으로 다양한 지역공동체 활동을 통해 마을의 물리적, 사회적, 경제적 재생'(성북구, 2014)을 위한 주민활동을 해야 하는 상황을 맞이하였다.

삼덕마을 지역공동체 활동의 초기단계에서는 공공과 사회복지사, 그리고 주민의 역할 분담에 대한 전제가 암묵적인 합의를 이루고 삼자간 협력 체계에 대한 인식을 갖춘 상태에서 주민 공동체 활동을 전개했다(맹다미, 2015). 이는 삼덕마을 지역공동체 활동의 시작단계에서부터 주민과 민간복지기관, 그리고 공공기관이 협력하는 체계가 작동해왔기 때문이다.

삼덕마을의 변화는 도시재생정책의 변화와 정릉복지관의 마을단위 지역공동체 사업이 자원으로 투여되었기 때문에 가능했다. 동시에 정릉복지관의 마을단위 지역공동체 사업은 삼덕마을이라는 실체를 만났기 때문에 주민들의 참여를 활성화하고 지역사회 사회적 자본 형성에 영향을 미칠 수 있었다.

정릉복지관은 2012년부터 2014년까지 복지관으로서는 유일하게 "서울시원전하나줄이기" 사업의 일환으로 에너지자립마을만들기사업인 "돈을볕마을만들기"라는 공모사업을 진행하고 있었다. 정릉복지관은 성북녹색네트워크 활동을 활발히 하면서 지역주민의 에너지 환경에 대한 개입 필요성에 중지를 모으고 있었기 때문이다. 2012년 도에 시작한 정릉복지관의 "돈을볕마을만들기" 사업의 주요 내용은 정릉동을 기반으로 에너지 효율이 낮은 일반주택에 거주하는 주민들의 에너지에 대한 인식을 변화시키고 이를 토대로 일상생활 속에서의 에너지 절감 및 생산이라는 성과를 가시화하는 것이다. 이 사업은 2014년 2월 전까지만 해도 정릉동 거주자 가운데 희망하는 주민을 자원활동가로 활동하게 하여 에너지 관련 마을리더를 발굴하고 양성하는 방식으로 개인 단위로 사업이 진행되었다. 3차연도를 앞두고 사회복지사는 마을만들기를 위한 전문적인 개입이 없었음을 성찰하고 주민 주도의 마을사업을 구상하였다. 그러던 중, 지역전문가 네트워크 안에서 교류가 활발한 성북구마을지원센터의 제안을 받고 삼덕마을 주민들의 공동체 활성화 활동에 지역재생활동가로 참여하게 되었다. 따라서 정릉복지관이 삼덕마을로 내려와서 마을사업을 할 때, 사회복지사는 삼덕마을 주거환경관리사업과 서울시가 지원하는 돈을볕마을만들기사업과 복지관의 본연의 지역조직화사업 등을 수행하였다. 삼덕마을 지역공동체 활동의 시작과 초기 진입단계에서 여러 다양한 공동체 활성화 사업이 집중적으로 투입되면서 주민의 자발적인 참여와 주체성을 끌어내는 데 효과적이었다.

정릉복지관이 삼덕마을과의 협업한 지역공동체 활동을 표로 정리하면 다음과 같다.

<표 19> 2014-2015년 삼덕마을 지역공동체 활동 내용

시행시기	주최(주관)	프로그램명	세부 내용	결과
2 0 1 4				
02-06	용역사	마을워크숍	주민이 만들어가기 원하는 마을의 청사진 그리기	9회 (112명)
05-06	용역사· 정릉복지관	주민 설문조사	삼덕마을 주민대상 설문조사실시	95가구 (95명)
09.18	정릉복지관	선진지탐방	에너지자립마을 선진사례 및 마을회관 탐방	1회 (20명)
12.17	정릉복지관	상상토론회	2014년 평가 및 2015년 사업비전세우기 주민토론회	1회 (23명)
05.17 10.18	정릉복지관 (삼덕마을 주민대표)	시끌시끌 골목축제	주민이 참여하는 벼룩시장, 마을기금조성을 위한 먹거리판매	2회 (200명)
06.24 10.18	정릉복지관 (삼덕마을 주민대표)	둘러앉은 밥상	이웃이 함께 식사하는 소셜다이닝프로그램	2회 (207명)
07-12	정릉복지관	바람잘날	에너지효율개선을 위한 방풍패드, LED교체, 기타 단열개선 지원	31가구 (36명)
08-12	정릉복지관	에너지농부프로젝트	3kW태양광발전기 지원사업	10가구 (10명)
09.03 10.22 11.08	정릉복지관	돋을볕 아카데미	1회: 식품건조기 제작워크숍 2회: 주민환경교육 3회: LED교체실습교육	3회 (41명)
05-12	정릉복지관	에너지자립 학교만들기	에너지, 환경교육, 워크숍을 통한 청소년주도 에너지자립학교만들기 프로젝트	5회 (80명)

시행시기	주최(주관)	프로그램명	세부 내용	결과
2015년 01-12	삼덕마을 운영위원회	삼덕마을 운영위원회 정기회의	도시재생, 에너지절약, 공동체회복을 중점으로 주민운영위원회 정기회의	18회 (208명)
05.23 07.18 08.29 10.17	삼덕마을 운영위원회	시끌시끌 골목축제& 둘러앉은밥상 서울시자원봉사 센터·성북구사회적 경제지원센터 지원	마을기금조성을 위한 먹거리, 벼룩장터 기획 및 운영	4회 (260명)
07-12	삼덕마을 운영위원회	공동이용시설 '모두의공간' 손공예교실(퀼트방) 쿠킹클래스(과일청)	공동이용시설 운영계획서 기반 시범사업 운영	14회 (106명)
09.18 /하자센터	정릉종합 사회복지관	선진지탐방 '에코: 더하기'	삼덕마을 및 공동이용시설 탐방	1회 (20명)
11.06-07 /화천느릅 마을	정릉종합 사회복지관	선진지탐방 '에코: 더하기'	에너지자립마을 및 공동체회복활성화사업 선진사례 탐방	1회 (20명)
09.22 10.06 10.13 10.20	정릉종합 사회복지관 서울시마을공 동체지원센터 지원	선진지탐방 '에코: 더하기'	에너지자립마을 및 공동체회복활성화사업 선진사례 탐방	1회 (40명)
10.07 10.14	녹색교육센터 삼덕마을 에너지활동가 진행	에너지절약 교육프로그램 '에코: 에코'	지역사회 청소년대상 에너지절약인식개선교 육프로그램 기획 및 진행	4회 (60명)
01-10	정릉종합 사회복지관	삼덕마을 에너지아카데미	생활 속 에너지절약 및 생산을 위한 외부자원연계 교육활동 지원	2회 (24명)
	성북구청 환경과 절전소 지원	싱북구 삼덕마을 빗물공동체 만들기	물 문제를 해결할 수 있는 시민실천사례로 복지관-삼덕마을 빗물 저금통 설치 및 관리	31톤 설치
2016년 01.11	2015년 12월 리모델링 점검회의로 1월로 연기	삼덕마을 총회	2015년 활동평가 및 2016년 사업점검 주민총회	1회 (16명)

자료: 정릉복지관(2014: 53); 정릉복지관 내부자료(2015).

삼덕마을 지역공동체 활동은 도시재생정책이 주도하는 비자발적인 시작으로 마을이 변화하기 시작하였으나, 사회복지사의 마을단위 전문적인 개입의 영향을 받아 빠른 속도로 주민이 마을사업에 대한 주도성을 가지고 초기단계부터 복지관의 협력적 파트너로서 위상을 가질 수 있었다.

2014년 7월 24일 주민투표를 통해 주민들은 삼덕마을 주거환경관리구역 지정 및 계획(안)에 찬성하였고 이후 여러 차례 심의절차를 걸쳐서 2015년 7월에 삼덕마을은 「도시 및 주거환경정비법」에 의한 주거환경관리구역으로 지정되었다.

이와 관련된 주요 사건을 표로 하면 다음과 같다.

<표 20> 삼덕마을 지역공동체 활동 사례를 둘러싼 사건 목록

	맥락의 영향	시작단계 (T1)	초기 진입단계 (T2)	초기 실행단계 (T3)
	-2014.2	2014.2-	2014.7-	2015.2-2016.2
정부/ 거시적	○ 주거환경관리사업	○ 용역사업 착수		○ 용역사 철수
복지관	○ 신임관장취임: 공동체사업지원 ○ 에너지자립마을 만들기 사업 수행 ○ 성북녹색네트워크 활동	○ 에너지자립마을만들기 3년차사업 목표 수정: 지역공동체활성화 ○ 사회복지사가 지역재생활동가로 마을사업에 참여	○ 복지관 사업에 대한 질적 평가 ○ 사업집중지원	○ 담당사회복지사의 교체 ○ 사업일관성 유지
삼덕마을	○ 아파트재건축 반대 서명활동	○ 주거환경관리 사업지정 ○ 주민설문조사	○ 주민투표실시 ○ 마을운영위원회 조직	○ 마을회관사용 ○ 주민공모사업진행
상태	← 공공주도적		공공·민간 (주민)·비영리 조직의 협력	주민주도적 →

02
인과지도 분석

인과지도는 한 개인의 행동이나 자질에 대한 내용이 아니라 결집체(assemblage), 즉 상호작용의 유형(Weick, 1979)을 나타낸 것이다. 이 부분에서는 면접조사를 실시하여 수집한 질적 자료로부터 도출한 범주 안에서 변수들 간의 인과성을 확인하고 영향요인을 발견하여 인과지도를 작성하였다. 이때 안정되었다는 의미는 가까운 미래에 다른 이론이나 다른 연구결과에 의해서 연구자가 규명한 원인에 대한 결과가 반박되지 않는 것(Broadbent, 2013: 178)을 뜻한다.

1) 삼덕마을 지역공동체 활동의 구성 변수들

삼덕마을 지역공동체 활동의 구성 변수들을 결정하기 위해서 유목화를 두 차례 실시하였다. 첫 번째 유목화는 귀납적 방식으로 유목화하였다. 본 연구에서는 연구참여자의 면접 자료분석 결과, 1단계 자료분석에서 생성한 코딩자료를 지속적으로 수렴화하는 과정을 거쳐 나온 범주 가운데 총 26개의 범주가 사회적 자본의 하위 차원으로 구분할 수 있음을 확인할 수 있었다. 이를 통해 전체 연구참여자의 삼덕마을 지역공동체 경험을 사회적 자본의 개념으로 이해할 수 있다. 사회적 자본의 유목화 결과를 표로 제시하면 다음과 같다. 사회적 자본의 범주의 하위 및 세부 범주들을 제시한 표는 부록에 수록하였다.

<표 21> 1단계 사회적 자본의 유목화 결과

범주	구분
비자발적 시작(정책 주도의 마을활동 시작)	참여 동기
시작을 위한 동기부여	
마을사업은 유익이 되는 일	
개발과 보존이라는 두 마리 토끼를 잡고 싶음	
마을운영회는 공동목적을 추구하는 사람들이 만들어가는 공동체임	네트워크
마을운영위원회의 강점	
참여의 한계	참여
참여해야 공동체로 작동	
주민참여에 기반한 마을사업의 성장	
마을만들기 초기 과정(희망과 낯섬)	
마을사업을 통한 변화(사업이전과 이후)	호혜성
지역활동 전문가의 역할	
마을사업을 위한 역할 수행(저소득층과의 가교역할)	
마을사업에 대한 긍정적인 체험과 제한요소(자기시간 할애)	
다양한 갈등대처방식(인격수양)	신뢰·갈등
갈등유발에 대한 두려움	
융화와 이탈이라는 양가감정	
주민 의사결정 결과 후 야기된 주민 갈등과 분열	
정부의 개입이 지연됨에 따라 공공에 대한 불신 증가	
참여자들의 욕구를 충족시키지 못함	
공적 영역과 사적 영역의 모호함	
따로 또 같이(복지관과 마을사업의 관계)	협력관계
삼덕마을이라는 복지관 조직화사업의 실재 확인과 실천방향 정립	
복지관사업을 통해 삼덕마을의 공동체 수립 시작	
협력경험의 긍정적 효과	
알맹이가 빠진 사업(정부의 공동체 인식 결여)	

두 번째 유목화는 연구자가 전체 코딩을 해체한 후, 연역적인 방식으로 유목화하였다. 즉, 참여 동기와 참여와 네트워크, 호혜성, 신뢰, 협력으로 구분한 셀에 코딩을 배치하는 방식이었다. 유목화 결과, 1단계 자료분석에서 실시한 범주화와 유사한 결과를 얻었다. 전체 코딩자료 가운데 사회적 자본의 하위 차원으로 묶이지 않는 코딩은 두 범주로 묶어졌다. 그 범주명은 삼덕마을의 특성과 해결과제로 정했다. 동일한 연구자이기는 하나, 자료를 귀납적인 방식과 연역적인 방식으로 두 차례 범주화하였을 때 치명적인 오류가 발견되지 않고 유사한 범주가 생성되는 것을 확인하였다. 이에 연구자는 자료의 민감성에 자신을 얻고 2단계 자료분석을 실시하였다.

2단계 자료분석은 연구자가 1단계에서 생성한 코딩과 유목화 자료를 엑셀 프로그램을 이용하여 연구 문제에 집중하여 재유목화하는 방식이다. 이때 1단계 코딩과 유목화한 범주 간 위계적 관계를 고려하지 않았다. 따라서 변수명이 코딩자료나 범주화 제목에서 인용되기도 하고, 연구자의 판단하에 현상에 적합한 새로운 제목이 정해지기도 하였다. 연구자는 이 과정에서 녹취록을 재차 읽으면서 원인변수와 결과변수를 구분하였다. 이때 원인변수는 결과변수보다 선행변수이어야 하며, 다른 원인변수의 영향력을 최소화한 상태에서 결과변수의 변화를 이끌어낸 것이어야 한다. 인과관계의 존재 여부는 연구자가 녹취록과 2차 자료를 통해 확인하였다. 이렇게 결정된 원인변수와 결과변수를 영향요인이라고 명명하고 목록화한 후 인과지도 작성을 위한 변수로 투입하였다. 인과지도 작성을 위한 영향요인을 표로 제시하면 다음과 같다. 각 변수 간 인과관계를 알 수 있는 대표적인 인용문은 부록에 수록하였다.

<표 22> 인과지도 작성을 위한 영향 요인

구분	변인
참여 동기	◦ 마을의 주거환경개선과 삶의 질 향상에 대한 바람 ◦ 리더의 활동 ◦ 개발과 보존이라는 두 마리 토끼를 잡고 싶음 ◦ 근린지역의 환경개선에 대한 기대 ◦ 개인적 관심 ◦ 마을에서의 지정학적 위치 ◦ 이웃주민의 참여 ◦ 사회복지사의 안내자·촉진자 역할 ◦ 주거환경관리사업 전환에의 주민동의 ◦ 책임감 ◦ 마을사업 ◦ 동기부여 ◦ 주민참여 ◦ 봉사경험
참여와 네트워크	◦ 마을운영위원회 활동 ◦ 주민참여 ◦ 프로그램 기획 ◦ 마을사업 ◦ 역할수행 요구 ◦ 자발성 ◦ 마을회관운영에 대한 책무성
호혜성	◦ 마을사업 ◦ 주민참여 ◦ 마을사업을 하는 재미 ◦ 에너지절약 ◦ 저소득층 이웃마을을 위한 봉사 ◦ 자발적인 기금조성 ◦ 이웃과의 교류 ◦ 사회복지사의 전문적 역할 수행 ◦ 경제적 이득 ◦ 자긍심 ◦ 마을의 위상 ◦ 마을애착 ◦ 사람을 알아가는 즐거움 ◦ 자기인식 ◦ 정서적 유대 ◦ 지역활동 전문가로서의 정체성 확립 ◦ 마을운영위원회 활동

구분	변인
신뢰	◦ 정부의 계획사업의 이행 ◦ 기대에 대한 보상 ◦ 사회적 인정 ◦ 마을운영위원회 활동 ◦ 마을사업관련 의사결정 ◦ 개인의 가치 충돌 ◦ 대립된 이해관계자 간의 갈등 ◦ 대면접촉 ◦ 의사소통 ◦ 주민에 대한 신뢰 ◦ 마을사업에 대한 신뢰 ◦ 갈등유발에 대한 두려움 ◦ 공개적인 의사표현 ◦ 정부에 대한 신뢰 ◦ 욕구충족
협력	◦ 마을의 특성 ◦ 정부의 공동체 인식 ◦ 지정학적 위치 ◦ 마을사업 ◦ 차별성 ◦ 연계 필요성 ◦ 복지관과의 협력관계 ◦ 복지관의 조직화사업에 대한 인식 ◦ 복지관의 마을사업에 대한 지원 ◦ 지역공동체 의식

2) 삼덕마을 지역공동체 활동의 사회적 자본 인과지도

(1) 참여 동기

사회적 자본은 사회적 네트워크와 사회적 관계에 뿌리를 둔 것이며, 목적 지향적 행위에의 접근, 혹은 동원된 사회구조에 배태된 자원으로서 이해된다. 구조(배태성), 기회란 사회적 네트워크를 통한 접근 가능성, 행위(사용)를 포함한다(Lin, 2000: 57). 사회적 자본을 형성하고 축적하는 행위는 목적 지향적인 행위로, 도구적 동기를 가진다. 이에 따르면, 삼덕마을 지역공동체 활동의 참여 동기는 개인 생활과 마을 발전을 위해서 '마을사업은 이익이 되는 일'이라는 인식에 기인하며 연구참여자들은 다양한 이유로 동기부여가 되어 마을사업에 참여하고 있었다.

삼덕마을은 「도시 및 주거환경정비법」상 주민이 지역공동체 활동을 해야 한다는 조항에 따라 '비자발적인 시작'을 하였으나 연구참여자들 각자 개인의 생활패턴과 처한 상황, 그리고 마을에서 수행하고 있었던 기존 역할을 토대로 자기 스스로 마을 활동의 '시작을 위한 동기부여'를 하고 있었다. 이는 개인 생활과 마을 발전을 위해서 '마을사업은 이익이 되는 일'이라는 인식에 기인한 것이다. 따라서 연구참여자들이 지역공동체 활동에 참여하는 행위에는 개인적인 이해와 목적을 추구하는 동기와 자신이 살고 있는 마을을 둘러싼 정치·경제·사회적 환경 변화로 인한 공적인 역할 수행에 대한 도덕적인 동기를 동시에 수반하고 있었다. 동기부여의 원인변수들은 마을사업 참여와 정적인 상관관계를 보이므로 연구참여자들은 다양한 이유로 동기부여가 되어 마을사업에 참여하고 있음을 알 수 있다. 단, 연구참여자의 주택의 마을에서의 지정학적 위치와 주민동의는 시간의 흐름에 따라 형태가 변하는 개념이 아니고 조건에 해당하므로 방향성을 나타낼 수 없다. 사회복지사의 역할은 상황에 따라 다르게 존재하고 대상에 따라 존재 여부도 상이할 수 있으므로 방향성을 표시하지 않았다.

참여 동기 인과지도는 다음과 같다.

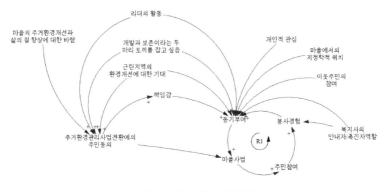

<그림 5> 참여 동기 인과지도

　시작단계에서 한 개의 강화 루프(R1)가 나타난다. 마을주민은 자신의 봉사경험이 동기부여가 되어 마을사업에 참여하게 되는데, 마을사업에 참여하면 할수록 지역공동체 활동을 통한 봉사경험이 풍부해지면서 지역공동체 활동의 지속성을 위한 동기부여가 강화되고 있다. 이때 사회복지사의 역할은 루프가 반복됨에 따라 상황에 따라 안내자의 역할과 촉진자의 역할을 번갈아 하거나 안내자에서 촉진자로 변화하는 것을 알 수 있다. 안내자로서의 사회복지사는 삼덕마을사업과는 별개로 다른 지역이나 분야에서 봉사를 했거나 하고 있는 마을주민과 접촉하여 마을사업의 목적과 내용을 알려주고 그들이 마을사업에 합류할 수 있도록 안내하고 마을행사에 초대하는 역할을 담당한다. 그런 사회복지사의 역할은 마을주민이 마을사업에 참여할 수 있는 구체적인 동기와 계기를 만들어주며, 때로는 복지사가 신용장이되어 신참자가 마을의 네트워크에 접근하고 그 구성원으로 편입되어 적당한 역할을 맡을 수 있는 기회를 보장한다. 또한 촉진자로서의 사회복지사는 주민들이 평소 마을 생활이나 마을사업을 통해서 경험한

부정적인 사건과 정서 등을 이야기하게 함으로써 문제를 공유한다. 이때 사회복지사가 의사소통의 연결고리가 되므로, 주민들은 사회복지사에게 고민과 불평 그리고 주민 간, 주민과 조직 간, 조직과 조직 간 갈등을 자유롭게 토로한다.

연구참여자는 삼덕마을에서 마을사업에 참여하기 전, 이미 다양한 영역에서 봉사활동을 하고 있었다. 예를 들어, 교회나 성당 등 종교기관에서 주관하는 사회봉사활동(주민 A, 주민 C)과 구청소식지를 발행하는 명예기자활동(주민 B), 정릉◎동 관내 마을에서 통장활동(주민 B, 주민 D, 사례 4), 지역도서관 등 지역사회 비영리 기관에서 행해지는 봉사활동(주민 C), 구정(區政)의 거버넌스 영역에서 주민자치와 관련된 주민활동(주민 F) 등이 그것이다. 마을주민들 각자가 다양한 봉사활동 경험을 통해 습득한 지식과 사회 및 타인을 대하는 태도와 자세, 그리고 나눔과 봉사에 대한 인식 등은 이후 마을주민들이 마을사업을 수행하는 데 있어서 중요한 인적자원으로 기능하면서 개인의 역량이 되고 있었다.

R1의 양의 피드백 루프의 내용을 정리하면 다음과 같다.

<표 23> 참여 동기 R1(+)의 피드백 루프

R1(+): 봉사경험→동기부여→마을사업→봉사경험

사회복지사는 삼덕마을에서 마을사업에 참여하지 않는 주민을 직접 접촉하여 주민활동을 할 수 있도록 안내하고 주민의 리더십을 개발하고 육성하고 있다. 사회복지사는 그렇게 훈련된 주민을 마을운영

위원회에 소속되어 활동할 수 있도록 연결하고 다른 주민들과 외부 조직과의 관계형성과 신뢰를 구축하는 데 조력함으로써 새로운 주민이 마을운영위원회의 구성원이 될 수 있도록 지도하고 훈련하는 실천과정을 수행하고 있다. 삼덕마을에서는 신참자인 주민이 이런 일련의 과정을 통해서 마을운영위원회 임원으로 위촉받아 활동하거나(주민 C), 기존의 마을운영위원회 활동을 하던 주민이 마을사업에 계속해서 참여하기가 버겁고 회의적(懷疑的)적이라고 느껴졌을 때 마을에서 주민도 아닌 사회복지사가 일하는 모습을 보면서 당사자이면서 실천하기를 주저하는 자신의 모습에 대한 반성을 하고 참여 의지를 북돋우기(주민 A, 주민 B)도 하고, 주민이 사회복지사와의 격려와 지지를 받아 마을사업의 참여에 대한 사회적인 의미를 내재화하는(주민 D, E, F) 등 지역공동체 활동을 지속해 나가고 있다.

삼덕마을 주민들이 마을사업에 참여하는 가장 명백한 조건이자 원인이 된 사건은 주거환경관리사업에의 주민동의에 있었다. 개정된「도시 및 주거환경정비법」조례(개정 2014.5.14.)를 법적 근거로 하여 삼덕마을 토지 등 소유자 과반수가 동의한 정비계획 입안 제안이 성북구 의회를 거쳐 서울시 도시계획위원회 심의를 통과하여 2015년 7월 2일자로 주거환경관리구역 지정 및 계획 결정고시가 이루어졌다. 이로써 저층주거지보전지역인 삼덕마을에서 마을만들기라는 공동체 활성화 활동이 공식적으로 진행되있다.

삼덕마을에서 정비계획에 대한 주민 동의가 가능했던 까닭은 이 사업의 궁극적인 목적이 마을의 주거환경개선과 그에 따른 주민의 삶의 질 향상에 있기 때문이다. 이런 공적인 목적 달성이 낙후된 주거환경 속에서 개발을 바라는 주민들의 바람(desire)과 일치성을 보였기 때문이다. 마을의 유력자와 통장 등 마을 리더들은 삼덕마을을 구성하는 정릉◎동 2개 동의 전체 가구를 가가호호 방문하여 주민과 개별 접촉한 후 정비계획에 대한 법적 고지를 알리고, 주민들의 주민동의서명운동을 주도하였다. 주민들은 마을 리더들의 활동을 통해 마을 변화의 가능성에 대한 기대를 갖게 되었다고 한다. 정비계획상의 자신의 주택과 근린지역의 환경이 개선될 것이라는 기대와 낙후된 주거환경을 개발하고 조용하고 부유한 이미지의 마을을 보전하고 싶은 동기가 주민 동의라는 서명 행위로 표출되었다.

마을사업에 참여한 사람들은 각자 다양한 맥락에서 동기부여를 하고 있었다. 주거환경관리사업 전환에의 동기가 된 개발과 보존이라는 두 마리 토끼를 잡고 싶음, 근린지역의 환경에 대한 개선, 리더의 활동을 포함하여 마을카페를 운영하면서 예기치 않게 시작단계에서부터 마을주민들과 외부 전문가들의 왕래가 잦아지면서 거점장소가 된 경우나 먼저 참여하기 시작한 이웃의 영향을 받거나 동의서에 서명한 자신의 선택에 대한 책임감과 마을이 아닌 지역이나 마을주민이 아닌 사람들을 대상으로 봉사했던 경험은 자신과 자신의 가족이 살고 있는 마을에서의 봉사를 자연스러운 선택으로 받아들이는 것을 도모하였다. 또한 사회복지사의 전문적인 개입활동은 마을주민들이 마을사업을 시작하는 데 동기를 부여하고 있었다.

마을사업을 결과변수라고 할 때, 마을사업에 영향을 주는 원인변수를 인과 나무 다이어그램으로 제시하면 다음과 같다.

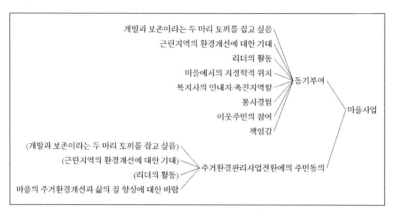

<그림 6> 마을사업에 대한 인과 나무 다이어그램

(2) 참여와 네트워크

사회적 자본은 네트워크에 배태된 자본으로, 네트워크는 인위적으로 구성하지 않고는 만들어지지 않는다(Bourdieu, 1986). 삼덕마을의 마을운영위원회의 임원과 회원들은 시작단계에서는 주민 개개인에 불과했으나 마을회의에 참여하고 마을행사를 준비하고 참여하면서 주민모임에서 주민대표, 그리고 주민협의체로 조직화되면서 지금의 마을운영위원회로 발전하면서 삼덕마을의 주민 네트워크가 되었다.

마을운영위원회는 구성원들에게는 공동체로서의 인정을 받고 있다. 연구참여자들이 말한 내용을 토대로 연구자가 판단해볼 때 마을운영위원회는 지역공동체의 면모를 갖추었다고 볼 수 있다. 마을운영위원회를 지역공동체라고 부를 수 있는 가장 우선적인 이유는 마을운영위원회는 마을이라는 지역에 기반한 마을정서를 공유하고 있으며 마을의 변화와 삶의 질 향상이라는 공동의 목적이 있으며 마을주민들이 마을사업에 시간과 노력을 투자하고 마을과 관련한 집단적인 의사결정을 하는 과정에서 정서적 유대를 경험하고 있기 때문이다. 또한 연구참여자들 모두 현재, 마을운영위원회는 공동체이거나 공동체로 나아가고 있다고 진술하였기 때문이다.

마을사업이 서울시 도시재생정책의 영향을 받으면서 마을운영위원회는 마을회관운영에 대한 책무성을 외부의 압박으로 느끼면서 역할 수행 요구가 증가한다. 마을운영위원회 활동은 주민들이 마을에서는 난생처음 해보는 사회적인 일인 데다가, 2014년 한 해 동안 시공사의 지원을 받으면서 마을사업에 참여를 했던 주민들이 2015년에는 주민들 자체적으로 마을회관을 유지하고 운영하기 위한 여러 사업들을 의무적으로 이행해야 한다는 사실에 두려움을 갖게 되어 자발성이 약화된다. 주민들의 자발성이 약화된 상태에서 수익성을 창출하기 위해서 음식판매사업 등의 쏠림현상이 나타나고 이전에 기획했던 다양한 프로그램들이 유보되거나 이미 기획된 프로그램을 수익성 평가를 통해 중도 변경하는 등 프로그램 기획이 원활하지 않으며 그 여파가 마을사업의 낮은 만족도로 연결되어 주민참여의 한계를 가져오고 마을운영위원회 활동도 저조해진다. 마을운영위원회 활동이 활발하지 않으면 역할수행요구도 감소될 수밖에 없고 그에 대한 부담이 적어지면서 자발성은 커진다. 자발성의 증가는 프로그램의 기획을 향상시키고 마을사업과 주민참여를 활성화하여 마을운영위원회 활동을 활발하게 한다. 그 다음번 루프에서는 역할수행요구의 증가로 자발성이 약화되면서 변수들의 증가 추세가 감소 추세로 역전한다. 이렇듯 삼덕마을 지역공동체 활동은 증가-감소-증가 과정을 되풀이하면서 일탈을 억제하는 균형점을 만들어내어 삼덕마을이 수행할 수 있는 프로그램과 마을사업, 그리고 주민 참여의 결과를 일정 수준으로 유지한다.

참여와 네트워크 인과지도는 다음과 같다.

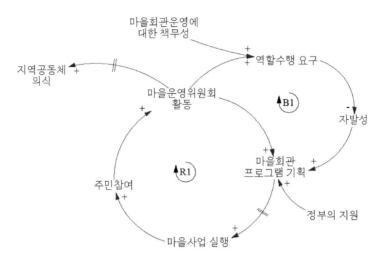

<그림 7> 참여와 네트워크 인과지도

　마을운영위원회 활동이 활발할수록 프로그램의 기획이 많아질 것
이다. 다양한 프로그램은 전체 주민의 욕구와 만날 가능성을 높이고
주민의 새로운 욕구를 발견하는 데 원인이 된다. 프로그램의 기획이
다양해지면 마을사업을 통한 참여자의 다양성으로 연결되면서 주민
참여의 증가에 영향을 준다. 주민참여는 마을운영위원회 활동의 정당
성과 대표성을 부여하면서 자기강화루프를 형성한다. 단, 다양한 프
로그램이 기획되었으나, 정부의 마을회관 리모델링 공사가 늦어지면
서 마을사업으로 연결되지 못하고 있다. 프로그램 기획자의 동기가
약화되고 마을운영위원회 구성원들의 외도가 두드러지면서 마을사

업과 주민참여가 감소하고 있는 상태이다. 이는 프로그램 기획과 마을사업 사이에 시간지연현상이 생겼기 때문이다.

R1(+)의 양의 피드백 루프의 내용을 정리하면 다음과 같다.

<표 24> 참여와 네트워크 R1(+)의 피드백 루프

R1(+): 마을운영위원회 활동→프로그램의 기획→마을사업 →주민참여→마을운영위원회 활동

삼덕마을의 마을운영위원회 활동은 R1(+)의 강화루프에서 파생된 B1(-)이라는 음의 피드백 루프에 의해서 흐름의 방향이 바뀐다. 즉, 양의 피드백 루프의 증폭관계가 통제되면서 음의 피드백 루프라는 자기-규제 관계로 전환된다. 이는 일탈-억제(deviation-counteracting) 회로라고 불리며 R1(+)이 가지는 자기 강쇄(강화 또는 감속)에 대한 변동을 제어함으로써 시스템의 안정성(Weick, 1979: 98)을 유지하는 것을 의미한다.

마을운영위원회 활동은 마을회관운영에 대한 책임과 맞물려 있다. 「도시 및 주거환경정비법」은 주민공동이용시설[31]을 설치하여 마을운영위원회에서 운영하게 함으로써 마을의 지역공동체 활동의 지속가능성을 확보하고자 하였다. 삼덕마을 또한 2015년 마을공동이용시설로 사용할 주택이 지정되어 2016년 3월 현재 리모델링 설계를 위한

---

31) 삼덕마을은 공동이용시설로 마을회관 설치를 주민투표에 의해 결정하였다. 공동이용시설이라 함은 주민이 공동으로 사용하는 놀이터·마을회관·공동작업장 그 밖에 대통령령이 정하는 시설을 말한다(「도시 및 주거환경정비법」 제2조 제5항). 이때 대통령령이 정하는 시설에는 공동으로 사용하는 구판장·세탁장·화장실 및 수도, 탁아소·어린이집·경로당 등 노유자 시설, 그 밖에 이와 유사한 용도의 시설로서 시·도 조례로 정하는 시설을 말한다(「도시 및 주거환경정비법」 시행령 제4조).

주민 의견 수렴 과정이 진행 중에 있다. 리모델링 공사가 끝나고 마을회관에 마을운영위원회가 마을회관에 입주한 다음부터 마을회관 운영에 관한 모든 책임 소재가 주민들에게 이양된다. 따라서 마을운영위원회 활동은 마을회관운영에 대한 책임과 같은 연속선상에서 이해해야 한다. 마을회관은 지하층에서 지상2층짜리 건물로 건물을 유지·관리하는 데도 일정 수준의 재정과 개인의 시간과 노력이 필요하다. 또한 마을운영위원회 임원 및 회원과 주민들을 조직하고 관리하며, 마을축제나 교육프로그램을 기획하고 운영하기 위해서는 수반되는 행정과 여러 가지 활동들이 증가한다. 이때 마을사업 및 마을운영위원회에 대한 경험이 처음인 주민들의 두려움과 불안이 커지고 있음에 주목할 필요가 있다. 외부 특히, 정부로부터의 마을회관에 대한 운영에 대한 책무성 강조와 그로 인한 개인의 역할수행 요구는 개인에게 봉사정신과 희생정신을 무리하게 강요하는 것으로 인식되기도 한다. 외부로부터의 강제된 행동을 해야 한다는 상황 인식은 개인의 자발성을 약화시켜 프로그램을 기획하는 일에 소극적이고 마을사업에 참여 결정을 신중하게 하게 한다. 그러면서 마을운영위원회에 잔류하는 사람들이 일정한 성향을 공유하면서 동질성이 강한 집단이 될 가능성이 커진다. 참여자의 다양성이 줄어들면서 주민 참여가 감소하고 마을운영위원회 활동도 줄어든다.

삼덕마을 주민들이 마을회관을 운영하기 위해서는 우선적으로 재원 마련이 필수적이다. 이를 위한 방안을 논의하는 자리에서 마을사업의 수익성 창출 가능성을 강조할 수밖에 없다. 삼덕마을이 마을사업을 시작하는 단계에서 기획했던 고급예술문화교육 프로그램이나 실제 진행된 몇몇 사업은 수익성을 담보로 하는 사업이 아니므로 실행이 늦춰지거나 축소되어 운영되었다. 또한 사업의 수익성 강조는 음식판매사업에 대한 쏠림 현상이 두드러지게 하였으나, 음식판매사업 등도 만족할 만한 경제적 성과를 내지 못하였고, 효율적으로 진행되지 못했다. 이러한 일련의 경험을 하면서 다양한 프로그램의 기획이 취소되어 감소현상을 보인다. 그러면서 참여자의 다양성과 주민참여에 부정적인 영향을 주고 있다.

그런데 다시 마을운영위원회 활동을 기점으로 변수들 간에 영향을 받으면서 루프가 돌아갈 때는 종전과 다른 반대의 양상으로 이어진다. 왜냐하면 음의 피드백 구조는 진행방향에 대한 통제의 기능을 하기 때문이다. 즉, 저조한 주민참여로 마을운영위원회 활동이 줄어들어 개인에게 요구되는 역할에 대한 부담이 줄어들면 주민들이 봉사에 투입할 시간과 노력의 양을 조절할 수 있으므로 자발성이 증가한다. 자발성의 증가는 새로운 프로그램의 기획으로 이어지면서 마을사업을 수행하고 주민의 참여를 활발하게 하며 마을운영위원회 활동을 활성화시킨다. 그러면서 처음에 설명한 음의 루프의 형태를 반복한다.

이때 위에서 설명한 형태는 마을회관운영에 대한 책무성이 어디(누구)로부터 오는가에 따라 다르게 나타날 수 있다. 마을회관운영에 대한 책무성이 변수(變數)가 아닌 상수(常數)라 하고 그 영향력이 매우 크다면, 마을운영위원회 활동은 마을주민들의 자발성의 영향력으로 인한 변화보다 마을회관운영에 대한 책무성에 따른 역할수행이행요구의 영향력이 훨씬 높아져서 주민의 자발성의 효과를 상쇄할 수 있기 때문이다.

B1의 음의 피드백 루프의 내용을 정리하면 다음과 같다.

<표 25> 참여와 네트워크 B1(-)의 피드백 루프

B1(-): 마을운영위원회 활동→역할수행 요구→자발성→
　　　프로그램 기획→마을사업→주민참여→마을운영위원회 활동

　마을운영위원회 활동을 원인변수로 할 때 마을운영위원회 활동은
역할수행요구를 통해 자발성에 부적인 영향을 미치고 프로그램 기획
을 통한 참여자의 다양성에는 정적인 영향을 미치고 있다. 마을운영
위원회 활동이 지역공동체 의식과 정적인 영향을 미치나 여기에는
시간지연현상이 있으므로 마을운영위원회 활동의 활성화가 지역공
동체 의식의 향상으로 드러나는 즉각적인 변화를 기대하기 어렵다.
　마을운영위원회 활동이 영향을 주는 변수들을 인과 나무 다이어그
램으로 제시하면 다음과 같다.

<그림 8> 마을운영위원회 활동에 대한 인과 나무 다이어그램

　자발성을 결과변수로 할 때 마을운영위원회 활동과 마을회관운영
에 대한 책무성은 역할수행 요구를 통해서 자발성에 부적인 영향을
미친다. 자발성은 음의 피드백 구조를 통해 마을운영위원회 활동을
억제하는 변화를 주어 다시 자발성을 향상시키는 변화를 만들 수 있
다. 그러나 마을회관운영에 대한 책무성은 그 주체의 문제를 논의한
다음 자발성과의 상호작용을 설명할 수 있다는 시간지연현상이 있으

므로 마을운영위원회 활동의 활성화가 지역공동체 의식의 향상으로 드러나는 즉각적인 변화를 기대하기 어렵다.

자발성을 결과변수라고 했을 때 자발성에 영향을 주는 변수들을 인과 나무 다이어그램으로 제시하면 다음과 같다.

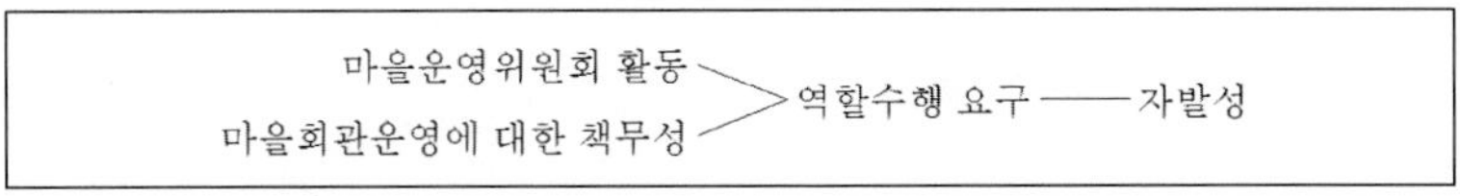

마을운영위원회 활동 ╲
　　　　　　　　　　　╲ 역할수행 요구 ──── 자발성
마을회관운영에 대한 책무성 ╱

<그림 9> 마을운영위원회 활동에 대한 인과 나무 다이어그램

(3) 호혜성

삼덕마을의 호혜성 부분은 피드백 루프가 발견되지 않지만 마을사업에 대한 주민 참여가 마을사업을 하는 재미로 수렴되면서 마을운영위원회 활동으로 확장되는 것을 확인할 수 있다. 마을사업에의 주민참여는 이웃과의 교류를 통해 사람을 알아가는 즐거움과 자기인식이 증가하면서 정서적 유대를 강화하여 마을사업을 하는 재미를 더하고 있으며 그것이 마을운영위원회 활동의 주된 내용인 마을회관운영을 가능하게 하는 내적인 힘이 되고 있었다. 또한 저소득층 이웃마을을 위한 봉사는 개인의 자긍심을 향상시키는 동시에 자발적인 마을기금조성과 더불어 마을의 위상을 높이고 마을애착을 크게 하여 마을사업을 하는 재미를 통해 마을회관운영으로 이어지고 있었다. 에너지절약은 경제적 이득과 자긍심을 증대하여 마을사업을 하는 재미로 그리고 마을회관운영으로 연결되고 있다. 한편, 마을사업과 주민참여는 사회복지사의 전문가 역할 수행을 향상시켜 지역 활동 전문가로서의 정체성 확립을 도모하여 마을사업을 하는 재미를 증가시켜 마을운영위원회에서의 활동을 하게 한다.

　호혜성 인과지도는 다음과 같다.

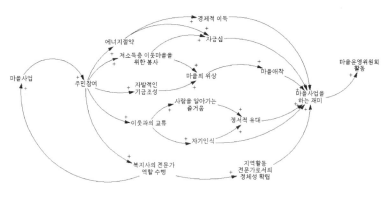

<그림 10> 호혜성 인과지도

　삼덕마을 주민들은 마을사업에의 참여를 계기로 이웃과의 교류가 활발해졌다. 이웃과의 교류 형태는 주거환경관리사업상 진행되는 정례적인 마을회의와 워크숍, 선진사례 탐방을 비롯하여 '시끌시끌 골목축제'나 '둘러앉은 밥상'과 같이 삼덕마을 주민들이 스스로 준비해서 모든 주민이 부담 없이 참여하는 만남이었다. 마을주민들은 특정 목적이나 과업이 있는 회의나 워크숍에 비해서 마을주민들이 자연스럽게 어울릴 수 있는 자리를 선호하고 그러한 모임에 대한 만족도가 높았다(2014년 주민설문조사). 마을주민들은 다른 집 마당이나 정원을 구경하고 음식을 나눠 먹는 것과 같은 일상성이 강조되는 자리에서 그동안 면식관계로만 알고 지내던 다른 주민과 통성명을 하고 이웃의 생활에 관심을 가지고 신변잡기적인 대화를 나누면서 서로에

대해서 알아가는 즐거움을 맛보았다. 마을주민들은 마을사업에 참여하면 할수록 더 많은 주민들과 더 자주 만나게 되고 만난 사람들을 더 많이 알게 된다. 이웃과의 교류는 나와는 다른 사람을 알아 가게 하는 동시에 나에 대해서도 알아 가게 한다. 마을주민들은 다른 사람들과 모여서 공동의 일을 하는 과정에서 자신의 개성과 취향을 드러내고 자신에 대한 인식과 이해를 하게 된다. 이러한 이웃과의 교류가 같은 마을에 산다는 것을 공통분모로 하여 주민들 간 정서적 유대를 강화한다.

삼덕마을은 마을사업 초기부터 저소득 독거 어르신들에 식사를 대접하고 저소득층 이웃마을 행사를 위한 공간으로 마을회관을 대여하는 등 저소득층 이웃마을을 위한 봉사활동과 마을기금 조성을 위한 자발적인 기부활동에 참여하였다. 이러한 시도들은 삼덕마을은 인색하지 않은 마을이라는 이미지를 구축하여 왔다. 삼덕마을에는 마을회관에서 가까운 곳에 노인의 집이라는 저소득층 독거노인을 위한 주거시설이 있다. 그리고 삼덕마을 인근에는 저소득층이 많이 사는 주거지역이 있다. 삼덕마을 운영위원회에서는 마을사업에 참여하지 않는 저소득 노인들과 이웃마을에 대한 관심을 돌봄과 나눔의 형태로 드러내어 마을의 위상을 높였다. 또한 마을기금조성은 최초 자발적인 기부행위와 이후 마을사업의 수익금을 적립하는 방식으로 진행하여 왔다. 이러한 돌봄과 나눔의 의식들은 관련 공무원이나 지역활동가[32] 들 사이에서 회자되어 삼덕마을에 대한 긍정적인 평판을 쌓고 마을

---

32) 삼덕마을에서 가까운 위치에 정릉시장이 있다. 정릉시장 일대의 마을사업을 위해 신시장사업단이 주민과 상인들이 참여하는 마을사업을 진행하고 있었다. 연구자가 진행한 신시장사업단장과의 심층면접 결과에 의하면, 신시장사업단에서도 삼덕마을의 마을운영위원회는 돌봄과 나눔에 대한 잠재적 역량이 큰 주민조직으로 인정하고 삼덕마을과의 지역연대를 추진하고자 하였다(연구자 참여일지, 2015.7.20).

의 위상을 높이는 것으로 나타났다. 주민들이 기부에 동참하고 어려운 이웃을 위한 마을행사를 기획하여 준비하고 진행한 경험이 마을애착을 키우는 데 기여하였다.

삼덕마을은 에너지 절약사업에 참여하면서 태양광 설치비용의 일부를 지원하는 정부의 지원제도와 에너지 절약분에 해당하는 전기세 감면혜택을 통해서 개별가구들이 경제적인 이득을 얻었다. 특히 주민들은 태양광을 이용하여 냉난방을 한다든지 빗물을 재활용하여 정원 관리나 허드렛일을 하는 등 개인의 에너지 절약 행위가 지구의 환경을 살리는 데 일조하고 에너지 수입국가인 우리나라에서 대체에너지를 생산한다는 것이 애국행위로 여겨질 정도로 자부심이 고양되고 있었다. 태양광 설치는 초기 설치비 자체가 고액이므로 개별가구가 선뜻 설치하기로 결정하기에 경제적 부담이 만만치 않으며 에너지 절약을 통해 절세되는 부분이 전체 생활비에서 그리 큰 비중을 차지하지 않는다. 그러나 에너지 절약 행위는 사회 참여적 의미가 강한, 명분 있는 행위33)로 인식되면서 자긍심이 높아지는 것을 경험하고 있었다. 저소득층을 위한 봉사활동도 주민들의 자긍심을 높이고 있었다.

한편, 담당 사회복지사는 마을사업에서 보다 다양하고 전문적인 역할을 수행하고 있었다. 담당 사회복지사는 마을사업에서 시행착오를 겪으면서 지역활동 전문가로서의 정체성을 확립하게 된다고 하였다. 삼덕마을에서 주민들과 같이 일하는 경험은 복지관 업무나 복지관의 특정 프로그램 이용자와 일하는 경험과는 차별적이고 고유한

---

33) 에너지 절약사업의 초기단계에서는 삼덕마을에서 절약한 전기에너지를 에너지 빈곤 마을에 기부하는 방식을 기획하기도 했다고 한다. 그러나 이러한 방식은 한전의 기술 지원이 필요한 부분이므로 주민들 사이의 논의 수준에 그쳤다고 한다(연구자의 참여일지).

역할 수행을 요구하고 그것은 지역활동 전문가로서 사회복지사가 지역 안에서 자신만의 색깔을 만들어 가게 하는 결과로 나타난다는 것이다. 삼덕마을의 마을사업은 세 가지 각기 다른 행·재정 출처를 가진 주민활동사업을 통해서 집중적이고 다층적인 지원을 받고 있었다. 하나가 종합사회복지관의 3대 기능 중 하나인 커뮤니티 활성화사업으로 '시끌시끌 골목축제'와 '둘러앉은 밥상' 프로그램처럼 공동체 회복을 위한 소통의 문화를 조성하기 위한 사업을 말한다. 다른 하나는 서울시 에너지절약마을만들기 공모사업에서 에너지 절약과 생산을 지원하는 다양한 프로그램으로 '돈을볕마을만들기' 사업의 일환으로 진행된 에너지효율을 위한 여러 단열개선 지원사업, 태양광발전기 지원사업, 에너지환경을 위한 실습 및 워크숍 등이 여기에 해당한다. 마지막으로 도시재생사업인 주거환경개선사업의 주민 공동체사업으로 마을워크숍, 주민 설문조사, 선진지 탐방, 주민토론회 등을 예로 들 수 있다. 담당 사회복지사는 이처럼 다양한 사업들을 수행하는 과정 속에서 주민조직은 물론이거니와 지역을 기반으로 하는 공공 및 민간의 다양한 전문가 조직과 교류하고 협력하면서 전문가로 성장하는 경험을 하고 있었다.

마을사업을 통한 주민참여를 원인으로 설정한 후 그 결과를 정렬하면 주민참여 행위의 유형을 정리할 수 있다. 이웃과의 교류와 자발적인 기금 조성, 저소득층 이웃마을을 위한 봉사는 상호호혜성을 기반으로 하는 행위이며, 에너지 절약은 대국가적인 행위이고 사회복지사의 전문가 역할수행도 대주민행위로 상호호혜성 규범이 작동되고 있었다.

주민 참여에 대한 인과 나무 다이어그램은 다음과 같다.

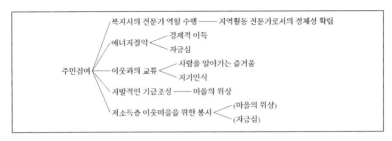

<그림 11> 주민참여에 대한 인과 나무 다이어그램

　마을사업을 하는 재미를 결과로 설정한 후 영향 요인을 정렬하면, 마을사업을 하는 재미에 영향을 주는 변수들이 에너지 절약을 통한 경제적 이득을 제외하고 모두 정신적인 측면의 개념들임을 알 수 있다. 따라서 삼덕마을사업에 참여하는 주민들은 자신의 존재와 자신과 이웃 간, 자신과 마을 간의 관계 속에서 형성되는 인식을 기반으로 하는, 마을사업을 하는 재미를 경험하고 있으며 그것이 마을회관운영으로 발전하고 있었다. 삼덕마을의 초기 사업의 공통적인 특징은 마을주민들이 마을활동을 하는 행위 그 자체에 의의를 두고 사업의 결과가 수익으로 연결되는 경우, 그 수익은 사회 공헌을 위한 무언가로 전환하는 것에 대한 주민 합의가 이루어져 있다는 점이다.

　마을사업을 하는 재미에 대한 인과 나무 다이어그램은 다음과 같다.

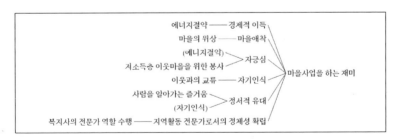

<그림 12> 마을사업을 하는 재미에 대한 인과 나무 다이어그램

(4) 신뢰

삼덕마을의 신뢰 인과지도에서는 갈등이 전체 흐름을 제어하는 기능을 하고 있었다. 즉, 갈등이 신뢰의 상승 흐름을 저해하고 있는 것이다. 마을운영위원회 활동 가운데 하나가 마을사업과 관련된 집단적인 의사결정이다. 모든 사업이 다 그러하듯이 마을사업이 모든 주민들의 욕구를 반영하는 것도 아니고 주민들의 이해에 따라 결정되고 진행되는 것은 아니다. 특히 마을사업 관련 의사결정은 내외부의 이해관계자들의 의견과 가치가 충돌하면 의사결정으로 인한 결과의 이해득실에 따라 갈등이 생기게 된다. 대립된 이해관계자 간의 갈등이 대면접촉을 피하게 함으로써 의사소통의 기회가 줄고 의사소통에서 주고받는 정보의 질이 낮아짐에 따라 주민에 대한 신뢰에 악영향을 미치게 된다. 주민에 대한 신뢰가 낮아지면 마을사업에 대한 신뢰도 동반하락하면서 지역공동체 활동에 대한 융합과 이탈의 양가감정이 커지게 되어 마을운영위원회 활동에 소극적으로 참여하게 된다. 그러나 주민들이 중장년층의 성인이므로 같은 마을에서 살면서 상대 주민과 갈등이 있다고 해서 갑자기 태도를 돌변하거나 단번에 마을사업에서 빠지는 행동을 하는 것은 쉽지 않다. 따라서 갈등으로 인한 대면접촉의 회피나 융합과 이탈의 양가감정으로 인한 마을운영위원회 활동 중단은 시간지연현상으로 나타난다.

특히, 마을사업에 대한 신뢰는 주민에 대한 신뢰의 영향과 동시에 정부에 대한 신뢰와 개인의 욕구충족의 영향을 받고 있다. 정부에 대한 신뢰는 정부의 계획사업이행이 선행변수가 되는데, 삼덕마을의 주거환경관리사업의 마을회관 리모델링 작업이나 마을도로정비 사업의 착공 일정이 계속 지체되고 있어서 정부에 대한 신뢰가 낮아지고 있는 상황이다. 마을사업에 참여함으로써 기대에 대한 보상이 만족스러울수록, 지역공동체 활동에 대한 사회적 인정이 클수록 개인의 욕구 충족이 이루어지면서 마을사업에 대한 신뢰가 증가하는 것으로 나타난다.

신뢰 인과지도는 다음과 같다.

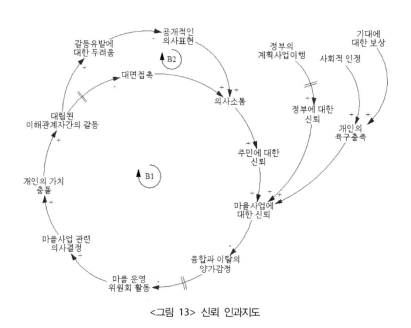

<그림 13> 신뢰 인과지도

B1은 신뢰의 음의 피드백 루프이다. 마을운영위원회 활동을 하면 할수록 마을사업 관련 의사결정이 증가한다. 마을사업 관련 의사결정이 증가하면 할수록 개인의 가치 충돌이 잦아진다. 개인의 가치 충돌이 잦을수록 대립된 이해관계자 간의 갈등이 증가하거나 증폭된다.

대립된 이해관계자 간의 갈등이 커질수록 갈등관계에 있는 이해관계자들의 대면접촉이 줄어든다. 이때 이해관계자들과 대면접촉 사이에는 시간지체현상이 존재하므로 이해관계자 간의 갈등이 생겼다 해서 바로 대면접촉의 저하로 연결되는 것은 아니다. 대면접촉이 줄어들면 들수록 의사소통이 원활히 되지 않는다. 의사소통이 원활하지 않으면 않을수록 주민에 대한 신뢰가 저하된다. 주민에 대한 신뢰가 저하될수록 마을사업에 대한 신뢰가 저하된다. 마을사업의 신뢰 저하는 주민참여의 저조로 이어진다. 주민참여가 줄어들면 줄어들수록 마을운영위원회 활동이 저하하는 것으로 나타난다. 주민참여와 마을운영위원회 활동 사이에도 시간지연현상이 있으므로 마을운영위원회 활동은 주민참여의 저하에도 불구하고 예전 수준을 한동안 유지하는 듯하나 종국에는 감소하고 만다.

이러한 변수들이 음의 피드백 루프를 따라 다시 반복하게 되면 또 다른 국면이 생긴다. 앞서 루프를 타고 저하된 마을운영회의 활동은 마을사업 관련 의사결정의 감소로 이어진다. 마을사업 관련 의사결정의 감소는 개인의 가치 충돌의 감소로 연결되고 이에 따른 대립된 이해관계자 간의 갈등도 감소하거나 약화된다. 대립된 이해관계자 간의 갈등이 적을수록 대면접촉은 많아지고 대면접촉이 많아짐에 따라 의사소통은 원활해진다. 원활해진 의사소통을 기반으로 주민에 대한 신뢰가 향상되고 그에 따라 사업에 대한 신뢰도 향상된다. 사업에 대한 신뢰의 향상이 융합과 이탈의 양가감정을 완화시켜 주민참여의 증가를 가져오고 마을운영위원회 활동 증가로 이어진다. 이때 주민참여의 증가는 어느 정도 시간이 지체된 이후 마을운영위원회 활동을 증가시킨다.

마을사업에 대한 신뢰는 욕구 충족과 정부에 대한 신뢰의 영향을 받는다. 지역공동체 활동에 참여하는 행위자는 각자 개인의 이해 추구하는 동기를 가지는 동시에 지역공동체 활동이 타인과 마을을 위한 사회적인 행위로서 선행이라는 인식을 가진다. 따라서 지역공동체 활동이라는 과정에서 개인이 기대한 만큼의 보상을 받고 자기 시간을 할애하고 노력 봉사를 하는 행위에 대해서 마을사람들로부터 칭찬과 인정을 받음으로써 욕구가 충족된다. 충족된 욕구는 마을사업에 대한 신뢰로 연결된다.

정부에 대한 신뢰는 정부의 계획사업이행이 선행되어야 한다. 즉, 정부가 계획한 사업에 대한 이행을 예정대로 진척시키면 시킬수록 정부에 대한 신뢰가 높아져서 마을사업에 대한 신뢰를 향상시킨다. 그러나 삼덕마을의 주거환경관리사업에서 예정된 마을회관 리모델링 공사와 도로 정비사업 등이 계속 늦춰지고 있는 상황이 벌어졌다. 무엇보다도 마을운영위원회 활동을 하지 않는 일반 거주자의 경우 도로 정비나 마을회관 리모델링, 집 앞 공원 조성 등 마을의 외형 변화 또는 물리적인 인프라의 확충을 통해 마을의 변화를 인식하기 마련이다. 그런데 이러한 사업의 진척과정에서 시간지연현상이 두드러지면서 주민 공동체사업이 비효율적으로 진행되고 주민들의 정신적인 스트레스를 야기하였다. 정부에 대한 신뢰 정도와 마을사업에 대한 신뢰가 마을운영위원회에서 진행하는 마을사업에 대한 낮은 신뢰로 연결되어 융합과 이탈의 양가감정이 증가하면서 주민참여의 자발성과 적극성이 현저하게 저하되었다. 그에 따라 마을운영위원회 활동이 급격하게 저하되고 있었다. 마을사업 관련 의사결정을 신속하게 하기보다는 정부의 계획사업의 이행 속도와 진척 가능성에 따라 지연되거나 취소되는 것이 많아졌다. 마을운영위원회 임원들은 마을회관 리모델링 공사 승인이 계속 지연됨에 따라 정부에 대한 신뢰가 저하되는 현상 앞에서 마을사업에 대한 모든 계획들을 유보하는 전략을 사용하였다. 즉, 정부의 계획 사업이행이 고지된 일정에서 계속 지연되는 현상에 대해 즉각적인 반응을 보이기보다는 정부의 대응을 관망하는 자세를 보이고 있다는 것이다. 삼덕마을 사람들은 이 같은 정부의 늦은 이행속도를 정부조직이 보이는 관료제적 특징으로 인식하고 어느 정도 버티기 전략을 사용하고 있었으며 장기적으로는 마을회관을 국가에 반환하고 마을사업에서 모두 철수한다는 복안(腹案)도 가지고 있다.

음의 피드백 루프는 처음 루프에서 줄어든 주민의 참여와 마을운영위원회 활동이 그 다음번 루프에서는 증가하여 전체적으로는 균형을 유지하게 된다. 이렇게 두 번 이상 반복해서 루프를 타면서 의사결정에 따른 이해관계자 간의 갈등이 전체 운영위원회의 활동을 일정 수준으로 통제함으로써 크게 증가하지도 않고 그렇다고 완전히 소멸하게 내버려두지도 않는다. 결국 신뢰의 피드백 루프는 운영위원회에 잔류하여 활동하는 주민들의 수를 한정하고 지역공동체 활동의 성장과 소멸을 통제하는 결과를 만들어낸다.

B1의 음의 피드백 루프의 내용을 정리하면 다음과 같다.

<표 26> 신뢰 B1(-)의 피드백 루프

B1(-): 마을운영위원회 활동→마을사업 관련 의사결정→개인의 가치 충돌→ 대립된 이해관계자 간의 갈등→대면접촉→의사소통→주민에 대한 신뢰→ 마을사업에 대한 신뢰→융합과 이탈의 양가감정→마을운영위원회 활동

B2 역시 음의 피드백이 한 번 나타남에 따라 전체적으로 음의 피드백 루프를 따라 변화한다. 이는 마을운영위원회의 의사결정에 따른 이해관계자 간의 갈등에 대한 중재 행동에 대한 변수들을 인과지도에 투입하였다. 즉, 마을운영위원회 활동이 적극적으로 진행됨에 따라 마을사업 관련 의사결정이 증가하고 이러한 의사결정은 개인의 가치와 충돌하는 상황이 빈번해지면서 대립된 이해관계자 간의 갈등이 증폭되면서 주위 사람들이 갈등 중재에 대한 시도를 해야 한다는 무언의 압력을 받게 된다. 그러나 삼덕마을의 정서상 주민들은 갈등 유발에 대한 두려움이 커서 갈등을 회피하려는 경향이 강하다. 갈등 유발에 대한 두려움으로 인해 공개적인 의사표현에 대해서 신중한 자세를 취하고 몸을 사린다. 이렇게 공개적인 의사표현을 하지 않으면 않을수록 의사소통이 활발하지 않게 되며 의사소통이 원활하지 않으면 상대에 대한 정보가 빈약해짐에 따라 주민에 대한 신뢰가 저하될 수밖에 없다. 주민에 대한 신뢰는 마을사업에 대한 신뢰를 약화시키고 융합과 이탈의 양가감정의 증가로 인해 마을운영위원회 활동을 저하시킨다. 이때 융합과 이탈의 양가감정과 마을운영위원회 활동 사이에는 시간지연 현상이 존재한다.

이러한 음의 피드백 루프가 다시 돌기 시작할 때는 마을운영위원회 활동이 저하된 상태이므로 대립된 이해관계자 간의 갈등은 낮은 상태가 된다. 그러면 낮은 갈등으로 인해 갈등유발에 대한 두려움은 감소하게 되고 공개적인 의사표현은 증가하게 된다. 공개적인 의사표현이 활발해질수록 주민에 대한 신뢰가 향상하고 마을사업에 대한 신뢰도 향상되면서 융합과 이탈의 양가감정은 감소하고 마을운영위원회 활동이 증가한다. 그런데 앞서 설명한 B1의 음의 피드백 루프와 마찬가지로 주민 참여의 변화가 마을운영위원회 활동에 반영되어 그 영향이 나타나기까지 어느 정도 시간이 필요하다.

B2의 음의 피드백 루프의 내용을 정리하면 다음과 같다.

<표 27> 신뢰 B2(-)의 피드백 루프

B2(-): 마을운영위원회 활동→마을사업 관련 의사결정→개인 가치 충돌→
대립된 이해관계자 간의 갈등→갈등유발에 대한 두려움→공개적인
의사표현→의사소통→주민에 대한 신뢰→마을사업에 대한 신뢰→
융합과 이탈의 양가감정→마을운영위원회 활동

주민의 신뢰에 영향을 주는 직접적인 변인은 공개적인 의사표현과 대면접촉을 통한 의사소통이다. 대인관계에서 신뢰는 같은 공간에서 얼굴을 맞대고 상대의 표정 속에서 마음을 읽으면서 쌓을 수 있는 것이다. 또한 삼덕마을은 오래된 단독주택지로 개별적이고 독립적인 생활양식이 강한 지역으로 마을주민들 간의 하위문화나 비공식적인 의사소통 채널이 상대적으로 발달되지 않은 편이다. 대립된 이해관계자 간의 갈등이 당사자들에게는 대면접촉을 꺼리게 되고, 제3자나 주변 인물들에게는 그에 대한 공개적인 의사표현을 조심하게 하여 전체적으로 왕래되는 정보의 양이 줄어들면서 주민에 대한 신뢰가 저하되는 것을 알 수 있다.

주민에 대한 신뢰 인과 나무 다이어그램은 다음과 같다.

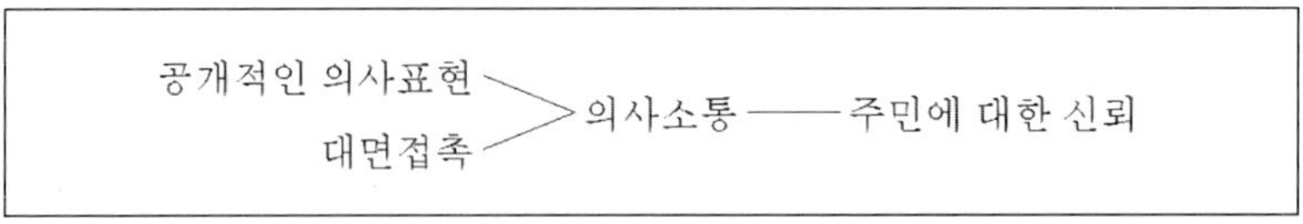

<그림 14> 주민에 대한 신뢰 인과 나무 다이어그램

마을사업에 대한 신뢰는 욕구충족과 정부에 대한 신뢰, 그리고 주민에 대한 신뢰의 영향을 받는다. 마을사업에 대한 신뢰를 마을사업을 기획하고 수행하는 주민조직인 마을운영위원회에 대한 신뢰로 환치할 수 있으며, 지역사회의 신뢰를 보여주는 지표로 볼 수 있다.

마을사업에 대한 신뢰 인과 나무 다이어그램은 다음과 같다.

<그림 15> 마을사업에 대한 신뢰 인과 나무 다이어그램

(5) 협력

삼덕마을 마을운영위원회와 정릉복지관은 같은 지역사회 내에서 공존하고 동반성장하기 위해서 협력이라는 행동방식을 선택하였다. 삼덕마을의 지정학적 위치상 지역사회 내에서 주민들의 삶의 질 향상을 위한 프로그램을 개발하고 사회 서비스를 생산하는 데 있어서 정릉복지관은 경쟁과 협력이 가능한 비영리전문조직이다. 삼덕마을은 마을회관의 정원을 활용한 생태적인 접근과 일반주민 대상의 문화가 접목된 예술교육 프로그램을 제공하고, 정릉복지관은 보다 사회적 취약계층을 위한 지원서비스를 제공하면서 두 조직 간의 협력관계를 구축해 나간다는 장기로드맵을 가지고 있었다.

마을운영위원회 활동을 통해서 마을사업이 성장할수록 마을사업에는 삼덕마을의 지역적 특성과 마을주민들의 욕구가 반영되어 차별성이 부각된다. 차별성이 크면 클수록 지역 내의 다른 조직과의 연계필요성이 높아진다. 삼덕마을에서 외부기관과의 연계에 대한 욕구가 증대할수록 지정학적 위치상 정릉복지관과의 협력관계를 구축한다. 정릉복지관과의 협력관계는 복지관의 주민조직화사업에 대한 인식을 개선하는 데 기여한다. 복지관의 주민조직화 사업에 대한 인식이 개선될수록 복지관의 마을사업에 대한 지원을 받은 복지사의 전문가 역할 수행이 다양해지고 그 결과 마을사업이 발전하고 성숙하는 데 기여한다.

협력 인과지도는 다음과 같다.

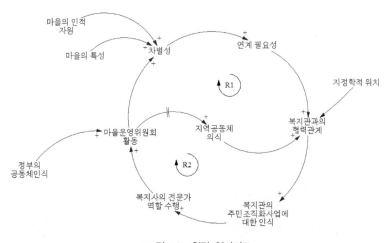

<그림 16> 협력 인과지도

삼덕마을 운영위원회의 핵심 인물들은 삼덕마을에서 자신이 태어나고 자라나서 중년이 된 사람이거나 삼덕마을로 들어와서 자신의 자식들을 낳고 키운 중년 이상의 사람들이었다. 이들은 80년대 이전의 삼덕마을의 조용하고 깨끗한 마을에 대한 이미지를 좋게 생각하며 30년 이상 삼덕마을을 떠나지 않고 한 집에서 3대가 어울러 살아가는 삶의 형태에 대한 자부심을 가지고 있다. 이들은 2014년 상반기에는 삼덕마을 주민으로, 2014년 하반기에는 주민협의체로, 2015년부터는 삼덕마을 마을운영위원회로 조직화되어 마을운영위원회 활동에 참여하면서 삼덕마을 주민들이 만들어내는 유·무형의 프로그램이나 서비스는 삼덕마을만의 독특한 무엇일 것이라는 기대와 자부심을 드러냈다. 이는 삼덕마을의 운영위원회에서 지속적으로 활동하거나 한시적인 참여의사를 밝힌 마을주민들의 인적자원이 양호한 수준이라는 점도 하나의 원인으로 작용한다. 삼덕마을의 핵심 인물들은 소수이긴 하나 시작단계에서부터 서로의 역량에 대해 신뢰감을 주면서 각자 배태적인 역할을 충실하게 이행해왔다. 행정기관에 주민으로서의 의사표현이 가능한 통로를 가지고 있는 연장자가 마을리더의 역할을 자청하여 마을의 기대와 활동의 완급조절을 하였으며, 마을주민들과 면식관계가 있으면 지역사회 내에서 좋은 이미지를 가지고 있는 통장이 지역사회 내에서 마을홍보를 하였고 선친으로부터 물려받은 집에서 대가족을 이루면서 마을을 지켜온 40대 후반 이상의 전문직 종사자들과 마을사업에 우호적인 어르신들이 마을활동에 참여하여 마을사업에 대한 제안을 하거나 육체적인 노력봉사를 해왔다.

삼덕마을 주민들은 복지관 이용경험이 거의 전무한 사람들로, 복지관은 경제적으로 어려운 사람이나 고령자가 이용하는 곳이라는 부정적인 이미지를 가지고 있었다. 삼덕마을 주민들은 사회복지사가 어떤 일을 하는 전문직인지에 대한 관심이 없었고, 특히 자신들이 사회복지사와 같이 일하게 될 것이라는 생각조차 없었던 사람들이었다. 그런 삼덕마을 주민들은 사회복지사와 복지관을 친근하고 고마운 존재로 인식하고 있었다. 또한, 복지관 내부에서는 삼덕마을이라는 조직화사업의 실체를 발견하고 사회복지사가 마을단위 전문적인 개입을 하여 마을의 변화를 이끌어내는 것에 대해 자부심을 가지고 있었다. 복지관 실천의 방향성이 마을과 함께 일하는 것에 있음을 확인하고 그 가능성에 대한 확신을 가지게 되었다.[34]

R1의 양의 피드백 루프의 내용을 정리하면 다음과 같다.

<표 28> 협력 R1(+)의 피드백 루프

R1(+): 마을사업→차별성→연계 필요성→복지관과의 협력관계→   복지관의 주민조직화사업에 대한 인식→복지사의 전문가 역할수행→마을사업

위의 자기 강화 루프가 한 바퀴를 돌고나면 삼덕마을 주민들은 지역을 기반으로 한 정서적 유대와 공유된 경험을 통해 공동체 의식이 성장한다. 이러한 공동체 의식은 지역적 경계가 마을에서 지역사회로 확장되면서 더욱 복지관과의 협력관계형성에 영향을 미친다. 이때 삼덕마을의 마을사업은 태생적으로 마을주민의 자발적인 시작에 의해

---

34) 정릉복지관은 삼덕마을과의 협력관계에 대한 성공경험을 바탕으로 사회복지사가 지역사회를 파고드는 실천을 강조하고 있다. 복지관과 마을이 상호 협력하여 상생하는 방향으로 실천 목표를 분명히 하고 2016년 4월 21일, "정다운 마을, 통하는 이웃, 행복한 주민"을 표어로 정하고 복지관의 비전을 신뢰하는 복지관, 함께하는 복지관으로 수립하였다.

서라기보다는 정부사업의 일환으로 시작되고 서울시의 도시재생정책의 영향력 안에 있다. 따라서 정부의 공동체 의식이 마을사업의 공동체 의식 성장에 영향을 준다. 정부의 공동체에 대한 인식이 주민들이 집단적으로 모이는 횟수나 그때 한 자리에 모이는 주민들의 인원수와 같이 정량적이고 일률적인 가시적 성과를 확인하는 수준에 머물러 있다면 마을사업이 지역공동체 의식을 공유하는 데 한계가 자명하다. 따라서 마을사업에 나타나는 지역공동체에 대한 인식에 대한 정부의 공동체에 대한 인식의 영향력은 반영되어야 한다.

R2의 피드백 루프의 내용을 정리하면 다음과 같다.

<표 29> 협력 R2(+)의 피드백 루프

R2(+): 마을사업→차별성→연계 필요성→복지관과의 협력관계→복지관의 주민조직화사업에 대한 인식→복지관의 마을사업에 대한 지원→마을사업→지역공동체인식→복지관과의 협력관계→복지관의 주민조직화사업에 대한 인식→복지사의 전문가 역할수행→마을사업

복지관과의 협력관계에 영향을 주는 요인 변인은 삼덕마을과 복지관이 같은 지역사회에 위치한다는 지역을 기반으로 하는 유대감과 지역공동체 의식이고 상이한 조직으로서 연계 필요성을 가지고 있어야 하는 것으로 나타났다.

복지관과의 협력관계에 대한 인과 나무 다이어그램은 다음과 같다.

<그림 17> 복지관과의 협력관계에 대한 인과 나무 다이어그램

3) 삼덕마을 지역공동체 활동의 통합 인과지도

삼덕마을 지역공동체 활동은 기본구조인 참여와 네트워크의 양의 피드백 루프(R1(+))와 그 바깥쪽을 도는 음의 피드백 루프(B1(-))의 영향을 받는다. 호혜성은 모든 변수들이 양의 피드백을 받으면서 참여와 네트워크에 연결되어 있으므로, 한번은 R1(+)의 양의 피드백 루프의 흐름을 탄다 할지라도 B1(-)의 음의 피드백 루프의 영향력 안에 있게 되어 선순환 구조가 차단된다. 이러한 상황은 협력관계에서 보이는 두 개의 양의 피드백 루프(R13(+), R5(+)) 역시 동일한 흐름을 보인다. 또한 신뢰에서 보이는 두 개의 음의 피드백 루프(B7(-), B11(-))는 마을운영위원회 활동의 저하로 연결되어 전체 삼덕마을 지역공동체 활동이 침체되어 있는 상황을 알려준다.

삼덕마을 지역공동체 활동의 가장 중요한 루프의 흐름에 따라 삼덕마을 지역공동체 활동을 간략하게 설명하면 다음과 같다. 주거환경관리사업 전환에의 주민동의를 계기로 정릉복지관의 사회복지사가 커뮤니티 활성화 사업을 가지고 마을로 들어가서 주민 참여를 이끌었으며 주민과 같이 일하는 과정에서 사회복지사가 요구받은 전문가 역할을 수행하면서 지역활동 전문가로서 정체성을 확립하고 이는 마을사업을 하는 재미로 이어지면서 마을운영위원회 활동으로 연결되었다. 마을운영위원회 활동은 지역공동체 의식을 성장하게 하고 복지관과의 협력관계를 형성하였다. 삼덕마을 마을운영위원회 활동과 복지관와의 협력관계는 복지관의 관리직과 동료 사회복지 전문직의 주민조직화사업에 대한 인식을 개선하고 그 성과를 공유함으로써 복지관의 전문가 역할 수행에 대한 책무성을 인정받으면서 지역활동 전문가로서의 정체성이 강화되는 양의 피드백 루프로 설명할 수 있다. 그러나 루프를 타고 한번 순환하면 음의 피드백 루프의 영향을 받아 마을운영위원회 활동이 마을회관운영에 대한 책무성이 높아지면서 역할이행요구가 강조된다. 마을운영위원회에 역할이행욕구가 커지면 자발성이 저하된다. 마을운영위원회는 자발적 결사체로서의 정체성을 가지고 있으므로, 마을운영위원회 활동이 비자발적이면 비자발적일수록 프로그램 기획의 감소, 마을사업의 비활성화, 주민참여의 저조로 차례대로 영향을 주고받으면서 악순환의 구조로 바뀐다.

참여와 네트워크를 중심으로 참여 동기와 호혜성, 신뢰, 협력을 하나로 통합한 인과지도는 다음과 같다. 통합모델의 오류는 연구자가 루프를 타고 결과를 기술하는 과정에서 오류가 발견되어 수정하였다. 또한 사회복지학 교수 1인이 인과지도의 액면 타당도를 확인하면서 오류를 발견하거나 의견을 제시하여 연구자가 이를 반영하여 인과지도를 수정하였다. 연구참여자 중 현(現) 사회복지사가 모든 인과지도의 루프를 확인하고 일부 변수명과 피드백 루프에 대한 다른 의견을 제시하였다. 이 과정은 연구자와 현(現) 사회복지사와의 연구 이후 삼덕마을이라는 연구 현장이자 실천 현장에 대한 전반적인 논의가 이루어졌다. 현(現) 사회복지사는 현재 진행되고 있거나 계획 중인 삼덕마을 지역공동체 활동에 대한 내용을 알려주고 연구자는 연구 당시 관찰했던 삼덕마을 지역공동체 활동에 대한 내용을 논의하면서 오류 확인과 수정작업을 진행하여 최종 통합인과지도를 완성하였다.

완성된 인과지도는 인과지도 타당성 검증 과정을 거쳤다. 이후 인과지도 타당성 검증 과정은 연구참여자 2인(주민 C와 현(現) 사회복지사)과 삼덕마을 내부 및 외부 전문가 3인을 선정하여 각각의 인과지도의 변수명과 인과관계, 피드백 방향 등 연구자의 인과지도의 정확성을 묻고 연구자와 논의하는 방식으로 진행하였다. 검증 결과, 연구자의 인과지도에서 치명적인 오류가 발견되지 않았다. 특히 신뢰 인과지도는 전원 동의하였으며, 협력 인과지도는 잠재가능성을 전제로 한 이론적인 의미를 내포하고 있어서 그런지 별다른 의견을 제시하지 않았다. 다만, 연구참여자와 내부 전문가 1인은 연구자가 작성한 인과지도에 전적 동의를 표시한 반면, 외부 전문가 2인은 참여 동기와 호혜성, 참여와 네트워크, 신뢰 인과지도에서 연구자가 작성한 인과지도에 다른 의견을 제시하였다.

외부 전문가의 자문 결과, 연구자가 작성한 인과지도의 타당성에 대한 논쟁거리는 다음과 같다. 첫째, 참여 동기 인과지도에서 삼덕마을은 마을사업이 주민참여를 주도한 반면, 다른 지역에서는 주민참여가 마을사업으로 연결된다는 점에서 차이를 보였다. 이를 통해 삼덕마을의 지역공동체 활동이 비자발적인 시작의 특징을 가지고 있음을 확인하였다. 또한 호혜성 인과지도에서 이웃과의 교류→자기인식→정서적 유대의 인과관계가 이웃과의 교류→정서적 유대→자기인식으로 바뀌어야 한다는 의견이 나왔다. 또한 마을애착이 주민과 사회복지사를 막론하고 마을사업의 결과로 나타나고 그것이 마을사업을 하는 재미와 상호작용을 한다는 의견이었다. 연구자는 이러한 의견을 연구참여자 2인에게 각각 다시 물어보았다. 주민 C는 큰 이견이 없었으며, 현(現) 사회복지사는 자신은 마을 애착을 강하게 느끼나 다른 지역재생활동가가 마을에 애착을 느끼는지에 대한 확신이 없다고 답하였다. 이 또한 삼덕마을의 고유성을 보여주는 것으로, 삼덕마을은 정서적 유대가 강하지 않은 상태에서 마을사업이 진행되었다. 선언적이고 규범적인 차원에서 같은 마을 사람들로서의 정서적 유대를 전제로 하고 주민들은 마을사업에 참여한 셈이다. 주민들이 서로 교류하다보니, 서로 다른 점을 먼저 보고 그것을 통해 자기인식을 하게 되었고 서로 다름 속에서 마을사업을 통해 공동 활동을 하는(하나가 되는) 모습에서 정서적 유대를 느꼈다. 그것이 마을사업을 하는 재미로 연결된 것이다. 반면, 이런 자문을 준 외부 전문가가 활동하는 지역은 삼덕마을에 비해서 지역공동체 활동이 오랜 역사를 가지고 매우 활발하게 전개되는 곳이다. 외부 전문가가 활동하는 지역에서 지금까지 지속되어 온 마을사업이나 주민활동은 정서적 유대를 기반으로 하는 주민들 간 상호작용일 가능성이 높다. 따라서 삼덕마을의 지역공동체 활동이 성숙단계에 접어들면 강한 정서적 유대가 원인변수가 될 것을 예측할 수 있었다. 또한 삼덕마을 주민들의 지역공동체 활동에서 나타나는 정서적 유대와 자기성찰로서의 자기인식은 강도가 낮은 수준이라는 것을 확인할 수 있었다. 이러한 의견의 차이는 삼덕마을이 지역공동체 활동의 초기단계이기 때문에 가지는 특징이라 할 수 있다. 흥미로운 점은 외부 전문가 1인이 신뢰 인과지도에서 삼덕마을에는 연구자가 작성한 일탈-억제 구조의 신뢰 인과지도와 동시에 자기강화 구조를 가지는 신뢰 구조가 있으므로 두 개의 인과지도를 작성하면 어떠냐는 의견을 제시하였다. 외부 전문가가 제시한 선순환 구조의 신뢰 구조는 삼덕마을의 시작단계의 사회적 자본 형태를 보여주는 것이었다. 그리고 그것은 연구자가 이미 작성한 대안적인 신뢰 인과지도의 내용과 거의 일치하는 구조이다. 따라서 삼덕마을의 지역공동체 활동은 비자발적인 시작이었음에도 불구하고 신뢰 사회의 특징을 보이고 있었으며, 그런 점에 기인하여 삼덕마을에서 지역공동체 활동이 초기 진입단계에 급속도로 진입하고 높은 성과를 보일 수 있었다는 가설을 세울 수 있었다. 특히, 전문가 3인은 모두 각각 다른 실천현장에서 오랫동안 활동해온 지역활동가이자 관리직에 해당하는 전문가들이므로 자문을 해준 부분들에서 미세한 터널시야35)가 발견되었다. 즉, 삼덕마을 지역공동체 활동을 자신들이 활동하는 실천현장에서 접근하는 양상이 공통적으로 나타났다. 전문가의 자문 결과, 삼덕마을은 계속 변화해왔고 변화하고 있는 실체라는 통찰을 얻을 수 있었다.

이상에서 살펴본 바와 같이 연구자가 작성한 인과지도는 타당성을 크게 의심할 만한 부분이 현재로서 발견되지 않았고 연구참여자들과 내부 전문가의 동의 수준이 높은 것으로 확인되었다.

통합 인과지도로 확인할 수 있었던 루프는 총 44개로 마을운영위원회 활동변수를 포함한 양의 피드백 루프가 30개, 음의 피드백 루프가 12개이다. 그 밖에 마을사업 변수를 포함한 양의 피드백 루프가 2개이다.

---

35) 터널시야는 '터널비전(tunnel vision)'이란 말로 터널 속으로 들어갔을 때 터널 안만 보이고 터널 밖은 보이지 않는 것처럼 주변을 보지 못한 채 시야가 극도로 좁아지는 현상을 뜻한다 (http://www.kbmaeil.com/news/articleView.html?idxno=377070).

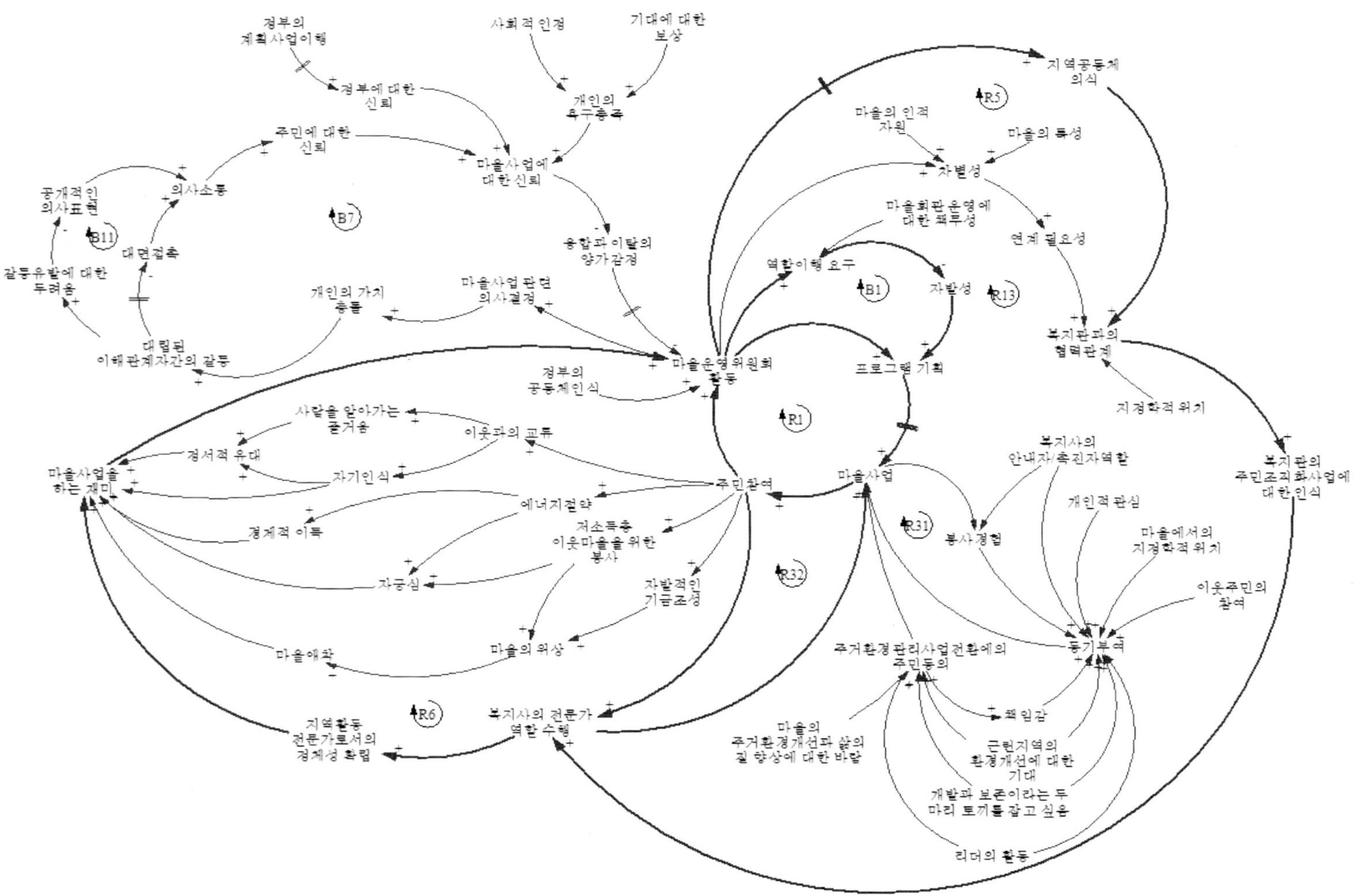
정부의
계획사업이행
사회적 인정
기대에 대한
보상
지역공동체
의식
정부에 대한
신뢰
개인의
욕구충족
마을의 인적
자원
마을의 특성
주민에 대한
신뢰
마을사업에
대한 신뢰
차별성
공개적인
의사표현
의사소통
마을회관운영에
대한 책무성
연계 필요성
대면접촉
융합과 이탈의
양가감정
역할이행 요구
자발성
갈등유발에 대한
두려움
개인의 가치
충돌
마을사업 관련
의사결정
복지관과의
협력관계
대립된
이해관계자간의 갈등
마을운영위원회
활동
프로그램 기획
정부의
공동체인식
지정학적 위치
사람을 알아가는
즐거움
이웃과의 교류
경서적 유대
마을사업을
하는 재미
자기인식
주민참여
마을사업
복지사의
안내자/촉진자역할
복지관의
주민조직화사업에
대한 인식
에너지절약
개인적 관심
경제적 이득
저소득층
이웃마을을 위한
봉사
봉사경험
마을에서의
지정학적 위치
자긍심
자발적인
기금조성
이웃주민의
참여
마을애착
마을의 위상
주거환경관리사업전환에의
주민동의
동기부여
책임감
지역활동
전문가로서의
정체성 확립
복지사의 전문가
역할 수행
마을의
주거환경개선과 삶의
질 향상에 대한 바람
근린지역의
환경개선에 대한
기대
개발과 보존이라는 두
마리 토끼를 잡고 싶은
리더의 활동

<그림 18> 통합 인과지도

삼덕마을 지역공동체 활동의 기본 루프는 R1(+)이다. R1(+)은 마을 운영위원회 활동이 프로그램 기획에 영향을 주어 마을사업과 주민참여에 순차적인 변화를 주고 그 결과가 다시 마을운영위원회 활동에 반영되어 프로그램 기획과 마을사업과 주민참여의 변화가 같은 방향으로 진행되는 관계를 보이는 자기강화 구조이다. 삼덕마을은 마을운영위원회 활동이 증가할수록 프로그램 기획이 향상되어 마을사업이 활성화되면서 주민참여가 활발해지고 다시 마을운영위원회 활동이 적극성을 띠는 식으로 전체 모든 변수들이 지속적으로 상승 변화하게 하는 선순환 구조를 보인다. 다만, 기획된 프로그램이 마을사업으로 실행되는 과정에서 시간지연현상이 있으므로 현상이 구조를 왜곡할 수 있다. 이때 시간이 지연되는 가장 큰 이유는 정부의 계획사업 이행이 매우 느린 속도로 진행되었기 때문이다. 정부의 마을회관 리모델링 공사나 도로정비사업 등은 삼덕마을의 외형을 바꾸고 주거환경개선을 위한 물리적인 변화를 기대하게 하였다. 그러나 기획된 프로그램들이 예상했던 일정보다 늦어짐에 따라 상당수의 마을사업이 유보되었다. 이에 따라 특정 프로그램을 기획했거나 참여를 기다리고 있던 주민들의 참여가 감소함에 따라 주민참여는 일정한 규모를 유지하는, 다양성이 다소 저하된 정체현상을 보였다.

그런데 삼덕마을의 지역공동체 활동이 R1(+)의 양의 피드백 루프를 타고 선순환 구조를 보였다 하더라도 한번 순환하여 다시 마을공동체 활동에서 B1(-)의 음의 피드백 루프를 타기 시작하면 정반대의 양상이 나타난다. 즉, 마을운영위원회 활동이 마을회관운영에 대한 책무성이 높아지면서 역할이행요구가 강조된다. 마을운영위원회에 역할 이행욕구가 커지면 자발성이 저하된다. 마을운영위원회는 자발적 결사체로서의 정체성을 가지고 있으므로, 마을운영위원회 활동이 비자발적이면 비자발적일수록 프로그램 기획의 감소, 마을사업의 비활성화, 주민참여의 저조로 차례대로 영향을 주고받으면서 악순환의 구조로 바뀐다. 그러나 또다시 B1(-)의 음의 피드백 루프를 돌면 선순환의 구조로 바뀐다. 그러면서 전체적으로 마을운영위원회 활동이 균형과 안정을 찾아 변화가 적은 조직이 되어간다. 삼덕마을의 지역공동체 활동은 시간의 흐름에 따라 선순환과 악순환으로, 다시 선순환으로의 변동을 되풀이하면서 흐름이 통제되고 제어되고 궁극적으로는 성장의 한계를 가지는 형태를 보인다. 이는 B1(-)의 음의 피드백 루프에서 역할이행욕구와 자발성 간의 관계가 음의 관계(부적 상관성)를 보이고 있으며 이러한 음의 관계가 한 번, 즉 홀수 번 나타나므로 다른 하위 활동 루프와 연결이 되도 전체는 음의 피드백 구조를 가지게 되기 때문이다.

삼덕마을 지역공동체의 시작은 R6(+)처럼 정릉복지관 사회복지사의 전문가 역할수행에서 그 시발점을 찾을 수 있다. 정릉복지관 사회복지사가 삼덕마을로 들어가서 커뮤니티 활성화를 목적으로 하는 마을사업을 펼쳤다. 당시 삼덕마을은 주거환경관리사업 전환에 대한 주민동의를 거쳐 주민공동체사업에 대한 욕구가 있었다. R32(+)에서 확인할 수 있듯이, 복지사의 전문가 역할 수행이 마을사업과 주민참여에 순차적으로 정적인 영향을 준다. 즉, 사회복지사의 전문적인 개입으로 통해 펼쳐지는 다양한 마을사업에 주민이 참여하였다. 이로써 삼덕마을에는 공유된 경험과 마을사업을 하는 재미라는 공통된 감정이 존재하게 되었다. 주민참여로 드러난 공유된 경험에 부여한 의미들이 주민들의 리더십을 개발하고 적극적으로 참여하는 주민들을 마을대표로 세우고 마을협의체를 구성하게 하였다. 결국 이들의 모임을 모태로 하여 삼덕마을 마을운영위원회라는 네트워크가 조직되고 마을운영위원회 활동이 마을 전체를 대상으로 하는 커뮤니티 워크를 진행하고 있다. 시작단계에서 이루어졌던 복지사의 전문가 역할 수행과 마을사업은 초기과정에서 그 사업의 실시주체를 지역주민들에게 많이 양도하고 사회복지사가 훈련시켰다.

이후 마을운영위원회 활동이 활발해지면 R13(+)의 루프를 타게 된다. R13(+)은 마을운영위원회 활동이 활발할수록 그 차별성이 부각된다. 이때, 마을운영위원회 활동에 대한 정부의 공동체 인식은 원인변수로 외부로부터의 영향을 받는다. 또한 삼덕마을 지역공동체 활동의 차별성은 삼덕마을의 특성, 즉 지역적 특성 및 고유한 지역정서와 삼덕마을의 인적자원에 큰 영향을 받는다. 사실 정릉동에 있는 '정든마을'과 비교해보더라도 삼덕마을 운영위원회 활동이 다른 마을의 그것들에 비해 차별적인 우수성을 인정받는 것은 마을의 정체성이라고 할 수 있는 마을의 특성과 우수한 인적자원에 기인한다. 삼덕마을만의 차별성은 지역사회 내에서의 연계 필요성을 증대시켜 지정학적 위치상 정릉복지관과의 협력관계가 두터워진다. 삼덕마을과 정릉복지관의 협력관계는 복지관의 주민조직화사업에 대한 인식을 개선하거나 향상시켜 복지사의 전문가 역할수행을 조장한다. 복지사의 전문가 역할수행은 지역활동 전문가로서의 정체성 확립과 마을사업을 하는 재미를 통하여 마을운영위원회 활동으로 영향을 주면서 순환한다. 그러나 이러한 순환이 B1(-)의 흐름을 타고 다시 R18(+)로 진행하면 선순환 구조가 악순환 구조로 변화하게 된다. 변화 이유는 앞서 설명한 내용과 일치한다.

R5(+)에서 확인할 수 있듯이 삼덕마을 지역공동체 활동이 궁극적으로 지향하는 것은 지역공동체 의식이라 할 수 있다. 그러나 마을운영위원회 활동이 지역공동체 의식을 함양하는 데 즉각적인 영향이 아닌 지체된 영향을 준다. 즉, 개인행위의 변화가 집단인식의 변화로 이어지는 데 시간지연현상이 있다. 지역공동체 의식이 자라면서 복지관과의 협력관계를 강화하고 이는 복지관의 조직화사업에 대한 인식을 높이면서 복지가의 전문가 역할 수행으로 이어진다. 복지사의 전문가 역할수행은 지역활동 전문가로서의 정체성 확립과 마을사업을 하는 재미를 통하여 마을운영위원회 활동으로 영향을 주면서 순환한다. 이후 B1(-) 루프를 타게 되면 위에서 설명한 것과 동일하게 선순환 구조였던 양의 피드백 루프가 악순환 구조로 바뀐다.

한편 삼덕마을은 마을회관 부지 선정 결과에 따른 주민 갈등의 문제와 마을운영위원회 활동을 하면서 진행되는 주민들 간의 가치의 충돌과 견해 차이로 인해 발생했던 경미한 갈등들이 해결되지 못한 채 잠재되어 있다. 주민들 간의 협력관계가 유지되고 강한 관계로 발전되기 위해서는 신뢰가 가장 중요한 요인이다. 이러한 신뢰에서 B7(-) 루프와 B11(-) 루프가 나타나면서 전체적으로 신뢰 향상의 흐름을 가로막는 요인을 알 수 있다. B7(-)은 마을운영위원회 활동으로 인해 증가하는 마을사업 관련 의사결정 과정에 주민 개인의 가치가 충돌되면서 대립된 이해관계자와의 갈등이 커진다. 이러한 갈등이 커진다고 해서 바로 대면접촉을 안 하는 것은 아니지만 결과적으로 대면접촉은 감소하다. 주민들이 대면접촉을 회피하면서 의사소통은 현저하게 줄어들고 이것은 주민에 대한 신뢰 저하로 연결된다. 주민에 대한 신뢰가 낮으면 주민들이 주체가 되어 행해지는 마을사업에 대한 신뢰도 감소되어 융합과 이탈의 감정이 증가하면서 내적 갈등을 하게 된다. 이러한 갈등상태에서는 마을운영위원회 활동이 적극적일 수 없다. B11(-)은 대립된 이해관계자 간의 갈등이 커졌을 때 갈등 유발에 대한 두려움이 커지면서 공개적인 의사표현이 줄어든다. 공개적인 의사표현이 줄어들수록 의사소통도 줄어들면서 주민에 대한 신뢰가 줄어든다. 이후는 B7(-) 같은 변수들의 영향을 받는다. 이러한 변수들이 음의 피드백 루프를 따라 다시 반복하게 되면 또 다른 국면이 생기게 된다. 앞서 루프를 타고 저하된 마을운영회의 활동은 마을사업 관련 의사결정의 감소로 이어진다. 마을사업 관련 의사결정이 감소는 개인의 가치 충돌의 감소로 연결되고 이에 따른 대립된 이해관계자 간의 갈등도 감소하거나 약화된다. 대립된 이해관계자 간의 갈등이 적을수록 대면접촉은 많아지고 대면접촉이 많아짐에 따라 의사소통은 원활해진다. 원활해진 의사소통을 기반으로 주민에 대한 신뢰가 향상되고 그에 따라 사업에 대한 신뢰도 향상된다. 사업에 대한 신뢰의 향상이 융합과 이탈의 양가감정을 완화시켜 주민참여의 증가를 가져오고 마을운영위원회 활동 증가로 이어진다. 이때 주민참여의 증가는 어느 정도 시간이 지체된 이후 마을운영위원회 활동을 증가시킨다.

위의 내용을 포함하여 통합 인과지도에 나타나 피드백 루프의 내용을 표로 제시하면 다음과 같다.

구분	내용
R1(+)*	마을운영위원회 활동→프로그램 기획→마을사업→주민참여→마을운영위원회 활동
B1(-)*	마을운영위원회 활동→역할이행 요구→자발성*→프로그램 기획→마을사업→주민참여→마을운영위원회 활동
R2(+)	마을운영위원회 활동→프로그램 기획→마을사업→주민참여→저소득층 이웃마을을 위한 봉사→자긍심→마을사업을 하는 재미→마을운영위원회 활동
R3(+)	마을운영위원회 활동→프로그램 기획→마을사업→주민참여→에너지절약→자긍심→마을사업을 하는 재미→마을운영위원회 활동
R4(+)	마을운영위원회 활동→프로그램 기획→마을사업→주민참여→에너지절약→경제적 이득→마을사업을 하는 재미→마을운영위원회 활동
R5(+)	마을운영위원회 활동→지역공동체 의식→복지관과의 협력관계→복지관의 주민조직화사업에 대한 인식→복지사의 전문가 역할 수행→지역활동 전문가로서의 정체성 확립→ 마을사업을 하는 재미→마을운영위원회 활동
R6(+)*	마을운영위원회 활동→프로그램 기획→마을사업→주민참여→복지사의 전문가 역할 수행→지역활동 전문가로서의 정체성 확립→마을사업을 하는 재미→마을운영위원회 활동
R7(+)	마을운영위원회 활동→프로그램 기획→마을사업→주민참여→이웃과의 교류→자기인식→마을사업을 하는 재미→마을운영위원회 활동
R8(+)	마을운영위원회 활동→지역공동체 의식→복지관과의 협력관계→복지관의 주민조직화사업에 대한 인식→복지사의 전문가 역할 수행→마을사업→주민참여→마을운영위원회 활동
R9(+)	마을운영위원회 활동→프로그램 기획→마을사업→주민참여→자발적인 기금조성→마을의 위상→마을애착→마을사업을 하는 재미→마을운영위원회 활동
R10(+)	마을운영위원회 활동→프로그램 기획→마을사업→주민참여→저소득층 이웃마을을 위한 봉사→마을의 위상→마을애착→마을사업을 하는 재미→마을운영위원회 활동
R11(+)	마을운영위원회 활동→프로그램 기획→마을사업→주민참여→이웃과의 교류→자기인식→정서적 유대→마을사업을 하는 재미→마을운영위원회 활동
R12(+)	마을운영위원회 활동→프로그램 기획→마을사업→주민참여→이웃과의 교류→사람을 알아가는 즐거움→정서적 유대→마을사업을 하는 재미→마을운영위원회 활동
R13(+)*	마을운영위원회 활동→차별성→연계 필요성→복지관과의 협력관계→복지관의 주민조직화사업에 대한 인식→복지사의 전문가 역할 수행→지역활동 전문가로서의 정체성 확립→마을사업을 하는 재미→마을운영위원회 활동
R14(+)	마을운영위원회 활동→차별성→연계 필요성→복지관과의 협력관계→복지관의 주민조직화사업에 대한 인식→복지사의 전문가 역할 수행→마을사업→주민참여→마을운영위원회 활동

구분	내용
B2(-)	마을운영위원회 활동→역할이행 요구→자발성*→프로그램 기획→마을사업→주민참여→복지사의 전문가 역할 수행→지역활동 전문가로서의 정체성 확립→마을사업을 하는 재미→마을운영위원회 활동
B3(-)	마을운영위원회 활동→역할이행 요구→자발성*→프로그램 기획→마을사업→주민참여→이웃과의 교류→자기인식→마을사업을 하는 재미→마을운영위원회 활동
B4(-)	마을운영위원회 활동→역할이행 요구→자발성*→프로그램 기획→마을사업→주민참여→에너지절약→경제적 이득→마을사업을 하는 재미→마을운영위원회 활동
B5(-)	마을운영위원회 활동→역할이행 요구→자발성*→프로그램 기획→마을사업→주민참여→에너지절약→자긍심→마을사업을 하는 재미→마을운영위원회 활동
B6(-)	마을운영위원회 활동→역할이행 요구→자발성*→프로그램 기획→마을사업→주민참여→저소득층 이웃마을을 위한 봉사→자긍심→마을사업을 하는 재미→마을운영위원회 활동
B7(-)*	마을운영위원회 활동→마을사업 관련 의사결정→개인의 가치 충돌→대립된 이해관계자 간의 갈등→대면접촉*→의사소통→주민에 대한 신뢰→마을사업에 대한 신뢰→융합과 이탈의 양가감정→마을운영위원회 활동*
B8(-)	마을운영위원회 활동→역할이행 요구→자발성*→프로그램 기획→마을사업→주민참여→이웃과의 교류→자기인식→정서적 유대→마을사업을 하는 재미→마을운영위원회 활동
B9(-)	마을운영위원회 활동→역할이행 요구→자발성*→프로그램 기획→마을사업→주민참여→자발적인 기금조성→마을의 위상→마을애착→마을사업을 하는 재미→마을운영위원회 활동
R15(+)	마을운영위원회 활동→지역공동체 의식→복지관과의 협력관계→복지관의 주민조직화사업에 대한 인식→복지사의 전문가 역할 수행→마을사업→주민참여→저소득층 이웃마을을 위한 봉사→자긍심→마을사업을 하는 재미→마을운영위원회 활동
R16(+)	마을운영위원회 활동→지역공동체 의식→복지관과의 협력관계→복지관의 주민조직화사업에 대한 인식→복지사의 전문가 역할 수행→마을사업→주민참여→에너지절약→자긍심→마을사업을 하는 재미→마을운영위원회 활동
R17(+)	마을운영위원회 활동→지역공동체 의식→복지관과의 협력관계→복지관의 주민조직화사업에 대한 인식→복지사의 전문가 역할 수행→마을사업→주민참여→에너지절약→경제적 이득→마을사업을 하는 재미→마을운영위원회 활동
B10(-)	마을운영위원회 활동→역할이행 요구→자발성*→프로그램 기획→마을사업→주민참여→이웃과의 교류→사람을 알아가는 즐거움→정서적 유대→마을사업을 하는 재미→마을운영위원회 활동

구분	내용
B11(-)*	마을운영위원회 활동→마을사업 관련 의사결정→개인의 가치 충돌→대립된 이해관계자 간의 갈등→갈등유발에 대한 두려움→공개적인 의사표현*→의사소통→주민에 대한 신뢰→마을사업에 대한 신뢰→융합과 이탈의 양가감정*→마을운영위원회 활동*
B12(-)	마을운영위원회 활동→역할이행 요구→자발성*→프로그램 기획→마을사업→주민참여→저소득층 이웃마을을 위한 봉사→마을의 위상→마을애착→마을사업을 하는 재미→마을운영위원회 활동
R18(+)	마을운영위원회 활동↔지역공동체 의식→복지관과의 협력관계→복지관의 주민조직화사업에 대한 인식→복지사의 전문가 역할 수행→마을사업→주민참여→이웃과의 교류→자기인식→마을사업을 하는 재미→마을운영위원회 활동
R19(+)	마을운영위원회 활동↔지역공동체 의식→복지관과의 협력관계→복지관의 주민조직화사업에 대한 인식→복지사의 전문가 역할 수행→마을사업→주민참여→자발적인 기금조성→마을의 위상→마을애착→마을사업을 하는 재미→마을운영위원회 활동
R20(+)	마을운영위원회 활동↔지역공동체 의식→복지관과의 협력관계→복지관의 주민조직화사업에 대한 인식→복지사의 전문가 역할 수행→마을사업→주민참여→저소득층 이웃마을을 위한 봉사→마을의 위상→마을애착→마을사업을 하는 재미→마을운영위원회 활동
R21(+)	마을운영위원회 활동→차별성→연계 필요성→복지관과의 협력관계→복지관의 주민조직화사업에 대한 인식→복지사의 전문가 역할 수행→마을사업→주민참여→저소득층 이웃마을을 위한 봉사→자긍심→마을사업을 하는 재미→마을운영위원회 활동
R22(+)	마을운영위원회 활동↔지역공동체 의식→복지관과의 협력관계→복지관의 주민조직화사업에 대한 인식→복지사의 전문가 역할 수행→마을사업→주민참여→이웃과의 교류→자기인식→정서적 유대→마을사업을 하는 재미→마을운영위원회 활동
R23(+)	마을운영위원회 활동→차별성→연계 필요성→복지관과의 협력관계→복지관의 주민조직화사업에 대한 인식→복지사의 전문가 역할 수행→마을사업→주민참여→에너지절약→경제적 이득→마을사업을 하는 재미→마을운영위원회 활동
R24(+)	마을운영위원회 활동→차별성→연계 필요성→복지관과의 협력관계→복지관의 주민조직화사업에 대한 인식→복지사의 전문가 역할 수행→마을사업→주민참여→에너지절약→자긍심→마을사업을 하는 재미→마을운영위원회 활동
R25(+)	마을운영위원회 활동↔지역공동체 의식→복지관과의 협력관계→복지관의 주민조직화사업에 대한 인식→복지사의 전문가 역할 수행→마을사업→주민참여→이웃과의 교류→사람을 알아가는 즐거움→정서적 유대→마을사업을 하는 재미→마을운영위원회 활동
R26(+)	마을운영위원회 활동→차별성→연계 필요성→복지관과의 협력관계→복지관의 주민조직화사업에 대한 인식→복지사의 전문가 역할 수행→마을사업→주민참여→이웃과의 교류→자기인식→마을사업을 하는 재미→마을운영위원회 활동

구분	내용
R27(+)	마을운영위원회 활동→차별성→연계 필요성→복지관과의 협력관계→복지관의 주민조직화사업에 대한 인식→복지사의 전문가 역할 수행→마을사업→주민참여→저소득층 이웃마을을 위한 봉사→마을의 위상→마을애착→마을사업을 하는 재미→마을운영위원회 활동
R28(+)	마을운영위원회 활동→차별성→연계 필요성→복지관과의 협력관계→복지관의 주민조직화사업에 대한 인식→복지사의 전문가 역할 수행→마을사업→주민참여→이웃과의 교류→사람을 알아가는 즐거움→정서적 유대→마을사업을 하는 재미→마을운영위원회 활동
R29(+)	마을운영위원회 활동→차별성→연계 필요성→복지관과의 협력관계→복지관의 주민조직화사업에 대한 인식→복지사의 전문가 역할 수행→마을사업→주민참여→이웃과의 교류→자기인식→정서적 유대→마을사업을 하는 재미→마을운영위원회 활동
R30(+)	마을운영위원회 활동→차별성→연계 필요성→복지관과의 협력관계→복지관의 주민조직화사업에 대한 인식→복지사의 전문가 역할 수행→마을사업→주민참여→자발적인 기금조성→마을의 위상→마을애착→마을사업을 하는 재미→마을운영위원회 활동
R31(+)	봉사경험→동기부여→마을사업→봉사경험
R32(+)	복지사의 전문가 역할 수행→마을사업→주민참여→복지사의 전문가 역할 수행

* 밑줄 친 피드백 루프는 마이너스 관계인 변수 간의 관계나 시간지체현상이 1번 이상 보이는 루프이고, 밑줄 친 변수명은 마이너스 관계에서 영향을 받는 변수임.

제5장

결론

01
연구결과 요약

    본 연구의 목적은 커뮤니티 워크와 지역사회 사회적 자본의 순환적 관계를 규명하고 나아가 지역사회가 협력체계로 변화하는 과정의 이해이다.

    본 연구에서 발견한 커뮤니티 워크와 지역사회 사회적 자본의 상호작용의 본질적 의미는 협력을 위한 변화이고 삼덕마을 지역공동체 활동의 기본구조는 마을단위 협력체계 구축이었다. 그 기본구조를 살펴보면, 복지환경 변화에 적극적으로 반응하는 사회복지관이 지역주민들을 조력하여 커뮤니티 워크를 수행하여 지역사회 사회적 자본을 형성한다. 지역사회 사회적 자본은 사회복지사의 커뮤니티 워커로서의 정체성 확립과 전문성 향상에 영향을 미친다. 또한 지역사회 사회적 자본이 형성됨에 따라 삼덕마을에는 마을운영위원회라는 주민조직이 생기고 주민들은 마을운영위원회활동에 참여하면서 커뮤니티 워크의 주체로 성장한다. 그러나 주민조직이 자치능력을 갖추고 커뮤니티 워크의 주도성과 실행력을 갖추기까지 시간지연현상이 나타난다. 이때 마을운영위원회에 대한 정부의 기대와 압력 증가는 마을운영위원회의 외부의 힘으로 작용한다. 사회적 자본을 기반으로 지역공동체를 구축해 나간다. 이는 공공정책의 변화와 흐름을 같이하면서 지역 내 협력을 도모하고 있는 것으로 나타났다.

본 연구는 사례연구로, 연구참여자의 심층면접자료, 연구자의 현장 관찰일지 및 현장메모, 정부기관 및 정릉복지관의 내부자료 등 다양한 자료원을 통해서 자료를 수집하였다. 개별심층면접조사의 연구참여자는 총 9명으로, 정릉복지관의 사회복지사 3명과 삼덕마을 주민 6명이다. 2014년 8월부터 2016년 1월까지 총 1년 6개월 동안 총 15회 면접조사를 실시하였다. 개별심층면접조사는 개인별 최대 3회까지 1회당 평균 90분 정도 소요하였다. 연구자는 2015년 3월부터 2016년 2월까지 만 1년 동안 삼덕마을과 정릉복지관에서 참여관찰을 실시하였다.

본 연구에서는 두 단계에 걸쳐 질적 자료분석을 실시하였다. 모든 자료는 문자언어로 기록된 질적 자료로 코딩과 범주화 과정을 거쳤다. 1단계는 연대기적 사례분석방법으로, 2단계는 시스템 사고를 통한 인과지도 분석을 하였다. 이때 2차 자료도 수집하여 분석하였다.

인과지도 타당성 검증은 연구참여자와 지역전문가로 구성된 자문위원의 검토를 통해서 진행되었다. 또한 연구결과는 멤버 체크와 감사를 통해서 연구자 시선의 편향성을 감시하고 진실성(trustness)을 확보하였다.

연대기적 사례분석 분석 결과, 삼덕마을 지역공동체 활동에서 중요한 시점(변곡점)은 다음 3개로 나타났다. 그것은 삼덕마을 지역공동체 활동의 도시재생정책의 법적 근거 기반 시작단계(T1)와 주민투표 통과 초기 진입단계(T2), 그리고 마을운영위원회 중심 초기 실행단계(T3)이다. 삼덕마을의 변화는 외부로부터의 변화에 대한 압력과 내부의 능동적인 반응의 조응으로 나타났다. 삼덕마을의 지역공동체 활동은 시작단계에서부터 주민조직과 복지관 조직의 협업체계를 작동 원리로 하여 그 자체가 지역공동체 활동의 지향이 되고 삼덕마을 지역공동체 활동의 정체성을 규정해 오고 있었다. 시작단계와 초기단계를 거치면서 삼덕마을은 마을단위 지역공동체 활동을 통해서 마을의 의미가 변했다. 삼덕마을은 지리적이고 물리적인 주거공간에서 마을주민들의 의사소통과 집합적인 활동이 이루어지는 다양한 생활세계가 교류하는 공간으로 변화하였다. 마을단위 커뮤니티 워크와 사회적 자본의 상호작용이 마을의 위상을 사회적 수준으로 격상하고 마을애착과 상호호혜성, 신뢰가 사회적 규범으로 형성되어 마을문제 해결을 위한 협력이 가능한 현장으로 만들었다.

본 연구에서 발견한 삼덕마을 지역공동체 활동의 기본구조를 인과지도로 제시하면 다음과 같다.

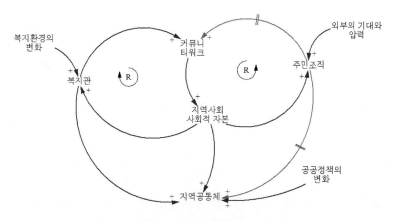

<그림 19> 삼덕마을 지역공동체 활동의 구조 인과지도

범주화한 내용을 연구문제에 따라 재분석한 결과, 삼덕마을의 특성, 마을사업의 참여 동기, 참여와 네트워크, 호혜성, 신뢰, 협력, 해결과제로 유목화하였다. 이 중 반복적인 형태가 순환과정을 보이는 부분인 마을사업의 참여 동기, 참여와 네트워크, 호혜성, 신뢰, 협력에 관한 내용을 선정하여 인과지도로 작성하였다. 참여와 네트워크를 중심으로 참여 동기와 호혜성, 신뢰, 협력관계를 하나로 통합한 인과지도는 총 44개의 루프로 구성되었다. 마을운영위원회 활동변수를 포함한 양의 피드백 루프가 30개, 음의 피드백 루프가 12개이다. 그 밖에 마을사업 변수를 포함한 양의 피드백 루프가 2개이다.

삼덕마을 지역공동체 활동은 기본구조인 참여와 네트워크의 양의 피드백 루프(R1(+))와 그 바깥쪽을 도는 음의 피드백 루프(B1(-))의 영향을 받는다. 호혜성은 모든 변수들이 양의 피드백을 받으면서 참여와 네트워크에 연결되어 있으므로, 한번은 R1(+)의 양의 피드백 루프의 흐름을 타고 순환한다 할지라도 결국은 B1(-)의 음의 피드백 루프의 영향력 안에 있게 되어 선순환 구조가 차단된다. 이러한 상황은 협력관계에서 보이는 두 개의 양의 피드백 루프(R13(+), R5(+)) 역시 동일한 흐름을 보인다. 또한 신뢰에서 보이는 두 개의 음의 피드백 루프(B7(-), B11(-))는 마을운영위원회 활동의 저하로 연결되어 전체 삼덕마을 지역공동체 활동이 침체되어 있는 상황을 알려준다.

삼덕마을 지역공동체 활동의 핵심 루프의 흐름에 따라 삼덕마을 지역공동체 활동을 간략하게 설명하면 다음과 같다. 주거환경관리사업 전환에의 주민동의를 계기로 정릉복지관의 사회복지사가 커뮤니티 수립 및 활성화를 위한 마을사업을 수행하면서 주민 참여를 이끌었다. 사회복지사는 주민과 협력하여 일하는 과정에서 지역활동 전문가 역할을 수행하고 다양한 마을사업을 전개하여 마을사업을 하는 재미가 마을운영위원회 활동으로 연결되도록 전문적인 개입을 하였다. 마을주민이 주도하는 마을운영위원회 활동은 삼덕마을에서 지역공동체 의식을 확산시키고 복지관과의 협력관계를 형성하였다. 삼덕마을 마을운영위원회 활동과 복지관과의 협력관계는 복지관의 주민조직화사업에 대한 인식을 개선하고 복지관의 전문가 역할 수행에 대한 책무성을 인정받으면서 사회복지사의 지역 활동 전문가로서의 정체성이 확립된다. 이러한 양의 피드백 루프는 순환되면서 또 다른 음의 피드백 루프의 영향을 받는다. 마을운영위원회 활동이 마을회관 운영에 대한 책무성에 따른 역할이행요구의 영향을 받는다. 마을운영위원회 활동에 대한 역할이행요구가 커지면 커질수록 자발성이 저하된다. 마을운영위원회 활동의 자발성 저하는 프로그램 기획의 감소와 마을사업의 비활성화, 그리고 주민참여의 저조로 순차적인 정적 영향을 주고받으면서 악순환의 구조로 바뀐다.

세부적인 인과지도 분석 결과는 다음과 같다.

첫째, 참여 동기에서는 한 개의 양의 피드백 루프(R1(+))가 나타난다. 마을주민은 자신의 봉사경험이 동기부여가 되어 마을사업에 참여하게 되는데, 마을사업에 참여하면 할수록 주민활동을 통한 봉사경험이 풍부해지면 활동의 지속성을 위한 동기부여가 강화되고 있다. 이때 사회복지사의 역할은 루프가 반복됨에 따라 안내자의 역할에서 촉진자의 역할로 변화하는 것을 알 수 있다(R1(+): 봉사경험→동기부여→마을사업→봉사경험).

마을사업에 참여한 사람들은 각자 다양한 맥락에서 동기부여를 하고 있었다. 주거환경관리사업 전환에의 동기가 된 개발과 보존이라는 두 마리 토끼를 잡고 싶음, 근린지역의 환경에 대한 개선, 리더의 활동을 포함하여 마을카페를 운영하면서 예기치 않게 시작단계에서부터 마을주민들과 외부 전문가들의 왕래가 잦아지면서 거점장소가 된 경우나 먼저 참여하기 시작한 이웃의 영향을 받거나 동의서에 서명한 자신의 선택에 대한 책임감과 마을이 아닌 지역이나 마을주민이 아닌 사람들을 대상으로 봉사했던 경험은 자신과 자신의 가족이 살고 있는 마을에서의 봉사를 자연스러운 선택으로 받아들이는 것을 도모하였다. 또한 사회복지사의 전문적인 개입활동은 마을주민들이 마을사업을 시작하는 데 동기를 부여하고 있었다.

둘째, 참여와 네트워크 인과지도에서는 양의 피드백 루프((R1(+))와 이를 둘러싸는 또 다른 음의 피드백 루프(B1(-))가 보여서 전체적으로 일탈-억제 루프가 형성되고 있음을 알 수 있다. 주민참여는 마을운영위원회라는 네트워크를 중심으로 이루어진다. 마을운영위원회 활동이 활발할수록 프로그램 기획이 증가하고 다양한 마을사업이 실시되면서 주민참여가 증가한다. 주민참여는 마을운영위원회 활동의 정당성과 대표성을 부여하면서 자기강화루프를 형성한다(R1(+): 마을운영위원회 활동→프로그램의 기획→마을사업→주민참여→마을운영위원회 활동). 그러나 삼덕마을의 마을운영위원회 활동은 R1(+)의 강화루프에서 파생된 B1(-)의 음의 피드백 루프에 의해서 흐름의 방향이 바뀌는 양상을 보인다. 즉, 마을운영위원회 활동이 증가할수록 마을회관을 운영하고 관리하는 역할수행 요구가 많아지고 역할수행 욕구가 많아지면 자발성이 저하된다. 저하된 자발성은 프로그램 기획과 마을사업에 부정적인 영향을 주어 주민참여가 감소하고 마을운영위원회 활동의 활발성이 떨어진다(B1(-): 마을운영위원회 활동→역할수행 요구→자발성→프로그램 기획→마을사업→주민참여→마을운영위원회 활동).

셋째, 호혜성 인과지도에서는 피드백 루프가 발견되지 않지만 마을사업에 대한 주민 참여가 마을사업을 하는 재미로 수렴되면서 마을운영위원회 활동으로 확장되는 것이 확인되었다. 마을사업에 대한 주민참여는 이웃과의 교류를 통해 사람을 알아가는 즐거움과 자기인식이 증가하면서 정서적 유대를 강화하여 마을사업을 하는 재미를 더하고 있으며 그것이 마을운영위원회 활동의 주된 내용인 마을회관 운영을 가능하게 하였다. 또한 저소득층 이웃마을을 위한 봉사는 개인의 자긍심을 향상시키는 동시에 자발적인 마을기금조성과 더불어 마을의 위상을 높이고 마을애착을 크게 하여 마을사업을 하는 재미를 통해 마을회관운영으로 이어졌다. 에너지절약은 경제적 이득과 자긍심을 증대하여 마을사업을 하는 재미를 통해 마을회관운영으로 영향을 주었다. 한편, 마을사업과 주민참여가 사회복지사의 전문가 역할 수행을 향상시켜 지역활동 전문가로서의 정체성 확립을 도모하여 마을사업을 하는 재미를 증가시켜 마을운영위원회 활동을 활발하게 하였다.

넷째, 신뢰 인과지도에서는 갈등이 시스템 전체 흐름을 제어하고 있었다. 주민에 대한 신뢰가 낮아지면 마을사업에 대한 신뢰도 동반 하락하면서 지역공동체 활동에 대한 융합과 이탈의 양가감정이 증가하여 마을운영위원회 활동이 저조해지는데, 이 부분에서 시간지체현상이 나타났다. 특히, 마을사업에 대한 신뢰는 주민에 대한 신뢰의 영향과 동시에 정부에 대한 신뢰와 개인의 욕구충족의 영향을 받고 있었다.

신뢰 음의 피드백 루프는 다음과 같이 나타난다. 마을운영위원회 활동을 하면 할수록 마을사업 관련 의사결정이 증가한다. 마을사업 관련 의사결정이 증가하면 할수록 개인의 가치 충돌이 잦아진다. 개인의 가치 충돌이 잦을수록 대립된 이해관계자 간의 갈등이 증가하거나 증폭된다. 대립된 이해관계자 간의 갈등이 커질수록 갈등관계에 있는 이해관계자들의 대면접촉이 줄어든다. 이때 이해관계자들과 대면접촉 사이에는 시간지체현상이 존재하므로 이해관계자 간의 갈등이 생겼다 해서 바로 대면접촉의 저하로 연결되는 것은 아니다. 대면접촉이 줄어들면 들수록 의사소통이 원활히 되지 않는다. 의사소통이 원활하지 않으면 않을수록 주민에 대한 신뢰가 저하된다. 주민에 대한 신뢰가 저하될수록 마을사업에 대한 신뢰가 저하된다. 마을사업의 신뢰 저하는 주민참여의 저조로 이어진다. 주민참여가 줄어들면 줄어들수록 마을운영위원회 활동이 저하하는 것으로 나타난다(B1(-): 마을 운영 위원회 활동→마을사업 관련 의사결정→개인의 가치 충돌→대립된 이해관계자간의 갈등→대면접촉→의사소통→주민에 대한 신뢰→마을사업에 대한 신뢰→주민참여→마을 운영 위원회 활동).

주민의 신뢰에 영향을 주는 직접적인 변인은 공개적인 의사표현과 대면접촉을 통한 의사소통이다. 마을사업에 대한 신뢰는 욕구충족과 정부에 대한 신뢰, 그리고 주민에 대한 신뢰의 영향을 받는다.

다섯째, 협력 인과지도에서는 마을운영위원회 활동이 마을사업의 차별성을 강조하면서 연계의 필요성이 높아짐에 따라 근린 지역 내 위치하는 복지관과의 협력관계를 강화한다. 삼덕마을과 정릉복지관과의 협력사업 추진 경험이 축적됨에 따라 정릉복지관의 지역조직화 사업이 마을의 변화를 돕는 협력적 관계가 공고해진다. 정릉복지관은 삼덕마을의 변화를 통해 지역사회 전체의 변화 가능성에 대한 기대를 가지고 지역조직화 사업과 지역복지관으로서의 정체성에 대한 확신을 가지게 된다. 이는 복지관의 삼덕마을에 대한 지원으로 이어지면서 삼덕마을 마을운영위원회 활동을 발전시키고 있었다(R1(+): 마을사업→차별성→연계 필요성→복지관과의 협력관계→복지관의 주민조직화사업에 대한 인식→복지관의 마을사업에 대한 지원→마을사업).

논의

삼덕마을 지역공동체 활동은 비자발적인 시작을 특징으로 한다. 역설적이긴 하지만, 삼덕마을은 비자발적인 시작을 하였기 때문에 마을의 주거환경관리를 위한 지역개발사업과 주민들의 삶의 질 향상으로 위한 자발적인 지역공동체 활동의 시작이 가능했다. 따라서 시작이 비자발적이라고 해서 주민활동의 자발성 부분을 의심하는 자세는 유보할 필요가 있다. 삼덕마을에서 지역공동체 활동이 없었던 것은 지역공동체 활동이 가능한 맥락적 영향이나 환경의 부재로 인한 결과일 수도 있기 때문이다.

1) 차별성과 협력의 병존

삼덕마을의 지역공동체 활동은 마을재생사업의 제도적인 절차와 지침에 따라 시작되어 초기 적응 과정을 거쳤다. 즉, 삼덕마을은 주거관리환경사업으로의 전환과 그에 따른 승인절차, 주민들 스스로 진행한 공모사업 지원 과정을 거치면서 마을의 현안과 마을사업이 지향하는 바에 관한 주민들의 바람(desire) 등 삼덕마을 주민으로서의 삶의 의미를 주민들 자신들의 언어로 여러 차례 정의내리고 마을사업의 필요성 및 계획안을 외부에 발표하는 경험을 했다. 삼덕마을은 시작 단계에서부터 마을을 둘러싼 사회적 환경에 관심을 가지고 그 안에서 삼덕마을의 지역공동체 활동을 어떻게 전개할 것인가에 대한 답을 해야 하는 환경 속에 놓여 있었다. 삼덕마을의 운영위원회는 삼덕마을의 특수한 상황을 인식하고 마을만의 고유한 활동을 만들어내고 주민들과 외부 관계자들을 청자로 하여 마을의 스토리를 이야기해야 하는 과제를 안고 있었다.

이러한 상황 속에서 삼덕마을 마을운영위원회는 마을사업의 차별성을 강조하였다. 여기에서 삼덕마을 지역공동체 활동의 차별성의 의미가 무엇인지 논할 필요가 있다. 삼덕마을은 정릉복지관과의 협력관계를 전제로 마을사업이 정릉복지관 프로그램과 차별성을 가져야 한다는 원칙을 가지고 있다. 삼덕마을 운영위원회는 마을사업으로 환경과 문화교육 프로그램을 기획하고 진행하겠다는 계획을 수립하였다. 그것은 정릉복지관에서 수행하는 사회적 취약계층을 위한, 일부 지원 프로그램과의 차별성을 가진다. 동시에 삼덕마을 마을운영위원회가 계획하는 마을사업은 정릉복지관에서 수행하는 다른 프로그램과도 내용상 중복되지 않는 고유성을 가진다. 이는 삼덕마을 마을사업과 정릉복지관의 프로그램이 지역사회에 다양한 사회 서비스를 공급한다는 협력관계를 전제로 하고 있다.

반면, 주거환경관리사업을 평가하는 외부 전문가 집단으로부터 삼덕마을은 정릉복지관에 대한 의존도가 높다는 지적을 받아왔다. 이러한 외부 전문가 집단의 견해는 삼덕마을과 정릉복지관과의 파트너십의 속성에 대한 이해 부족에서 비롯된 것이라 할 수 있다. 일부 외부 전문가들은 정릉복지관과 삼덕마을의 관계를 서비스 제공 조직과 서비스 수혜 조직이라는 수직적인 네트워크 차원에서 접근하고 있으므로, 주민들의 자발성과 책임에 대한 강제를 촉구하는 식의 조언을 했던 것이다. 그러나 본 연구결과, 삼덕마을과 정릉복지관의 관계는 협력적 파트너십을 주된 내용으로 하는 수평적인 네트워크 측면이 훨씬 강한 것으로 나타났다. 또한 삼덕마을과 정릉복지관의 협력관계는 비단 주거환경관리사업을 통해서만 이루어지는 것은 아니다. 주거환경관리사업과는 별도로 삼덕마을은 정릉복지관의 에너지자립마을만들기사업에도 참여하여 성과를 내고 있었다. 그리고 정릉복지관의 입장에서 삼덕마을은 후원과 기부, 그리고 복지관 운영 관련 주민 참여 등 다양한 형태의 자원동원이 가능한 지역자원으로서의 정체성이 명확한 곳이다. 다만 사회복지사도 삼덕마을 주민들도 삼덕마을에서 진행하고 있는 사업의 내용과 지원기관 출처를 구분하거나 의식하지 않았을 따름이다.36) 삼덕마을은 정릉복지관과의 다양한 사업을 통해 구축해온 협력 경험을 통해서 신뢰 관계를 공고히 할 수 있었다. 그것은 정릉복지관이 삼덕마을의 마을운영위원회를 협력적 파트너로서 인정하고 삼덕마을의 의사결정을 존중하면서 삼덕마을과 주민들의 역량강화를 위한 지원을 지속적으로 하고 있기 때문에 가능했다. 따라서 주거환경관리사업에서 제시한 공동체사업만으로 지역공동체 활동이 지향하는 목적을 달성할 수 있는지 점검해볼 필요가 있다.

그렇다면 삼덕마을이 정릉복지관과의 차별성을 스스로 증명하고

---

36) 이러한 현상은 삼덕마을에만 나타나는 특수한 현상은 아니다. 보통의 경우 지역사회에서 서비스가 전달될 때 상이한 법과 정책에서 밝힌 목적과 목표가 동일한 대상에게 통합적으로 전달되면서 나타나는 현상이라 할 수 있다. 이러한 현상은 서비스 전달 중복성의 문제와 서비스 대상의 우선순위선정과 관련된 윤리적인 고려의 필요성을 야기한다.

자 하는 지향은 어떻게 이해할 것인가? 하위 개념 간의 차별성은 상위 개념의 유사성에 근거한다는 관점으로 접근할 필요가 있다. 삼덕마을의 마을회관과 정릉복지관은 같은 지역적 경계를 가지는 사회서비스 공급자 역할을 담당하는 민간조직으로 볼 수 있다. 정릉복지관은 지역사회 내에서 사회적 인정을 받고 있는, 전문성을 갖춘 복지기관이다. 이에 비해 삼덕마을의 마을운영위원회는 일반 주민의 자치조직으로 사회통합기능과 사회서비스 생산 및 공급 기능에 대한 학습과 훈련이 절실한 조직이다. 삼덕마을의 마을운영위원회는 정릉복지관을 롤모델로 하여 마을회관을 운영하고 관리하기 위한 마을사업을 기획하였다. 삼덕마을 주민들이 마을사업의 초기실행단계에서 마을회관에 대한 자체 운영방법의 모범답안을 정릉복지관에서 찾고 있었다는 것이다. 정릉복지관이 지역사회를 위해 봉사하는 복지기관이듯이 삼덕마을의 지역공동체 활동이 마을주민들의 삶의 질 향상을 위해 봉사조직으로 성장하고 인정받는 것을 목표로 하고 있다. 삼덕마을의 마을회관에 대한 청사진은 입지부터 정릉복지관과의 연계를 고려하고 마을사업에 대한 추진의지가 반영된 것이다. 그만큼 삼덕마을은 시작부터 외부에 대해서 개방적이고 다른 조직과의 연결에 적극적이라 할 수 있다.

이러한 삼덕마을의 개방성은 호혜성 인과지도를 통해서도 설명할 수 있다. 주민참여를 기반으로 한 지역공동체 활동을 단순하게 정리하자면 복수의 마을주민이 만나서 마을과 관련된 일을 하여 그 결과가 지역공동체 전반의 이익으로 돌아가게 하는 행동의 패턴을 보인다. 삼덕마을 주민들은 다른 주민을 만나는 것과 자신과 자기 가족이 살고 있는 마을의 변화를 가져오는 일에 동참한다는 것과 지역공동체 전반의 이익을 추구하고 마을애착과 마을사업에 참여하는 것에 재미를 느끼면서 공동의 작업에 몰입하고 있었다. 이때 호혜성은 자신이 무언가를 받았기 때문에 그에 대한 의무로 행하거나, 상대에게 즉각적인 대가를 바라고 베푸는 선행이 아니다. 삼덕마을 주민들은 그라지 세일에서 자신의 옷이나 물건을 무상으로 내놓고, 마당을 개방하여 사람들이 구경하게 하고, 독거노인을 위한 식사를 대접하고, 이웃마을 주민들을 위한 행사 장소로 마을회관을 공유하고, 마을기금의 조성을 위해 자발적으로 기부를 하는 일과 같이 어떤 특정한 보답을 받을 수 없다는 것을 알면서 자발적으로 행동한 것이다. 삼덕마을 주민들은 지역공동체 활동을 통해서 한정적 호혜성(Specific reciprocity)보다 일반적인 호혜성(Generalized reciprocity)이 더 가치 있다(Putnam, 2000: 21)는 사실을 경험하고 있었다.

2) 신뢰의 선순환 구조 전환

삼덕마을 지역공동체 활동의 신뢰 인과지도(<그림 13>)에는 2개의 음의 피드백 루프가 나타났다. "대면접촉"이라는 변수와 "융합과 이탈의 양가감정"이라는 변수가 각각 양쪽의 변수들의 값의 변동에서 평균값을 만들어냄으로써 시스템의 일탈-억제 기능을 하고 있었다. 이 중 "이탈과 융합의 양가감정"은 변수 그 자체의 의미가 부정적인 의미를 가지고 있다. 그리고 "이탈과 융합의 감정"의 앞뒤 변수인 "마을사업에 대한 신뢰"와 "마을운영위원회 활동"과 각각 음의 피드백 구조로 연결되어 있으므로 세 변수의 관계를 연속선상에서 보자면 음의 피드백 관계가 짝수로 존재하므로 의미상 정적관계로 해석할 수 있다. 높은 수준의 "마을사업에 대한 신뢰"는 "이탈과 융합의 양가감정"을 감소시켜 "마을운영위원회 활동"을 활발하게 하므로 전체적으로 순방향으로 연결되는 구조를 볼 수 있다. 따라서 신뢰 인과지도에서 주목해야 하는 변수 간 관계는 "대립된 이해관계자 간의 갈등"과 "대면접촉" 간의 마이너스 관계이거나 "갈등유발에 대한 두려움"과 "공개적인 의사표현" 간의 마이너스 관계인 것이다. "대면접촉"과 "공개적인 의사표현"은 모두 의사소통에 플러스 관계를 가지면서 두 변수 앞뒤의 흐름을 바꾸는 변수들이다.

음의 피드백 루프 구조는 시스템 내부에서 변동이 생기면서 균형을 유지하게 된다. "대립된 이해관계자간의 갈등"이 높아져서 "대면접촉"을 꺼리게 되면 "의사소통"을 줄어들게 되어 "주민에 대한 신뢰"는 낮아진다. 이렇게 음의 피드백 루프를 한 차례 돌고 난 후 그다음번 음의 피드백 루프를 따라 형태들이 반복될 때는 변수들의 피드백 방향이 완전히 바뀌게 된다. 예를 들어, "대립된 이해관계자 간의 갈등"이 낮아져서 "대면접촉"이 증가하고 "의사소통"이 원활해지면서 "주민에 대한 신뢰"도 높아진다. 또다시 음의 피드백 루프에 의한 형태들의 반복은 이전과 다른 결과를 보인다. "대립된 이해관계자 간의 갈등"이 높아서 "대면접촉"을 꺼리게 되면 "의사소통"이 원활하지 않게 되면서 "주민에 대한 신뢰"는 낮아진다.

이러한 음의 피드백 루프 구조 속에서 행위자들이 반복되는 패턴을 인지하게 되면 갈등상황이 사라졌다고 대면접촉이 크게 증가하지 않을 수 있다. 이 경우, 만성적인 불신의 상태를 의미한다. 반면에 한시적인 갈등상황이 생겨도 대면접촉이 감소하지 않는다. 왜냐하면 상황이 달라지면 갈등은 소멸되거나 약화될 것이라는 것을 인지하기 때문이다. 이 경우, 기본적인 신뢰 상태가 유지되고 있음을 의미한다. 이런 음의 피드백 루프 구조 안에서는 불신의 상태이든 신뢰의 상태이든 일정 수준의 에너지가 유지되므로 변화가 크지 않는 상태가 지속된다. 음의 피드백 루프 구조는 옴짝달싹하지 못하는 상태를 구축하기 때문이다. 불신의 상태에서 신뢰의 상태로의 전환이 어려운 상황이 생긴다. 따라서 시스템이 성장하기 위한 최선의 방책은 음의 피드백 루프 구조를 애초에 만들지 않는 것이며, 가능한 양의 피드백 루프 구조를 유지하는 것이라 할 수 있다. 본 연구결과처럼 이미 생긴 음의 피드백 루프 구조에서는 변수의 위치를 아예 바꿈으로써 시스템 자체를 음의 피드백 루프 구조에서 양의 피드백 루프 구조로 바꾸어 선순환 구조를 가지게 하는 방법을 검토할 수 있다(Weick, 1979: 102-105).

마을운영위원회 활동이 활발할수록 마을사업 관련 집단적인 의사결정이 증가하고 집단적인 의사결정을 둘러싼 개인의 가치가 충돌될 가능성이 농후해진다. 집단적인 의사결정과정에서 개인의 가치 충돌은 자연스러운 현상으로, 집단의사와 개인가치와의 상충 자체가 가치판단의 대상이 될 수 없다. 문제는 이로 인해 대립된 이해관계자 간의 갈등이 심각해지면 갈등해결을 위한 사회적 비용을 지불해야 한다는 점이다. 이를 예방하는 방법 중 하나가 공개적인 의사표현의 기회를 마련하는 것이다. 집단적인 의사결정에 반(反)하는 개인의 가치 충돌이 사회적 갈등 수준으로 발전하기 전에 공개적인 의사표현의 장을 마련한다면 행위자들인 주민들은 다른 선택이 가능하다. 개인의 가치 충돌이 생기는 경우, 공개적인 의사표현을 통해서 상황에 대한 정확한 이해를 추구하고 오해의 여지를 차단시킬 수 있다. 이러한 의사소통은 주민 간, 주민과 마을조직 간, 그리고 주민과 제도 간에 이루어지는 의사소통을 모두 포괄한다. 마을 내 공개적인 의사표현 등 의사소통 관련 사회적 규범이 작동하고 있거나 이를 위한 제도적인 절차가 수립되어 있다면, 마을사업 관련 의사결정이 개인의 가치와 충돌되는 상황에서도 주민 및 마을사업에 대한 신뢰가 향상하는 양의 피드백 루프를 만들어낼 수 있다. 이러한 대안은 삼덕마을 지역공동체 활동의 구조에서 규명한 변수들의 인과관계를 기반으로 제시한 것이다. 본 연구결과, 신뢰 인과지도(<그림 13>)에서 공개적인 의사표현과 의사소통, 그리고 주민 및 마을사업에 대한 신뢰가 상호의존적인 관계를 가지고 있으며 양의 피드백을 주면서 반응하는 구조라는 것이 밝혀졌기 때문에 세울 수 있는 대안이다.

그렇다면 커뮤니티 전문가로서 커뮤니티 워커의 역할은 어떤 것일까? 커뮤니티 워커는 공개적인 의사표현의 장을 마련함으로써 주민에 대한 신뢰와 마을사업에 대한 신뢰를 증가하게 하여 지역사회의 사회적 자본을 형성하는 데 개입할 수 있다. 커뮤니티 워커는 주민 및 마을사업에 대한 신뢰를 유지하거나 향상시키기 위해서 주민들에게 주민과 조직, 제도를 대상으로 의사소통하는 과정에 참여할 수 있는 기회를 제공한다. 의사소통과정에 참여한 주민은 개인의 가치를 공개적으로 이야기하면서 설득 및 타협, 그리고 자기조정 과정을 거쳐서 상충되는 가치들을 공유된 가치로 수렴할 수 있는 기회를 얻을 수 있다. 주민 개개인은 이런 공론의 장으로 통해서 자신의 존재를 알리고 이해와 존중을 받는 경험을 통해서 자신과 타인을 수용하는 데 능숙해지고 집단적 합의에 대한 자발적인 책임감을 인식하고 증진할 수 있다. 이런 과정의 반복은 학습효과에 의해서 마을 내 집단적인 의사결정에 대한 대처방식이라는 사회적 규범을 형성하게 한다. 결과적으로 커뮤니티 워커의 전문적인 개입이 삼덕마을 지역공동체 활동의 신뢰 인과지도를 음의 피드백 루프 구조에서 양의 피드백 루프 구조로 변경시킬 수 있다. 즉, 커뮤니티 워커는 삼덕마을 지역공동체 활동의 구조를 갈등과 신뢰를 반복적으로 경험하는 일탈-억제 구조에서 신뢰의 형성과 구축이라는 선순환 구조를 만들어 갈 수 있다.

이상의 논의 내용을 반영한 대안적인 신뢰 인과지도를 제시하면 다음과 같다.

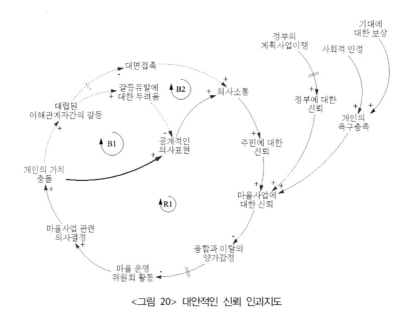

<그림 20> 대안적인 신뢰 인과지도

신뢰 인과지도에 대한 타당성 검증결과, 신뢰에 대한 인과구조의 타당성 저해 요인은 지적되지 않았다. 또한 흥미롭게도 검증결과에서

제시된 의견이 본 연구에서 작성한 대안적인 신뢰 인과지도의 내용과 일치하였다. 이는 본 연구에서 설명하고 있는 신뢰 인과지도는 구조적 상호조응성37)이 높으며 내적 타당성과 외적 타당성이 양호함을 확인할 수 있는 매우 고무적인 결과라 할 수 있다. 검증자의 의견을 직접 인용하여 제시하면 다음과 같다.

> "의사결정 거리의 증가가 많은 논의, 토론, 갈등, 화해 등을 거쳐서 상호이해의 증가, 마을활동에 대한 개인가치의 조정 내지 수렴으로 이어진 예도 많습니다. 삼덕 내에서도 어떤 사안은 그러했던 것 같습니다. 그래서 마을사업 관련 의사결정 ⇨ (1) (+) 개인의 가치충돌 ⇨ 대립된 이해관계자가의 갈등 (+) 그리고 마을사업 관련 의사결정 ⇨ (2) (-) 개인의 가치 조정 및 수렴 ⇨ (사이클 우측의) 주민에 대한 신뢰 또는 마을사업에 대한 신뢰 (+)로 연결 하는 이원적 인과관계 경로를 설정하는 것도 필요해 보입니다(동(同) 지역활동 전문가)."

위와 같은 의견을 제시한 전문가는 성북구 마을지원센터장을 역임하고 여러 다른 지역의 주거환경관리사업에 지역재생활동가를 파견하고 그들의 자문을 담당하는 지역활동 전문가로, 삼덕마을 지역공동체 활동의 시작단계를 정확하게 이해하고 있다. 따라서 본 연구에서 설명하고 있는 신뢰 인과지도와 대안적인 신뢰 인과지도는 삼덕마을을 비롯하여 다른 지역의 지역공동체 활동의 신뢰 인과구조를 밝히는 데 타당성을 확보하고 있음을 알 수 있다.

---

37) 상호조응성은 모형과 모형이 투사하려는 실제 현상 간의 구조적·기능적 일치성과 일대일 대응성(one-to-one correspondence)을 의미한다(김웅진, 2011: 13).

3) 시간지연현상에 대한 인식

삼덕마을 지역공동체 활동의 목적은 삶의 질 향상을 위한 마을의 변화이고 그것은 "사람 냄새 나는(현(現) 사회복지사)" 공간으로서 마을이 바뀌는 것을 가리킨다. 지역공동체 활동에의 참여는 "사람들과 만나면 재미있고 좋고, 무슨 일 있을 때 초인종 누르고 급하게 도움을 청할 수 있는 그런 따뜻한 마을에서 살고 싶다(주민 A)"는 마음에서 비롯되었다. 마을주민들은 같은 지역에서 사는 사람들과 무언가를 함께하면서 서로서로 연결되어 있다는 느낌을 경험했고, 그런 지역공동체를 만들고자 마을사업을 시작하였다. 따라서 삼덕마을 지역공동체 활동은 공식적으로나 비공식적으로나 삼덕마을에 공동체를 실현하고 주민들의 지역공동체 의식을 고양하는 것을 비전으로 제시한다.

지난 2년간, 삼덕마을과 정릉복지관 간의 협력관계는 무(無)에서 유(有)를 창조했다는 말이 적합할 정도로 별다른 공식적인 관계가 없었던 두 조직이 협력적 파트너 관계로 발전했고 지속적으로 성장해가고 있다. 특히 삼덕마을은 서울시 도시재생정책의 변화를 계기로 지역공동체 활동을 전개하였다. 삼덕마을은 시작단계가 비자발적인 시작이라는 특성을 보이지만, 초기단계에서 인적 자원이 풍부한 주민들의 자발성에 힘입어 단시일 내에 고(高)성과를 이뤄냈다는 점에서 인근 마을뿐만 아니라 주거환경관리사업의 모범사례로 거론되곤 하였다(맹다미, 2015; 징원봉 외, 2015).

그러나 삼덕마을 마을운영위원회 활동이 마을 전체에 지역공동체 의식을 확산시키고 주민들의 지역공동체 의식 수준을 향상시키면서 정릉복지관과의 협력체계를 구축해가고 있다고 정의 내리기에는 시기상조이다. 이는 삼덕마을 지역공동체 활동이 초기단계에 불과하기 때문이다. 본 연구결과 중 협력 인과지도(<그림 16>)에서 확인하였듯 이 마을운영위원회 활동이 지역공동체 의식을 통해 정릉복지관과의 협력체계를 구축하는 데 시간이 필요하다. 마을운영위원회 활동이 지역공동체 의식으로 발전되는 데 시간지연현상이 나타나기 때문이다. 마을운영위원회 활동이나 마을회관의 설치와 같은 인프라 구축이 주민들의 지역공동체 의식의 변화와 같은 정신문화를 수립하는 데 문화지체현상이 존재하기 때문이다.

이는 참여와 네트워크 인과지도(<그림 7>)를 통해서도 설명할 수 있다. 참여와 네트워크 인과지도에서 기본 양의 피드백 루프(R1(+): 마을운영위원회 활동→프로그램 기획→마을사업→주민참여→마을운영위원회 활동)는 선순환 구조를 이루지만 마을회관운영에 대한 책임과 자발성이 포함된 바깥쪽 음의 피드백 루프(B1(-): 마을운영위원회 활동→역할수행 요구→자발성→프로그램 기획→마을사업→주민참여→마을운영위원회 활동)는 전체적으로 상승의 흐름을 제어하고 있어서 장기적으로는 지역공동체 활동이 침체의 상태로 접어들 우려가 있다. 즉, 잠재적으로 성장의 한계를 보이는 루프라고 할 수 있다. 이는 삼덕마을 지역공동체 활동이라는 시스템 자체의 결함으로 생기는 문제라기보다는 성과위주의 활동에 대한 외부의 압력과 정부의 지원이 계획보다 늦어지면서 생기는 외부요인에 의한 의도하지 않은 결과라 할 수 있다. 프로그램 기획과 마을사업 간의 시간지연현상은 프로그램 기획 당시 계획했던 정부의 승인 절차와 지원이 예정보다 많이 늦어지면서 생기는 문제들이다. 정부의 지원이 늦어지면서 처음에 기획한 교육문화 프로그램들이 마을사업으로 가시화하지 못한 채 유보되거나 축소되는 문제가 발생하였다.

마을회관이 설치되면 마을주민들이 자치적으로 마을회관을 운영하고 관리하면서 마을사업을 기획하고 진행하여 성과를 창출해야 한다는 부담감이 주민들을 위축시키고 있었다. 2016년 2월 현재 삼덕마을 지역공동체 활동에 대한 주민들의 자발성과 책임감이 마을사업 및 마을회관운영 등에 관한 주민들의 물리적이고 정신적인 부담감을 능가할 만큼 크지 않기 때문이다. 이에 합리적인 주민들은 공동체 의식을 함양하고 삼덕마을이 지역공동체로 성장하는 데 필요한 통과의례와 같은 시련과 고통의 시간을 피해 가기 위한 대안을 모색하기도 한다. 실제로 향후 마을회관을 운영하고 관리하는 대안으로 마을회관의 공간을 임대 등 안정적인 수익성이 보장되는 사업의 비중을 늘리는 방법이 거론되고 있다. 이는 마을주민들에게 사회연대를 경험할수 있는 시간적 여유를 허용하지 않고 정책의 가시적 성과만을 요구하는 입장에 대한 주민들의 합리적인 대응이라 할 수 있다. 이런 대응은 주민들의 참여의지와 행동의 변화에 초점을 맞춘 것이라 보기어렵기 때문에 정책이 의도하지 않은 결과를 초래할 수도 있다. 마을회관을 주민들의 공동이용시설로 활용하고자 하는 정책의 본래 취지가 무색해질 수 있다.

따라서 전체 주민들 스스로 마을의 변화를 위해서 시간과 노력을 투여하는 데 필요한 시간을 확보해주는 기다림의 정책이 중요하다. 즉, 시간지연현상에 맞서는 전략은 기다림 또는 기다려 줌이라고 할수 있다. 인과지도상 마을운영위원회 활동은 시간이 지체될 뿐이지 지역공동체 의식에 영향을 주어 정릉복지관과의 협력관계를 구축하고 정릉복지관의 주민조직화사업에 대한 인식을 높이어 복지사의 전문가 역할 수행을 원활하게 하는 구조에는 변함이 없다. 복지사의 전문가 역할 수행은 마을사업과 바로 연결되어 있으므로 삼덕마을 지역공동체 활동에 강력한 영향요인이 되어 마을운영위원회 활동을 성공적으로 이끌게 되어 있다. 주민들의 자발적인 역량강화를 기다려주거나 성과를 위한 충분한 시간을 확보하면서 마을운영위원회 활동을 진행하면 지역공동체 의식은 확산 가능하다. 이러한 태도는 가까운 미래에 일어나는 것에 대한 기대의 확신 정도와 연관이 있다. 이것은 신뢰와 상통하는 개념이다. 마을운영위원회 활동이 지역공동체 의식으로 전파되고 확산되기 위해서는 삼덕마을 지역공동체 활동에 대한 사회적 신뢰가 구축되어야 한다는 것과 맥을 같이한다. 따라서 삼덕마을 지역공동체 활동에 대한 성장가능성을 믿고 마을과 주민들이 시행착오할 수 있는 시간을 확보해주고 결과를 기다려주는 사회적 지원이 필요하다.

4) 주민참여의 사회적 의미

삼덕마을의 지역공동체 활동이 시작과 초기 단계에서 빠른 속도로 성장할 수 있었던 이유는 마을사업에 참여했거나 참여하고 있는 주민들이 봉사경험자라는 데 있다. 이는 삼덕마을 지역공동체 활동의 참여 동기에서 양의 피드백 루프를 통해서 제시하고 있는데, 그 시발점이 되는 영향변수가 봉사경험이다. 마을사업이 시작되자 봉사경험을 가지고 있는 마을주민들이 마을사업의 취지와 목적에 우호적인 태도와 사회적인 인식을 가지고 마을사업에 참여하기 시작하였고, 마을사업이 진행되면서 자신에게 적합한 역할이 주어졌을 때 자발성과 주체성, 그리고 책임성을 가지고 그에 따른 자기규율에 맞춰 자율적으로 과업을 수행하고 있었다. 마을사업의 비자발적인 시작이 주민참여를 이끌 수 있는 선행변수가 마을사업에 참여한 주민들의 봉사경험이다.

그런데 모든 마을사업 참여 행위가 봉사는 아니다. 오히려 주민들은 개인적인 관심과 자신이 소유한 주택이나 토지 등의 자산 가치처럼 개인의 이해와 실리 추구가 목적이 되어 사업에 참여한다. 그러나 지역공동체 활동의 시작과 초기단계에서는 마을사업의 참여가 바로 개인의 실리로 연결되기 쉽지 않다. 따라서 실리를 위한 주민참여가 패턴화되어 참여주민이 동질성이 강한 특성으로 보이면서 일부의 마을주민들로 고착되지 않도록 마을사업을 계획할 필요가 있다. 그러기 위해서 전문적 커뮤니티 워커는 마을사업이 모든 주민들에게 봉사경험의 기회를 보장하는 데 민감해야 한다. 주민들이 참여할 수 있는 활동의 종류를 다양하게 하고 참여 규모를 확장하는 데 주력할 필요가 있다. 활동의 종류가 많아지면 개인이 마을을 위해 봉사를 하는 것에 대한 진입장벽을 낮출 수 있다. 활동 영역이 다양하면 주민들은 평소 관심 있는 분야에서 활동할 수 있는 선택지가 많기 때문에 만족도가 커질 수 있다. 주민활동에서 봉사활동이 차지하는 비중이 클 수 있도록 활동 내용의 공공성을 강화할 필요가 있다. 봉사활동이 타인과 사회를 위하는 이타적 행위에 속한다 할지라도 개인적으로 봉사활동에 대한 만족감이 없다면 행위의 지속성은 약화될 것이 명약관화하다. 반대로 개인의 봉사활동이 사회나 집단이 주는 압력과 도덕적 의무감으로부터 출발한 것이라 할지라도 개인적으로 봉사활동을 통해서 얻는 만족감이 의무감을 상쇄할 정도로 크다면 봉사활동은 자발적으로 지속될 가능성이 커질 것이다. 그리고 참여 규모를 확대하는 것은 봉사활동을 하는 개인이 봉사를 통해서 자신의 생활세계와는 다른 생활세계를 만나고, 마을과 관계한다는 것을 의미한다. 봉사활동을 포함한 인간의 활동은 개인의 생활세계와 타인의 생활세계가 만날 때 개인에게 변화가 생기고 그 의미가 커질 수 있다. 특히 자신과 다른 계층과 문화와의 만남은 개인의 삶의 지평을 넓히는 계기가 될 것이다. 그런 면에서 삼덕마을의 지역공동체 활동이 시작단계와 초기단계에서 강력한 힘을 발휘할 수 있었던 것은 봉사활동의 영역이 포함되어 있기 때문이다. 실제로 삼덕마을에서는 마을사업의 일정 비중을 독거어르신을 위한 식사제공이나 저소득층 이웃마을의 행사를 지원하는 사업으로 구성하였으며 그러한 사업은 삼덕마을 주민들의 생활세계의 접점을 넓히고 있었다.

커뮤니티 워커는 마을사업이 주민들의 일상생활에서 일회성 접점을 제공하는 수준에 그치지 않도록 해야 한다. 커뮤니티 워커는 마을사업이 사회적 포용을 지향하는, 의식적인 활동으로 연결될 수 있도록 마을사업을 계획하여 개인과 마을이 만나고 개인과 사회가 만나는 장을 만들어야 할 것이다. 인과지도에서도 확인할 수 있듯이 삼덕마을 주민들은 마을사업을 하는 재미를 발판 삼아 마을운영위원회라는 주민조직을 만들어 지역공동체 활동을 본격적으로 시작하였다. 마을사업의 시작이 비자발적인 시작이라면 마을운영위원회의 조직은 비자발적이라고 평가하기 어렵다. 왜냐하면 시작단계의 마을사업에 참여했던 주민들이 초기단계로 접어들면서 자발적인 의사에 기반하여 마을운영위원회 임원으로 활동하고 있기 때문이다. 따라서 봉사활동이 개인의 관심과 개인의 문제해결을 위해서 시작했다 할지라도 다른 주민과 조직, 그리고 마을을 만나면서 타인과 사회에 대한 관심과 마을 문제해결을 위한 행위로 발전될 필요가 있다.

특히, 삼덕마을 주민공동체 활동과정에서 주민투표 실시가 가지는 의의는 다음과 같다. 첫째, 주민투표 결과가 주민들의 지역공동체 활동에 대한 인식을 확인할 수 있는 객관적인 지표가 되었다. 삼덕마을이 주거환경관리사업에의 전환에 동의한다는 의미는 삼덕마을 지역공동체 활동에 대한 암묵적 합의라고 볼 수 있다. 왜냐하면 바뀐 도시재생정책은 주민공동체 활동까지 포괄하고 있기 때문이다(맹다미, 2015). 둘째, 마을회관 설치에 대한 동의는 도시재생정책과 관련한 제도에 대한 주민들의 사회적 신뢰로 볼 수 있다. 이는 주민들이 자체적으로 마을회관이라는 공공이용시설을 운영하고 관리하겠다는 사회적 계약으로, 공공기관과 주민들 간의 신뢰를 토대로 한다. 그리고 동의 결정 자체가 주민들이 마을과 마을주민들의 역량에 신뢰를 가지고 있다는 의미가 되기도 한다. 셋째, 주민투표 실시와 그 결과는 이후 삼덕마을에서 진행되는 지역공동체 활동에 대한 정당성의 근거가 되었다. 삼덕마을의 주민들은 독립적이고 대표성을 부여받지 않은 상태에서 지역공동체 활동을 시작하였다. 주민투표 실시 이후 주민들은 운영위원회를 조직하고 마을에서 활동하거나 외부관계자들 앞에서 마을대표의 자격으로 발표하거나 논의하는 역할을 담당하기도 하였다. 이러한 역할은 공공의 일을 집행하는 성격을 가진다. 주민투표 실시와 그 결과는 주민들이 공적인 일을 진행하는 데 일종의 '신용장' 같은 기능을 하였다.

5) 커뮤니티 워커의 전문성

삼덕마을의 해결과제로 거론된 것은 마을사업의 지속가능성과 안정성 확보 방안, 정부와 정릉복지관 등 외부 조직과의 협력 강화, 마을사업의 성과 창출 가능 아이템 선정 및 실행력 필요, 마을리더 역할, 그리고 ○○건재의 불법적재물 노상점거 문제로 수렴되었다. 이 가운데 ○○건재 문제는 초기단계부터 해당 골목 거주자들이 주거환경과 재산권행사에 있어서 피해를 호소하면서 문제해결을 위한 도움을 강하게 요구해온 문제이다. 그러나 문제의 해결기미는 보이지 않고 집단민원제기 외에는 뾰족한 수가 없는 상태가 지속되자 해당 골목 거주자들은 마을운영위원회의 영향력에 대한 기대가 실망으로 바뀌고 마을사업에 대한 불신으로 퍼지면서 주민 참여의 적극성이 현저하게 저하되었다. 한편 마을운영위원회 임원들도 마을사업의 우선순위가 낮은 문제에 대한 책임 추궁으로 인해 정신적인 피로감을 호소하고 있었다.

삼덕마을 주민들은 ○○건재상의 무단적재행위에 대한 반감은 있으나 겉으로 드러내놓고 비난하지는 않는다. ○○건재가 삼덕마을의 입구 도로변에 위치하고 있어서 마을의 미관을 해치는 것뿐만 아니라 도로를 통행하는 사람들에게 불편을 주며 안전문제를 야기하고 있어서 불편한 상황임에는 틀림없다. 그러나 마을주민들은 ○○건재의 문제를 ○○건재상 개인의 윤리와 생존의 문제로 보는 경향이 있다. 즉, 마을주민들은 ○○건재상을 대한 시각은 상업을 하는 사람들이 비윤리적이라는 비난을 감수하고서라도 생업을 유지하려는 노력으로 치부하는 것이다. ○○건재상은 40대 중후반이라는 비교적 젊은

남자 주민이나 주변사람들로부터 자신에 대해 부정적인 평판이 압도적임에도 불구하고 개인의 경제적인 이득을 위해 마을주민의 일원으로 변화하기를 거부하는 모습으로 비춰지고 있었다. 마을주민들은 ○○건재상의 살림집이 있는 막다른 골목의 주거환경을 그 골목에 거주하는 주민들의 재산권 행사 문제로 인식하고 있었다. 삼덕마을의 지역공동체 활동의 시작단계에서 그 골목에 거주하는 어르신이 마을회의 시간에 민원 제기하듯이 반복적으로 ○○건재상의 무단적재 행위에 대한 강제를 요청하는 것에 대해서 "당신의 자식들도 나서지 않은 일을 우리[운영위원회 임원들]에게 계속 요청하는 것에 대한 부당함(주민 B)"이 암묵적으로 내재되어 있다. 그리고 삼덕마을은 독립적이고 중도적인 성향이 강해서 다른 사람들과 관계를 맺고 더 깊고 복잡한 문제를 해결해가는 것을 기피하는 성향이 있다.

이 부분에서 전문적 커뮤니티 워커의 주도성이 필요하다. 지역사회조직의 전문적 워커는 도움을 요청하지 않는 지역사회에 접근하고 지역사회의 어떤 종류와도 일하는 전문직을 말한다(Ross, 1955). 삼덕마을의 ○○건재상의 무단적재 행위와 골목 안의 거주환경은 "여기가 삼덕마을이 맞나 할 정도로 열악하고 비양심적인(전임(前任) 사회복지사)" 상태이다. 이런 문제를 어떻게 다룰 수 있는가에 대해 전문적 커뮤니티 워커는 선제적인 고민을 통해서 대안을 가지고 있어야 한다. 이것은 ○○건재상의 무단적재 행위를 교정하는 것을 의미하는 것이 아니다. 왜냐하면 마을의 문제는 전문적 커뮤니티 워커가 해결해주는 것이 아니라 마을주민이 스스로 정의하고 힘을 모아 해결하는 것이기 때문이다. 전문적 커뮤니티 워커는 이 문제를 어떻게 보는지 자신의 입장을 정리해야 하며, 이 문제를 어떻게 마을의 문제로 어떻게 가져갈 것이며, 마을의 문제로 가져온 다른 주민의 문제를 어떻게 또 다른 주민 자신의 문제와 연관 지어 고민하고 행동할 수 있게 할 것인지에 대한 구상이 필요하다는 것이다. ○○건재상은 삼덕마을에서 산업에 종사하는 자인 동시에 거주하는 마을주민이라는 사실을 염두에 두어야 할 것이다. ○○건재상과 그로 인해 불편을 경험하고 도움을 요청하는 이웃주민들의 문제를 ○○건재상의 행위에 대한 도덕성 논쟁이나 도움을 요청하는 사람들의 의견에 대한 찬반양론식 이분법적 시각으로 접근하는 것은 주민 간 불필요한 갈등을 조장하고 결과적으로 주민통합을 저해하는 상황으로 유도할 수 있기 때문이다. 전문적 커뮤니티 워커는 마을문제를 접근하는 방식에 대한 주체들의 인식을 개선하고 주체들이 자기성찰을 통해서 문제를 수용하는 태도를 가질 수 있도록 조력해야 할 것이다. 그러기 위해서 의사소통과 지속적인 합의 과정을 제도화하여 가치를 추구하는 사회적 규범을 만들어 나가는 방안을 모색해야 할 것이다.

커뮤니티 워커는 자신에게 협조적인 사람하고만 일할 수 없다는 현실에 수없이 부딪힌다. 전문적인 커뮤니티 워커라면 이러한 현실을 받아들이고 다양한 사람들을 파트너로 하여 마을문제를 해결하고 변화를 만들어가야 한다. 삼덕마을 지역공동체 활동이 정릉복지관을 롤모델로 상정한 이상, 삼덕마을 주민들의 선임(先任) 커뮤니티 활동가는 사회복지사일 수밖에 없다. 정릉복지관의 사회복지사는 전임(前任) 사회복지사와 현(現) 사회복지사를 막론하고 주민에게 배우고 마을에서 전문성이 향상되어 정체성을 확립할 수 있었다고 하였다. 결국 커뮤니티 워커의 주도성은 다시 되돌아와서 자신의 전문적 커뮤니티 워커의 모습에 영향을 준다고 하겠다.

연구의 함의와 제언

본 연구에서는 연구결과를 토대로 다음과 같은 연구의 함의와 제언을 하였다.

1) 이론적 함의

첫째, 본 연구에서 지역을 기반으로 하는 커뮤니티 워크와 지역사회 사회적 자본의 관계를 순환과정으로 보고, 그 과정에 포함되는 개념들을 변수화하여 그 피드백 구조를 인과지도로 가시화한 연구방법을 처음 시도했다는 점에서 학문적 의의를 가진다. 사회적 자본이 원인이자 결과가 될 수 있는 양면성을 지니는 개념임에도 불구하고 대부분의 선행연구에서 결과로서 사회자본의 특성과 그 영향력을 설명하고 있다. 사회적 자본 이론 연구에서 사회적 자본의 양면성은 지속적으로 논의된 내용이다. 하지만 사회직 자본의 양면성을 주제로 하는 실증연구는 많지 않아 그동안 탐색적 연구가 대부분이었으나 본 연구에서 그 실재적 근거를 제공함으로써 경험연구로 확장하는 데 의의가 크다. 따라서 사회적 자본 연구는 사회적 자본의 원인과 결과

양쪽 측면에서 그 의미와 기능을 다룰 필요가 있다.

특히, 본 연구에서 사용한 인과지도는 커뮤니티 워크와 지역사회 사회적 자본의 순환적 관계가 실존하는 현상임에도 불구하고 객관적인 측정이 어렵다는 이유로 경험연구로 쉽게 진행되지 못했던 한계를 극복하였다. 본 연구에서 인과지도 분석을 함으로써 각기 다른 스케일로 측정되는 변수들 간의 상호작용을 이해하고 시간의 흐름에 따른 변화 과정을 설명하였다. 본 연구의 사례는 커뮤니티 워크와 지역사회 사회적 자본의 상호작용이 시간의 흐름에 따라 지역 내에서 나타나는 형태적 특성을 변수화하여 인과구조로 이해할 수 있는 실재적이고 구체적인 현상이다. 본 연구에서 사용한 인과지도는 다면적이고 복합적인 현상을 보편적인 이해 수준에서 파악할 수 있는 분석틀로 유용하고 인과구조로 구성된 연구모형을 구현하는 연구도구로 적합하다. 따라서 사회복지 연구에서 인과지도를 활용하여 사회적 행위가 순환 반복되는 구조를 규명하는 시도가 확대될 필요가 있다.

둘째, 본 연구에서는 마을단위 지역공동체 활동을 사례로 하여 심층면접조사와 현장관찰조사를 실시하여 지역주민과 사회복지관의 상호작용을 분석하였다. 연구결과, 마을단위 지역공동체 활동은 마을과 마을주민과 마을주민조직, 그리고 사회복지관 등 다양한 행위자 간 협력관계를 형성하면서 마을에 지역공동체정신을 확산하고 협력체계를 구축하고 있음을 발견했다. 이러한 상호작용의 본질적인 의미는 협력을 위한 변화이다. 협력 행위와 협력체계구축은 마을과 마을주민들의 변화의 동인이자 그 자체로 바람직한 상태로서의 목적이 되고 있었다. 따라서 본 연구는 마을단위 지역공동체 활동에서 나타난 사건과 상태를 하나의 현상으로 간주하고 전체적이고 통합적인 관점에서 접근하여 그 현상의 구조와 구조가 가지는 본질적인 의미를 파악했다는 점에서 의의가 있다.

이때 주목할 점은 마을의 변화이다. 마을단위 지역공동체 활동을 통해서 마을의 의미가 지리적이고 물리적인 주거공간에서 다양한 생활세계의 교류의 장으로 변하였다. 마을은 커뮤니티 워크와 사회적 자본의 상호작용이 일어나는 사회적인 공간으로, 마을애착과 상호호혜성, 신뢰가 사회적 규범으로 형성되어 마을문제 해결을 위한 협력이 가능한 현장으로 의미부여가 되었다. 따라서 지역공동체 활동과 지역 내 다양한 행위자 간 관계를 밝히는 연구나 지역의 협력체계 구축을 목적으로 연구에서는 지역의 의미와 그 변화에 초점을 맞출 필요가 있다. 지역사례연구는 개별 행위자뿐만 아니라 조직, 기관, 그리고 지역을 포함하는 다양한 행위자간 관계를 파악함으로써 다차원적인 행위자 간 상호작용의 결과가 무엇인지 그리고 본질적인 의미가 어떠한지를 이해할 필요가 있다. 이런 시도를 통해서 지역의 고유성과 특수성을 이론적으로 밝힐 수 있다.

2) 실천적 함의

첫째, 지역사회가 공적 서비스 전달체계의 지역적 경계로만 머무는 시대는 지나갔다. 작금(昨今)의 지역사회는 보다 다양한 욕구와 혼재된 가치관 속에서 지역문제를 해결하고 지역의 지속가능한 발전과 지역주민들의 삶의 질 향상을 위한 역량을 요구받는다. 지역사회 역량은 자발적인 시민의 참여를 통해 형성되는 지역사회 사회적 자본과도 일맥상통한다. 따라서 지역사회복지실천은 지역과 지역주민의 욕구와 그 욕구충족을 위해 활발하게 의사소통하는 공론의 장을 만드는 데 기여해야 한다.

이는 지역사회복지실천이 노정하는 한계에 도전한 행보이다. 한국 지역사회복지의 제도적 개념은 주로 취약계층을 대상으로 하는 소득보장, 사회복지서비스 수준에 그치는 소극적 개념을 가진다. 그 결과 지역사회복지실천이 지역사회의 복합적 특성을 반영하지 못하고 사회복지사 혹은 사회복지관의 역할을 협소하게 규정하여 제한된 성과에 묶여 있다. 즉, 사회복지사의 역할이 지역사회 주민들의 표적화된 욕구에 대한 서비스 제공자, 교육자, 안내자 역할에 국한된다. 클라이언트와의 협업관계도 서비스 공급자로서의 사회복지사와 서비스 수혜자로서의 클라이언트라는 위계적 관계를 형성하는 경우가 많아 전문가로서의 위상과 평등을 기반으로 한 신뢰관계 구축이 어려운 것이 현실이다. 지역사회에서 클라이언트를 대상화하는 구조가 고착되면 주민들이 지역사회 문제해결의 주체로 성장하는 과정에서 복지수혜계층은 소외와 배제의 경험을 할 수 있다. 이는 지역사회복지실천이 사회적 자본의 영향력을 온전히 파악하지 못하는 한계를 초래한다.

따라서 지역사회복지실천의 개념을 보다 확장하여 사회복지사의 역할을 재조명하고, 지역주민을 시민권을 소유한 주체로 권한을 부여하고 역량을 강화하는 것이 중요하다. 그리고 지역사회에서 사회복지사와 지역주민이 지역문제를 논의하고 해결하기 위해서 협력하는 구조를 구축할 필요가 있다. 이때 지역사회복지실천은 서비스 수혜대상의 여부를 판단하는 자격조건을 최소한으로 하여, 보편적인 복지 프로그램이라는 큰 틀 안에서 변화해야 한다. 이와 보조를 같이하여 커뮤니티 워커는 공개적으로 의사를 표현하는 장을 마련하여 합리적인 의사소통 과정을 제도화할 필요가 있다. 이러한 지속적인 경험은 사회적 신뢰의 학습효과에 의해서 마을 내 집단적인 의사결정에 대한 대처방식을 행동양식으로 발전시켜 마을에 민주적인 문화를 조성한다. 이러한 마을의 민주적인 문화는 신뢰 회복과 상호호혜성 강화를 통해 주체적이고 도덕적인 시민을 양성하는 데 이바지할 것이다.

둘째, 지역을 개발하고 지역에서 활동하는 전문적인 커뮤니티 워커의 양성이 시급하다. 전문적인 커뮤니티 워커는 지역활동가로서의 기본자세를 갖추고 갈등관리기제에 유능해야 하고 다양한 이해관계자들과 협력적인 관계를 형성하여 공통의 목적 달성을 주도할 수 있어야 한다. 그러기 위해서는 지역사회복지 관련 학제의 외연을 넓히고 지역활동 전문가의 역할에 대한 교육과 훈련과정을 보강해야 할 것이다.

우선 지역을 개발하고 지역에서 활동하는 전문적인 커뮤니티 워커는 Jane Addams와 Saul Alinsky에 이르는 공동체 조직 원리를 존중해야 한다. 그것은 Charlotte Towle이 직원들 대상으로 제시한 지침으로 '돕기는 하되 지시하지 말라'는 격식 없음의 논리이다(Richard Sennett, 2012).

이는 본 연구에 참여한 사회복지사의 마을사업에 대한 원칙과 태도에서도 확인되었다. 특히 삼덕마을 지역공동체 활동의 초기 단계에서 사회복지사는 주민참여를 독려하고 주민을 단기적으로 교육하여 마을사업의 주체로 이끌려는 전문가로서의 주도성을 최소한의 수준까지 억제하려고 하였다. 그러기 위해서 사회복지사는 자아를 통제하고 주민들의 주도성과 자발성이 마을사업을 향한 관심으로 표출될 때까지 '기다려주는' 자세를 견지하였다. 사회복지사가 과거의 지역

활동을 실패하면서 체득한 실천지식이다. 그것은 전문가가 주도하는 마을사업은 마을을 움직이는 데 한계가 분명하고 마을사업에 참여하는 주민들 역시 마을과의 상호작용 없이 활동할 때 마을사업의 파급력과 추진력이 떨어진다는 사실이다. 마을사업은 주민참여가 또 다른 주민참여를 유도하면서 전체 주민들을 포섭하는 방식으로 확장되고 주민들이 성장에 대한 욕구를 공유할 수 있게 발전해 나가야 한다.

커뮤니티 워커는 지역주민의 참여와 욕구가 어느 정도 성장할 때까지 인내하는 기간을 보내야 하는데 이때 커뮤니티 워커에게 필요한 덕목이 지역과 지역주민의 변화에 대한 신뢰라 할 수 있다. 그리고 이러한 신뢰는 사회복지사가 소속된 기관의 정책이 사회복지사의 성과를 '기다려주는' 데서 실현가능하다. 따라서 커뮤니티 워크는 커뮤니티 워커와 그가 속한 조직이 마을과 참여주민의 변화에 대한 신뢰를 얼마나 가지고 시작하느냐에 따라 초기 성과가 달라질 수 있다.

셋째, 전문적인 커뮤니티 워커는 갈등관리기제에 대한 관심을 가지고 주민 간의 갈등 중재를 위한 개입을 통해서 사업에 대한 신뢰를 향상시키는 실천지식과 기술을 갖추어야 한다. 지역사회 개발 및 조직화 사업은 해당 지역과 관련된 내외부 이해관계자들의 상호작용 안에서 이루어진다. 특히 네트워크가 새로운 정보와 교류관계를 형성하는 과정에서 권력이 생기는데(Moulaert & Sekia, 2003) 이는 행위자 간 갈등을 유발할 수 있다.

본 연구의 논의 부분에 제시된 대안적인 신뢰 인과지도에서 확인하였듯이 갈등유발요인이 확인되면 갈등의 증폭을 사전에 차단하거나 갈등 관계에 있는 구성원들에게 공개적인 의사표현의 기회를 제공함으로써 의사소통을 활발하게 할 필요가 있다. 이때 커뮤니티 워커는 갈등유발요인에 대한 민감성을 갖추고 네트워크 내에 생기는 역동의 방향성을 예측할 수 있어야 한다.

커뮤니티 워커는 자신을 통로로 하여 공개적인 의사표현이나 의사소통이 활발하게 진행될 수 있도록 개입해야 한다. 이때 커뮤니티 워커는 촉진자 역할을 수행한다. 커뮤니티 워커가 촉진자 역할을 통해 갈등 문제에 개입하는 것은 개인의 갈등을 개인 수준에 머물게 하거나 갈등을 해결하는 데 목적이 있는 것이 아니라 개인의 갈등 상황을 마을 전체 문제와 관련해서 조망하고 집합적인 노력으로 마을의 문제를 해결하는 작업을 의미한다. 이러한 전문적인 개입을 위해서 커뮤니티 워커에게 갈등에 대한 전문적인 교육과 훈련, 그리고 자문을 받을 수 있는 기회를 보장해 줄 필요가 있다.

넷째, 본 연구에서 사회복지사는 지역공동체 활동에 참여하면서 지역 전문가로서의 정체성을 확립하는 것으로 나타났다. 이는 커뮤니티 워커가 지역에서 지역주민과 면대면으로 접촉하고 조력활동하고 있을 때 가능한 성과이다. 그런데 커뮤니티 워커로서의 사회복지사의 업무와 사회복지관의 종사자로서의 근로조건 간 상충지점이 발생한다. 그것은 사회복지사가 커뮤니티 워크를 통해 지역 전문가로 성장하고 싶은 욕구와 커뮤니티 워크를 기피하게 하는 현실상황에서 오는 딜레마를 조장하는 이유이기도 하다. 마을에서 주민들이 한자리에 모일 수 있는 시간은 주민들의 일과를 마친 늦은 저녁시간이나 휴일이다. 그런데 그 시간은 근로자인 사회복지사에게는 일과에서 벗어나 휴식이 필요한 시간이다. 따라서 지역 활동을 하는 사회복지사는 복지관의 통상적인 업무 속에서 지역공동체 활동에 필요한 야근과 휴일업무로 점철된 근무형태[38]를 보인다. 이러한 근무형태는 지속가능성을 저해할 뿐만 아니라 열악한 근로조건 속으로 사회복지사를 내모는 꼴이 된다. 설사 사회복지사의 개인적인 헌신과 자원으로 의미 있는 성과를 이뤄낸다고 할지라도 이러한 노동형태는 근로윤리와 윤리경영에 위배된다. 특히, 환경은 복지관의 인사시스템이 순환보직의 원칙으로 작동되는 경우, 사회복지사의 전문성 향상과 지역전문가로서의 정체성 확립에 한계가 있다. 또한 사회복지관의 소재지와 마을의 위치와 사회복지사의 주거지간의 이동거리가 먼 경우에는 시도조차 쉽지 않을 뿐만 아니라 크리밍 현상에 의해서 낮 시간에 활동하기 편한 주민들에게 편향된 사업이 진행될 가능성이 높다.

본 연구에서는 전임(前任) 사회복지사는 지역공동체 활동을 향한 본인의 강력한 의지와 사회복지관 리더십의 전적인 지원을 통해 마을사업에 전념할 수 있었다. 또한 현(現) 사회복지사는 입사할 때, 이러한 근무조건을 전제로 본인의 욕구와 자발적인 선택에 의해서 지역공동체 활동을 하였다. 무엇보다도 현(現) 사회복지사가 삼덕마을의 이웃마을에서 성장한 주민으로, 삼덕마을을 잘 알고, 주민들과 일상생활 공간을 공유하는 지역주민이다. 이러한 사회복지사의 개인적인 특성은 인과지도를 통한 구조로 파악하기 어려운 선행변수이자 외생변수라 할 수 있다. 따라서 지역사회의 고유성을 인정하듯이 지역공동체 활동을 하는 전문가의 고유성에도 관심을 가지고 이러한 특징을 지역공동체 활동이라는 시스템 안에서 어떻게 내생변수화할 것인가를 고민할 필요가 있다. 특히 지역사회복지 교과목과 실습을

---

38) 법적으로 보장된 휴일이나 대체근무 등 제도적인 복지가 마련되어 있으며, 노골적으로 근로권이 침해받는 위법 상황이 벌어지는 것은 아니다. 다만, 지역공동체 활동은 잦은 외근과 퇴근 이후 저녁시간에 잡히는 마을회의와 늦은 밤까지 이어지는 주민과의 모임, 그리고 주말이나 휴일에 개최하는 행사 등으로 실질적으로 근무환경이 고된 편이다.

통한 훈련과정이 마을과 지역이라는 실천현장의 변화와 그 주체들의 변혁의 흐름을 선도할 수 있도록 다학제적인 접근이 가능한 교육과정과 다양한 제도와 네트워크를 통한 사회적 지원이 절실하다 하겠다.

다섯째, 본 연구에서 연구도구로 사용한 인과지도는 정책평가도구로 유용하다. 새로운 정책의 시행에 따른 지역의 변화와 주민 참여에 대한 가능성을 확인하고 정책의 지렛대 효과 지점에 대한 공공의 이해를 높여야 한다. 그러기 위해서 공공정책과 행정을 담당하는 전문인력을 대상으로 하는 자기학습조직(피드백 구조)에 대한 교육과 학습 기회가 필요하다. 따라서 공무원들 교육과정에 시스템 사고에 관한 강의와 교육 과목을 신설하여 창의적인 사고를 훈련하고 정책실천현장에서 지속적으로 정책의 지렛대 효과가 발견되는 부분에 대한 연구를 지원할 필요가 있다.

3) 정책적 함의

첫째, 본 연구의 연구 사례인 삼덕마을 지역공동체 활동은 평균적인 지역사회보다는 작으나 근린지역보다는 큰 규모의 지역사회 거버넌스 체계를 보여준다. '거버넌스'가 변화된 환경에 사회복지정책과 서비스 집행과 전달에 있어 새로운 방식을 제시하는 패러다임이라면(김보영, 2013: 108), 삼덕마을 지역공동체 활동이 그 패러다임에 영향을 받은 것으로 보인다. 삼덕마을에서 주민을 비롯하여 사회복지사, 공무원, NGO 활동가와 건설 시공사 기술 전문가, 그리고 인근 마을 지역조직 등 다양한 내·외부 관계자들이 협력하여 마을사업을 단계적으로 진행하는 과정에서 협력적 파트너십을 구축하고 주민들이 스스로 서비스를 공급하고 전달하는 시도를 하고 있다. 무엇보다도 마을회관이라는 마을공동시설을 자치적으로 운영하면서 마을 내에 숙의 민주주의를 정착하게 하는 체계가 구축되고 있다.

협력적 거버넌스 체계에서는 다중의 행위자와 이해관계자 간의 상호작용이 마을의 공동의 문제를 해결하고 마을이라는 지역사회 질을 향상시키고 주민들의 삶의 질을 보다 나은 상태로 변화시킨다. 다양한 행위자들의 협력적 참여는 마을 문제에 따라 그 시기별로 마을사업에 합류하는 수준과 내용이 각기 상이하다. 그러나 마을사업의 모든 시기, 어떤 작업에서도 변함없는 주체는 주민이다. 따라서 주민의 자발적인 참여는 거버넌스의 중요한 조건이라 할 수 있다. 이런 시각에서 접근할 때 삼덕마을 지역공동체 활동은 더 많은 주민이 주체로 마을과 마을사업에 관여하고 의사결정 과정에 참여할 필요가 있다.

2016년 현재 3년차에 접어드는 삼덕마을은 시작단계부터 높은 인적 자원과 마을에 대한 애착과 책임감이 강한 주민들이 마을사업을 주도해왔다. 이들은 시민사회가 요구하는 도덕성을 보이면서 삼덕마을사업을 진행하고 합리적인 선택을 통해서 마을사업을 둘러싼 오해와 갈등을 최소화하려고 노력해왔다. 삼덕마을은 이런 장점이 극대화하고 자의든 타의든 이미지화함으로써 초기단계에서 다른 지역공동체 활동의 귀감이 되기도 하였다. 또한 삼덕마을은 현재 마을 회장의 자리가 공석인 것과 마찬가지일 정도로 지난 1년 동안 강력한 리더십이 없었다. 초기단계임에도 불구하고 강력한 리더십이 없이 성장을 해왔다는 것은 구성원들의 역량이 고르게 높은 수준인 동시에 구성원 간 자율성이 보장되고 구성원들의 도덕성이 낮지 않음을 유추할 수 있는 지점이다. 즉, 구성원들 각자의 리더십이 높다는 것이다. 이런 것들이 바로 삼덕마을이 협력적 거버넌스 체계임을 보여주는 맥락적 영향요인이라 하겠다.

그러나 본 연구결과에서 확인하였듯이 삼덕마을은 참여와 네트워크 인과지도와 신뢰 인과지도에서 일탈-억제 구조를 보이면서 성장이 억제되는 형태를 반복하는 것으로 알 수 있다. 즉, 마을 내부에 음의 피드백 루프가 작동하고 있다는 것이다. 따라서 음의 피드백 루프를 양의 피드백 루프로 전환하여 지역공동체 활동을 선순환 구조로 만드는 데 힘을 기울여야 할 것이다. 그런 구조를 바꾸기 위해서 새로운 주민 참여가 절실하다. 지금 마을운영위원회 위원들은 지난 2년간의 지속적인 상호작용을 통해서 반복되는 행위가 특정 형태들로 구성된 구조를 보인다. 이 구조는 강력한 리더십이나 새로운 형태들의 투입으로 변화할 수 있다. 그런데 삼덕마을의 지역적 특성이 강력한 리더십을 굳이 필요로 하지 않으므로 새로운 주민참여를 통해서 지역공동체 활동의 구조적 변화를 주는 방식이 적절하다.

이때 새롭게 참여하는 주민은 예전부터 활동했던 주민들에 비해서 사회적 관계망이 약하고 신뢰가 높기 어렵다. 따라서 이들이 기존에 활동해 왔던 주민들과의 사이에서 자율성이 보장되는 상황에서 지역공동체 활동을 할 수 있게 전문적인 개입이 필요하다. 마을단위 지역공동체 활동에서 전문적인 개입은 행위자 간 자율성을 얼마나 어떻게 확보하는가에 집중될 필요가 있다. 행위자가 주민이라고 한다면, 주민 간 자율성이 보장될 때 주민들은 공동의 목적을 위해 협력적인 상호작용을 하면 그 과정에서 사회적 자본이 형성되면서 새로운 변화의 장을 마련할 수 있기 때문이다. 그것은 삼덕마을의 시작단계와 초기 진입단계에서 보여준 협력적 거버넌스 체계라고 할 수 있다.

둘째, 지역사회 변화의 핵심은 사회에서 배태된 경제발전에 대한 인식이라 할 수 있다. 이는 마을에 사회적 경제조직을 수립하는 것에 대한 진지한 접근을 의미한다. 사회적 경제조직은 협동조합이나 공제조합, 그리고 결사체처럼 공동의 목적으로 위해 자발적으로 결사한 개인이 공동으로 소유하는 조직을 말한다. 사회적 경계 조직의 특징은 개인의 이익을 공동의 이익에 복속시키는 것이다. 따라서 사회적 경제는 경제적인 측면에서만 접근하기보다 시장경제의 대안으로서 사상과 실천의 개념까지 아우를 수 있는 광의의 개념으로 접근해야 한다. 왜냐하면 사회적 경제의 '사회적'이란 개념이 원칙적으로 '공동소유'의 원칙을 의미하기 때문이다(Müller & Halder, 1988: 137).

이는 폴라니(1944)가 역설하는, 경제가 사회에 배태되어 있음(embeddedness)의 논리로부터 출발하여 이해할 필요가 있다. 폴라니의 사회적 경제 조직은 호혜성(reciprocity)과 재분배(redistribution) 원리에 의해서 작동되는 공동체의 활동이자 조직이다. 시장경제의 발달이 초래한 양극화와 그로 인한 삶의 질 저하에 대한 대안은 국가의 개입이 아닌, 시민사회의 자생적인 노력으로 진행될 수밖에 없었다. 그것은 사회공동체의 연대와 협력의 가치의 실현으로 사회적 경제의 핵심 개념이라 할 수 있다. 이러한 사회적 경제는 시장경제의 태생적 한계를 기반으로 하여, 자본의 논리에 대한 비판이라는 의의를 가지고 있다. 따라서 사회적 경제는 이윤창출에 앞서 공동체 구성원과 공공(지역사회)의 이익에 대한 기여를 목적으로 하여야 한다(Defourny, 2006).

따라서 삼덕마을을 위시한 마을사업이 궁극적으로 지향하는 바가 무엇인지, 사회적 경제조직의 기능과 의미에 대한 정책 평가가 선행되어야 할 것이다. 최근 정부의 지원받는 마을공동체사업이 사회적 경제조직을 모티프로 하여 수익성 사업에 편중되는 이러한 상황이 또 다른 비자발적인 시작으로 작동되기 전에 정책평가가 이루어져서 사회적 경제조직이 본연의 기능을 다할 수 있는 정책적 지원을 마련해야 할 것이다.

4) 연구의 한계와 후속 연구를 위한 제언

본 연구에서는 연구자의 노력에도 불구하고 다음과 같은 한계를 가진다.

첫째, 본 연구에서는 인과지도를 구축하는 과정을 포함한 전 과정에 걸쳐 복수의 전문가들로부터 여러 차례 감사를 받고 연구참여자의 멤버 체킹(memberchecking)과 인과지도의 타당성 검증 과정 등을 충실히 이행하였다. 이러한 일련의 과정에서 이루어진 부분적이고 점진적인 수정작업을 통해서 최종 모델이 도출되었다. 그러나 본 연구에서 제시한 인과지도가 삼덕마을 지역공동체 활동에 대한 최선의 해석인지에 대한 과학적인 검증 절차가 생략됨에 따라 결과의 객관성을 연구자의 논리를 따라가면서 판단해야 하는 한계를 갖는다.

둘째, 본 연구는 관계적 인간관(relational concept of man)을 전제로 한다. 관계적 인간이란 '관계망에서 자신이 놓인 위치나 놓여 있는 연결망의 구조에 따라 달리 행동하는 존재(김용학, 2004: 33)'이다. 본 연구에서 밝혀진 연구결과는 삼덕마을 지역공동체 활동의 초기 과정에 나타난 관계망을 전제로 이해할 필요가 있다. 향후 변화하는 관계망 속에서는 또 다른 행위 패턴이 나타날 것이고 그에 따른 피드백 루프는 지금과는 다를 수 있다. 따라서 본 연구는 삼덕마을 지역공동체 활동의 초기과정만을 가지고 피드백 루프를 설정하였으므로 그 안정성이 취약한 측면이 있다.

셋째, 본 연구의 연구 사례가 삼덕마을 지역공동체 활동이므로 행위자인 개인과 조직의 행위를 기반으로 하는 사건과 상태에 집중해서 그 구조를 파악하는 조사와 분석이 진행되었다. 그러다 보니 시민사회의 관점에서 본 마을의 변화, 즉 삼덕마을을 둘러싼 정치·경제·사회·문화적인 변화가 마을의 변화를 야기하고 마을이라는 구조의 변화가 그 구성원들의 형태에 영향을 미치는 과정 속에서 요구되는 시대정신과 같은 거시적인 논의가 전개되지 못했다.

앞서 밝힌 연구의 한계에 의거하여 후속 연구를 위한 제언을 하면 다음과 같다.

첫째, 본 연구에서 인과지도로 구축한 멘탈 모형을 컴퓨터를 이용한 시뮬레이션 모형으로 발전시켜 그 예측력을 검증해볼 필요가 있다. 인과지도로 구현한 커뮤니티 워크와 지역사회 사회적 자본 간의 순환적 관계에 관한 연구모형이 실제를 이해하고 예측까지 수행하는지 확인해야 한다. 연구가 지니는 발견적 힘을 갖기 위해서는 보어(Bohr)가 강조한 "애매하지 않은 의사소통"으로서의 객관성을 확보할 필요가 있다.

둘째, 본 연구에서 정부를 비롯한 공공조직 및 외부기관과의 상호작용에 대한 보다 심층적인 분석이 필요하다. 본 연구의 사례가 된 삼덕마을의 지역공동체 활동은 정책의 주도성에 의해 시작되었다. 따라서 정책의 영향력을 초기 상수값으로 볼 것이 아니라 전체 순환과

정의 영향변수로 보고 접근하는 연구가 필요할 것이다. 또한 외부기
관과의 연계 활동의 영향력이 삼덕마을 지역공동체 활동에서 어떠한
피드백 구조로 구현되는지에 대한 추가 논의가 필요하다.

셋째, 본 연구의 사례인 삼덕마을 지역공동체 활동은 시작한 지 3
년차에 불과한 초기단계이므로 시민사회를 거론하기 미약하다. 그럼
에도 불구하고 삼덕마을이 물리적 공간에 머물러 있다가 지역공동체
활동 이후 사회적 의미를 담은 공론의 장소의 단초가 드러남(emerged)
을 발견할 수 있었다. 향후 그 전개과정을 지속 추적하여 하버마스가
제기한 '시민적 공공성'의 공간으로서의 마을의 성장 가능성과 시민
사회에서 형성하는 공공성의 의미를 분석틀로 하여 지역공동체 활동
을 통해 발현되는 현상들을 논하기를 제언한다.

| 참고문헌 |

강용배(2003), "지역사회 정체성과 사회자본 형성요인 분석-지역사회공동체 운동 사례를 중심으로", 『한국정책과학학회보』 7(2): 189-216.

기영화·김윤지·김남숙(2013), "커뮤니티 웰빙 연구를 위한 국제지표 분석", 『지역발전연구』 22: 1-35.

김경일(1985), 『공동체이론』, 문학과지성사.

김도훈·문태훈·김동환(2001), 『시스템 다이내믹스』, 대영출판사.

김동환(2011), "시스템 사고(시스템으로 생각하기)", 『선학사』.

김두환·이윤상·이삼수(2007), "일반 논문: 도시개발과정에서 주민참여를 통한 이해갈등조정", 『시민사회와 NGO』, 5(1): 241-269.

김보영(2013), "사회복지 전달체계 패러다임으로서의 거버넌스, 협영(協營)에 대한 이론적 탐색", 『사회복지정책』 40(3): 107-132.

김상준(2004), "부르디외, 콜만, 퍼트남의 사회적 자본 개념 비판", 『한국사회학』 38(6): 63-95.

김선직(2009), "마을만들기의 전략적 실천방안에 관한 연구", 안양대 도시정보공학과 박사학위 청구논문.

김세진(2008), "영국의 지속가능 공동체법", 한국법제연구원, 『법령정보 Newsletter』, 2008.3: 27-33.

김신양(2011), "사회적 경제의 이상과 현실", 『사회적 경제의 이해』, 충남발전연구원, pp.29-43.

김영모(1995), "지역사회복지운동의 과제와 방향", 『지역사회복지운동』 1: 1-20.

김영종(2012), "한국 사회서비스 공급체계의 역사적 경로와 쟁점, 개선 방향", 『보건사회연구』, 32(2): 41-76.

김용학(2004), 『사회연결망이론』, 박영사.

김욱진(2008), "사회적 자본을 활용한 지역사회조직화전략 재고", 『한국지역사회복지학』 26: 31-52.

김웅진(2014), "사회과학지식의 방법론적 인증", 『국제정치논총』 54(4), 9-36.

김은정·김윤이·신효진·신중진(2003), "주민참여 마을만들기의 활동내용과 참여주체에 관한 연구", 『한국도시설계학회 춘계학술발표대회 논문집』.

김은희(2005), "나, 너 그리고 우리가 함께 만드는 살기 좋은 동네", 『국토』 122-127.

김의영(2011), "굿 거버넌스 연구 분석틀: 로컬 거버넌스를 중심으로", 『한국 정치연구』 20(2): 209-234.

김인숙·정재훈(2008), 『여성복지의 실천과 정책』, 나남.

김준환(2004), "사회적 자본과 사회적 기업에 관한 고찰", 『한국사회』 5: 89-120.

김지미(2009), "일본 사회복지서비스 공급과정에서의 시민참가: '비영리시민 복지사업단체'의 등장과 그 효과를 중심으로", 『한국사회복지학』 61(2): 137-159.

김진석·유동철(2013), 『마을지향복지관 역할강화 방안 연구』, 서울시복지재단.

김찬동·서윤정(2012), 『마을공동체 복원을 통한 주민자치 실현방안』, 서울 시정개발연구원.

김태란·인태정(2009), "부산지역의 마을만들기 유형과 특성", 『지역사회학』 11: 145-169.

김태준(2006), "성인학습과 사회적 자본 프로파일-시민교육정책에 주는 함 의", 『평생교육학연구』, 12: 73-94.

김태준·김안나(2003), 『사회적 자본 형성의 관점에서 본 시민의식 측정 연 구』, 한국교육개발원.

김태준·조영하·이상일·이병준·박찬웅·구자숙·김태리(2006), "지역인 적자원개발을 위한 사회적 자본 측정 및 형성전략의 국제비교연구", 『한국성인교육학회』 9(3): 145-185.

김태준·최상덕·장근영·이기홍·전주혜(2009), 『한국의 사회적 자본 실태 분석 연구』, 한국교육개발원.

김혜인·전대욱(2009), "지속가능발전 모델링에 있어서 사회자본의 도입: 세 편의 시스템 다이내믹스 모델에 대한 제언", 『한국 시스템 다이내믹 스 연구』 10(3): 25-45.

남찬섭(2013), "사회보장기본법의 변화를 통해본 한국 복지국가의 전개과정", 『한국사회복지학』 64(3): 79-100.

대한국토·도시계획학회(2004), 『국토·지역계획론』, 보성각.

맹다미(2015), "지속가능한 저층주거지 관리를 위한 주거환경관리사업의 방 향", 지속가능한 발전방향 모색을 위한 전문가토론회 자료집 『서울시 주거환경관리사업, 앞으로 나아갈 방향은?』, 서울연구원·(사)대학국

　　토 · 도시계획학회, 25-47.

문태훈(1997), 『환경정책론』, 형설출판사.

문태훈(2002), "시스템 다이내믹스의 발전과 방법론적 위상", 『한국시스템 다
　　이내믹스 연구』 3(1): 1-77.

박남희 · 조병설 · 안유정 · 이만형(2013), "지역전략산업육성사업과 지역경제
　　성장 파급효과: 충북 사례를 중심으로", 『한국시스템 다이내믹스 연
　　구』 14(1): 5-29.

박정미 · 박성현 · 유동철(2012), "지역사회복지의 문제점에 관한 구조화분석-
　　부산진구를 대상으로-", 『한국사회복지학』 64(1): 199-223.

박주형(2013), "도구화되는 '공동체': 서울시 [마을공동체 만들기 사업]에 대
　　한 비판적 고찰", 『공간과 사회』 43: 4-43.

박태영(2012), "지역사회복지의 정체성에 관한 연구", 『한국지역사회복지학』
　　43(-): 639-668.

박호성(2009), 『공동체론』, 효형출판사.

박희봉(2002), "사회자본과 행정: 사회자본이론의 논점과 연구경향", 『정부학
　　연구』 8(1): 5-45.

박희봉 · 김명환(2010), "우리나라 지역사회의 사회자본 증진에 관한 연구: 사
　　회적 자본 측정과 분석을 위한 시도", 『한국정치학보』 34(4): 175-196.

박희봉 · 이희창(2010), "사회자본이 국가경쟁력에 미치는 영향: 한 · 중 · 일
　　3국민의 시민의식 분석", 『한국정책과학학회보』 14(4): 1-29.

배응환(2005), "로컬거버넌스: 갈등에서 협력으로", 『지방행정연구』 19(2):
　　187-215.

백영경 · 오건호 · 장석준 · 조성주(2015, 봄), "대담: 사회적 연대를 위한 복지
　　로", 『창작과 비평』 43(1): 67-105.

백인립(2013), "사회복지학의 정체성: 21세기 한국사회와 사회복지의 역할",
　　『한국사회복지조사연구』 36: 297-332.

류지선(2014), "기업의 사회공헌 지출 시스템 분석을 통한 사회복지 자원 증
　　대 방안: 시스템 다이내믹스 기법을 활용하여", 부산대학교 사회복지
　　학과 박사학위논문.

서종녀 · 이봉주(2013), 『복지환경 변화에 따른 지역 맞춤형 복지서비스 지원
　　방안 연구』, 서울시복지재단.

성북구청(2014), "성북구 정릉동 삼덕마을 주거환경관리사업 구역 및 계획결
　　정(안)", 1-144.

성북구청(2015), 『성북구 정릉동 삼덕마을 주거환경관리사업 구역 및 계획결

정』종합보고서.

소진광(2004), "사회적 자본의 측정지표에 관한 연구", 『한국지역개발학회지』 16(1): 89-118.

손용진(2010), "사회자본이 도시와 농어촌 노인의 우울증에 미치는 영향에 관한 연구: 성인 자녀 관계망 및 사회적 관계망을 중심으로", 『GRI연구논총』, 12(3): 311-339.

손태원·정한규(2000), "시스템 다이내믹스 (System Dynamics)-VENSIM을 이용한 동태적 동기모델의 검증", 『한국시스템 다이내믹스학회 학술발표논문집』, 59-86.

신용하(1987), 『공동체이론』, 문학과지성사.

여관현(2013), "마을만들기를 통한 공동체 성장과정 연구", 『도시행정학보』 26(1): 53-87.

오완석(2013), "마을공동체회복사업과 주민자치를 위한 정부, 지방자치단체의 역할", 『공공사회연구』 3(2): 104-125.

양원모·장준호·여관현(2013), "시스템 다이내믹스를 활용한 마을만들기 모형구축 연구", 『한국시스템 다이내믹스 연구』 14(3): 75-103.

유석춘·장미혜(2007), 『사회자본-이론과 쟁점』, 도서출판 그린.

유석춘·장미혜·정병은·배영(2003), 『사회자본: 이론과 쟁점』, 그린.

유석춘·장미혜·배영(2002), "사회자본과 신뢰: 한국, 일본, 덴마크, 스웨덴 비교연구", 『東西研究』 14(1): 101-135.

유창복(2013), "서울시 마을공동체 지원 사업의 배경과 과제-서울시 마을공동체종합지원센터의 개설에 즈음하여-", 『환경철학』 15: 173-226.

유치선·이수기(2015), "근린환경, 사회적 자본, 그리고 커뮤니티의 사회적 지속가능성: 인과관계에 관한 탐색적 연구", 『국토계획』 50(7): 5-23.

윤순진·이유진(2008), "제5장 지속가능한 사회를 위한 지역에너지 자립", 『지속가능한 사회이야기』 117-157, 법무사.

이규환·남상우(2008), "사회적 자본 개념요소 연계성에 관한 연구", 『한국지역개발학회지』, 20(1): 207-227.

이남인(2014), 『현상학과 질적 연구』, 한길사.

이봉주·홍현미라·장혜림(2013), 『'시소와 그네' 영유아통합지원사업 성과분석연구』, 사회복지공동모금회·서울대학교산학협력단.

이소영(2014), "근린지역 주민들의 커뮤니티 활동 경험에 관한 연구", 『한국사회복지질적연구』, 8(2): 5-33.

이성근·이관률·서경규·김상곤·안성조·김태구·김종수·심상운·고수정(2013), 『최신지역개발론』, 집현재.

이영환(1998), "지역사회 주민조직에 관한 이론연구", 『지역사회발전학회논문집』, 23(2): 7-24.

이영현·나영선·김안국·유한구·김미란·이재혁(2006), 『사회적 자본과 인적자원개발 정책연구 I』, 한국직업능력개발원.

이인재(1995), "사회복지운동의 주체로서 사회복지실천가의 사회적 위상에 관한 연구", 『한국사회복지학』 26: 201-226.

이창호(1999), "지역 복지공동체 운동의 실천과 과제 - 'V-타운 21세기' 운동을 중심으로", 『한국사회복지학회 1997년도 추계학술대회』, 65-78.

이창호(2012), "마을공동체 만들기 현황과 향후 과제", 『이슈와 논점』, 436호.

이태수(2014), "보편적 복지국가로 가는 길에서의 민주정부 10년의 복지정책", 『상황과 복지』, 43: 236-274.

이현기(2010), "노인자원봉사활동과 사회자본: 사회자본 효과를 중심으로", 『노인복지연구』, 50: 263-290.

이홍직(2009), "노인의 정신건강에 영향을 미치는 요인에 관한 연구", 『사회과학연구』 25(3): 25-42.

이희창·박희봉(2005), "사회자본과 지역발전", 『한국행정논집』 17(4): 1183-1207.

임우석(2009), "사회적 자본과 노인 생활만족도의 관계에 관한 연구: 서울특별시를 중심으로", 서울시립대학교 대학원 박사학위논문.

장수찬(2002), "한 사회의 대인신뢰수준을 결정하는 요소들: 국가 간 비교를 중심으로", 『정부학연구』 8(1): 45-68.

장원봉·남철관·정연경·박하연(2015), 『도시재생 주민교육 프로그램 개발 연구』, 에스에이치공사·(재)사회투자지원재단·(사)나눔과미래.

전대욱·김혜인·김건위(2013), "주민주도적 마을만들기의 동태적 측면에 관한 연구", 『한국시스템 다이내믹스연구』, 14(3): 51-74.

정순둘·이현주·최혜지·김고은·이소영(2012), "한국 중산층 남성노인과 여성노인의 사회적 자본 경험과 의미-노인복지관을 이용하는 노인을 중심으로", 『노인복지연구』 57: 221-259.

정재운·김현수(2009), "동태적 분석 및 설계를 위한 인과지도 작성법의 한계와 개선방안에 관한 연구", 『한국시스템 다이내믹스연구』 10(1): 33-60.

정릉복지관(2014), 『2014 지역주민욕구조사보고서』, 정릉종합사회복지관.

조성숙(2012), "지역사회서비스 품질, 만족도, 재이용의사의 동태성에 관한 연구", 『한국시스템 다이내믹스연구』, 13(2): 73-91.

지은구(2006), "지역사회 역량강화방안에 관한 연구", 『한국지역사회복지학』 19: 47-75.

천현숙(2004), "대도시 아파트 주거단지의 사회자본", 『한국사회학』, 38(4): 215-247.

최미영(2008), "노인우울에 미치는 동네효과와 사회자본의 영향에 관한 연구", 『한국사회복지조사연구』, 18: 25-46.

최병두(2000), "공동체 이론의 전개과정과 도시 공동체운동", 『도시연구』 6: 32-50.

최옥채(2011), "지역사회복지 정체성 탐색", 『한국지역사회복지학』 38: 51-78.

최영출(2004), "지역의 사회자본측정지표 설정", 『지방정부연구』 8(3): 119-144.

최영출(2005), "시스템 다이내믹스를 이용한 지역개발사업의 파급효과분석", 『한국시스템 다이내믹스 연구』 6(1): 147-176.

최일섭·류진석(2004), 『지역사회복지론』, 서울대학교 출판부.

최종렬(2004), "신뢰와 호혜성의 통합의 관점에서 바라본 사회자본", 『한국사회학』, 38(6): 97-132.

최종혁·안태숙·이은희(2010), "지역사회 사회자본 척도 개발을 위한 질적 연구: 지역사회복지네트워크를 중심으로", 『한국사회복지학』 62(4): 297-324.

최혜지·이소영·정순둘(2015), "인적 자본, 사회적 자본, 우울의 최적모형 탐색과 영향관계 분석", 『정신보건과 사회사업』 43(2): 149-175.

한국주민운동정보교육원(2010), 『주민운동의 힘, 조직화-CO방법론』, 한국주민운동정보교육원.

한상미(2007), "사회복지사들의 사회자본 연구", 한국가톨릭대학원 박사학위 논문.

홍진이(2013), "마을만들기 사업과 지방자치단체의 역할", 『공공사회연구』 3(2): 151-169.

홍현미라(2006), "미국의 지역사회자본(community social capital) 구축정책 사례와 한국에 주는 시사점", 『사회복지정책』 25: 107-131.

홍현미라(2013), "지역사회복지 정체성 담론형성을 위한 시론연구: CO전략을 중심으로", 『한국사회복지행정학』 15(3): 263-283.

홍현미라(2014), "영유아통합지원 실천의 지역사회변화 인식에 관한 포토보이스 연구: '시소와그네' 사례를 중심으로", 『한국사회복지학』 66(4):

233-255.

황성철(1997), "지역사회복지와 전문적 사회복지 실천", 『한국사회복지학회 학술대회 자료집』, 4-20.

Adam, F., Rončević, B.(2003), Social Capital: Recent Debates and Research Trends. Social Science Information, vol. 42 no. 2, 155-183.

Adler, P. S., Kwon, S. W.(2000), Social capital: The good, the bad, and the ugly, 89-115.

Austin, M. J. & Betten, N.(1990), The roots of Community Organizing, 1917-1939.

Berger, P. L., Neuhaus, R. J.(1977), "To empower people: The role of mediating structures in public policy", pp.240-250, in The nature of the nonprofit sector, eds. by Ott, J. S.(2001), Westview Press.

Bourdieu, P.(1986), The forms of capital Handbook of theory and research for the sociology of education (pp.241–258), Greenwood.

Broadbent, A.(2013), 전현우·천현득·황승식(2015), 『역학의 철학』, 생각의힘.

Burt, R. S.(2001), Closure as Social Capital, Social capital: Theory and research, 31-55.

Chaskin, R. J.(1997), Perspectives on neighborhood and community: a review of the literature, *The Social Service Review*, 521-547.

Coleman, J. S.(1988), Social capital in the creation of human capital, *American journal of sociology*, S95-S120.

Côté, S., Healy, T.(2001), The well-being of nations: The role of human and social capital, *Paris: Organisation for Economic Co-operation and Development*.

Cox, F. M., Erlich, J. L. Rothman, J., Tropman, J. E.(1979), Strategies of community organization, 3rd ed. Itasca, IL: Peacock Publishers.

Coyle, G.(1998), The practice of system dynamics: milestones, lessons and ideas from 30 years experience, *System Dynamics Review*, *14*(4), 343-365.

Defourny, J., Nyssens, M.(2006), "Defining social enterprise", Social Enterprise, Routledge, London.

Dhesi, A. S.(2000), Social capital and community development, *Community Development Journal*, *35*(3), 199-214.

Eden, C.(1994), Cognitive mapping and problem structuring for system dynamics model building, *System dynamics review*, *10*(2 3), 257-276.

Edwards, M.(2004), 서유경 역(2005), 『시민사회(CIVIL SOCIETY)-이론과 역사, 그리고 대안적 재구성』, 동아시아.

Evans, S. M., Boyte, H. C.(1986), *Free spaces: The sources of democratic change in America,* University of Chicago Press.

Forrester, J. W.(1961), 『Industrial Dynamics』, Cambridge, Mass & M.I.T. Press.

Forrester, J. W.(1969), *Urban dynamics* (Vol. 114), Cambridge: mit press.

Forrester, J. W.(1971), *World dynamics* (Vol. 59), Cambridge, MA: Wright-Allen Press.

Fukuyama, F.(1995), 구승희 역(2003), 『TRUST(트러스트) 사회도덕과 번영의 창조』, 한국경제신문 한경BP.

Fukuyama, F.(1999), "The Great Disruption: Human Nature and the Reconstitution of Social Order", The Atlantic Monthly, May: 55-80.

Gamble, D. N., Weil, M.(2010), *Community practice skills: Local to global perspectives,* Columbia University Press.

Glaser, B. S. & Strauss, A.(1971), A.(1967), The discovery of grounded theory, New york.

Granovetter, M.(1995), *Getting a job: A study of contacts and careers,* University of Chicago Press.

Gray Merriam(1994), Conservation of Fragmented Populations, 8(1), 50 - 59.

Grootaert, C., Van Bastelaer, T.(Eds.)(2002), *Understanding and measuring social capital: A multidisciplinary tool for practitioners* (Vol. 1), World Bank Publications.

Hans Braun(2003), 정재훈·김태희 역(2006), 『사회연대의 이론과 실천』, EM커뮤니티.

Healey Patsy(1997), 『Collaborative Planning』, UBC Press.

Hillery, G. A.(1955), Definitions of community: Areas of agreement, *Rural sociology*, *20*, 111-123.

Jane Addams(1910/1990), 심재관 역(2010), 『헐하우스에서 20년(From Twenty Years at Hull-House)』, 지식의 숲.

Kahn, S.(1991), *Organizing, a guide for grassroots leaders,* Natl Assn of Social Workers Pr.

Karl Polanyi(1944), 홍기빈 역(2009), 『거대한 전환: 우리 시대의 정치·경제적 기원』, 길.

Kawachi, I., Kennedy, B. P., Lochner, K., Prothrow-Stith, D.(1997), Social Capital, Income Inequality, and Mortality, *AMERICAN JOURNAL OF PUBLIC HEALTH*, 87(9): 1491.

Kidder, L. H.(1981), Qualitative research and quasi-experimental frameworks, Scientific inquiry and the social sciences, 226-256.

Kim, H.(2009), Qualitative mapping for understanding the collective judgment building process-a study of the federal open market committee, A Dissertation Submitted to the University at Albany.

Kjær, A. M.(2004), 이유진 역(2007), 『거버넌스』, 오름.

Knack, S., Keefer, P.(1997), Does social capital have an economic payoff? A cross-country investigation, *The Quarterly journal of economics*, 1251-1288.

Krackhardt, D., Nohria, N., Eccles, B.(1992), The strength of strong ties, 216-239.

Kratochwill, T. R.(1978), Single-subject research: Strategies for evaluating change, New York: Academic Press.

Kuzel, A. J.(1992), Sampling in qualitative inquiry.

Landry, P. F.(2008), Decentralized authoritarianism in China, *New York Cambridge University Press*, 6, 31.

Lin, N.(2000), 김동윤·오소현 역(2008), 『사회자본』, 커뮤니케이션북스.

Mattessich, P. W., Monsey, B. R., Roy, C.(1997), *Community building: what makes it work: a review of factors influencing successful community building,* Fieldstone Alliance.

Max Müller, Alois Halder(1980), 강성위 역(1988), 「철학소사전」, 이문출판사.

Meadows, Donella H.(1982), Whole Earth Models and Systems, Coevolution Quarterly, Summer, 98-108.

Merriam, S. B.(2002), Introduction to qualitative research, *Qualitative research in practice: Examples for discussion and analysis*, 1, 1-17.

Miles, M. B., Huberman, A. M.(1994), *Qualitative data analysis: An expanded sourcebook,* Sage.

Newton, K.(1999), Social capital and democracy in modern Europe, *Social capital and European democracy*, 3, 24.

Nisbet, R.(1960), Moral values and community, *International Review of Community Development*, 5(5), 82.

OECD Secretariat(2002), *"Next steps in international social capital measurement"*, Paper presented at the conference on Social Capital: The Challenge of International Measurement, London, UK September 25-27.

Phillips, R., Pittman, R. H.(2009), A framework for community and economic development, *An introduction to community development*, 3-19.

Poggie Jr, J.(1972), Toward quality control in key informant data, *Human Organization*, 31(1), 23-30.

Poplin, D. E.(1979), Communities: A Survey of Theories and Methods of Research, Macmillan Pub Co.

Popple, K.(1995), *Analysing community work,* McGraw-Hill Education (UK).

Portes, A.(1988), "Social Capital: Its Origins and Applications in Modern Sociology", 『Annual Review of Sociology』, 22: 1-24. 유석춘·장미혜·정병은·배영 공역(2007), 『사회자본-이론과 쟁점』, 143-180, 도서출판 그린.

Putnam, R. D.(1993), 안청시 역(2000), 『사회적 자본과 민주주의: 이탈리아의 지방자치와 시민적 전통』, 박영사.

Putnam, R. D.(2000), 정승현 역(2009), 『나홀로 볼링-사회적 커뮤니티의 붕괴와 소생』, 페이퍼로드.

Pressman, J.·Wildavsky, A.(1979), Implementation (2nd edn), Berkeley, CA.

Pye, C. C.·Ziegler, T.(1999), An implementation of the conductor-like screening model of solvation within the Amsterdam density functional package, *Theoretical Chemistry Accounts*, 101(6), 396-408.

Richard Sennett(2012), 김병화 역(2013), 『투게더』, 현암사.

Richardson George P.(1991), Feedback Thought in Social Science and system theory, Philadelphia, University of Pensylvania Press.

Rhodes, R. A. W.(1996), The new governance: governing without government1, *Political studies*, 44(4), 652-667.

Ross, M. G.(1955), Community Organization.

Rothman, J.(1970), Three models of community organization practice, Strategies of Community Organization: Macro Practice, Itasca, IL:

Peacock Publishers Inc, 20-35.

Rubin, H. J. · Rubin, I. S.(2001), 『Community Organizing and Development』, 4rh ed. Needham Heights, MA: Allyn & Bacin.

Sen, R.(2003), *Stir it up: Lessons in community organizing and advocacy* (Vol. 16), John Wiley & Sons.

Senge, M. P.(1990), 강혜정 역(2014), 『학습하는 조직』, 에이지이십일.

Seragedin, I. · C. Grootaert(2000), "Defining Social Capital: An Integrating View", in Social Capital: A Multifaceted Perspective(pp.40-58), Edited by Dasgupta, P. and I. Serageldin, Washington, D.C.: The World Bank.

Shergold, P.(2008), "2. Governing through collaboration", pp.13-22, in *Collaborative Governance*, edited by O'Flynn, J. and Wanna, J. ANUE Press.

Simmel, G. · Wolff, K. H.(1950), *The Sociology of Georg Simmel* (Vol. 92892), Simon and Schuster.

Stake, Robert(1995), The Art of case study Research, Thousand Oaks, London, New Delhi: Sage.

Strauss, A. · Corbin, J.(1998), Basics of qualitative research: Techniques and procedures for developing grounded theory, Sage Publications, Inc.

Subramanian, S. V. · Lochner, K. A. · Kawachi, I.(2003), Neighborhood differences in social capital: a compositional artifact or a contextual construct?, *Health & place*, 9(1), 33-44.

Temkin, K. · Rohe, W. M.(1998), Social capital and neighborhood stability: An empirical investigation, *Housing Policy Debate*, 9(1), 61-88.

Veenstra, G., Lomas, J.(1999), Home is where the governing is: social capital and regional health governance, Health & Place, 5(1), 1-12.

Warren, R. L.(1963), *The community in America* (No. HT123 W3).

Webb, P. A. · Orr, C.(1997), Analytical methods in fine particle technology, Micromeritics Instrument Corp.

Weick, K. E.(1979), 배병룡 · 김동환 역(1990), 『조직화이론』, 율곡.

Wolstenholme, E. F. · Coyle, R. G.(1983), The development of system dynamics as a methodology for system description and qualitative analysis, *Journal of the Operational Research Society*, 569-581.

Woolcock, M.(1998), "Social capital and economic development: Towards a theoretical synthesis and policy framework", Theory and Society, 27: 151-208. 유석춘·장미혜·정병은·배영 공역(2007), 『사회자본- 이론과 쟁점』, 도서출판 그린: 201-277.

Yin, Robert K.(2003), 신경식·서아영 역(2008), 『사례연구방법』, 한경사.

국가법령정보센터 사회복지사업법 http://www.law.go.kr/

이소영

사회의 부조리함과 불평등에 대한 관심을 가지고 사회변화를 이끌기 위한 노력의 일환으로 공부를 선택하였다. 서울여자대학교에서 사회복지학 박사학위를 받은 후 지역사회 수준에서의 사회복지정책과 실천에 관한 연구와 교육에 힘을 쏟고 있다. 일개(一介) 지역에서의 사회적 인정과 협력에 관심을 가지고 있으며, 지역에 대한 애착을 공유하는 사람과 사람 간, 사람과 조직 간, 그리고 사람과 제도 간 관계에 관한 이론을 정립하기 위해 연구자로서 살아가고 있다.

커뮤니티 워크와
사회적 자본의 순환관계

서울시 **삼덕마을** 사례를 중심으로

초판인쇄 2017년 11월 15일
초판발행 2017년 11월 15일

지은이 이소영
펴낸이 채종준
펴낸곳 한국학술정보㈜
주소 경기도 파주시 회동길 230(문발동)
전화 031) 908-3181(대표)
팩스 031) 908-3189
홈페이지 http://ebook.kstudy.com
전자우편 출판사업부 publish@kstudy.com
등록 제일산-115호(2000. 6. 19)

ISBN 978-89-268-8154-5 93330